Jean-Paul Céré et Carlos Eduardo Japiassú (dir.)

Corruption et Droit pénal

L'Harmattan

5-7, rue de l'École-Polytechnique ; 75005 Paris

http://www.editions-harmattan.fr

ISBN : 978-2-343-16153-2

EAN : 9782343161532

Corruption et Droit pénal

Comité International des Pénalistes Francophones

La présente collection se destine à la publication des travaux du Comité des Pénalistes francophones. Elle comprend notamment les actes des congrès internationaux organisés par le Comité.

Les auteurs

Carlos Eduardo ADRIANO JAPIASSÚ
Professeur à l'UERJ, UFRJ et UNESA (Brésil)
Secrétaire général de l'Association internationale de droit pénal (AIDP)
Président du Groupe Brésilien de l'AIDP

Tarsis BARRETO
Professeur à l'Université Fédérale de Tocantins (Brésil)

Enzo BELLO
Maître de Conférences à l`Université Fédérale Fluminense
Professeur au Programme de Master et Doctorat de l'Université Estácio de Sá (Brésil)

Philippe BONFILS
Professeur à Aix-Marseille Université (France)
Doyen honoraire de la faculté de droit et de science politique
Avocat au Barreau de Marseille

Artur de BRITO GUEIROS SOUZA
Professeur Associé de Droit Pénal, UERJ et UNESA
Procureur de la République

Guilherme CALMON NOGUEIRA DA GAMA
Juge de 2e Instance du Tribunal Régional Fédéral de la 2e Région (RJ-ES), Brésil

Fernanda DUARTE
Professeur Permanent du Programme en Droit de l'Université Estácio de Sá. Professeur du Département de droit procédural, Université fédérale Fluminens (Brésil)

Jean-Paul CÉRÉ
Maître de Conférences à l'Université de Pau et des Pays de l'Adour (France)
Président de l'Association Française de droit pénal
Président du Comité International des pénalistes Francophones

José Luis DE LA CUESTA ARZAMENDI
Président honoraire de l'Association Internationale de Droit Pénal
Directeur de l'Institut Basque de Criminologie (UPV/EHU)

Joana FALXA
Maître de Conférences à l'Université de Guyane (France)

Gustavo E.L. GARIBALDI
Professeur à l'Université de Buenos Aires (Argentine)

Rafael Mario IORIO FILHO
Professeur Permanent du Programme en Droit de l'Université Estácio de Sá. Professeur du Département de Droit Procédural, Université Fédérale Fluminense (Brésil)

Pauline Le MONNIER de GOUVILLE
Maître de conférences à l'Université Paris II Panthéon-Assas (France)
Directrice des études de l'Institut d'Etudes Judiciaires Pierre Raynaud

Luís Cláudio SENNA CONSENTINO
En cours de Master en Droit Pénal à l'UERJ
Procureur de la République

Piotr STEPNIAK
Professeur à l'Université de Adam Mickiewicz (Pologne)

Avant-Propos

Le thème de la corruption a traversé le temps. L'intérêt du droit pénal est cependant renouvelé par les nombreuses affaires largement médiatisées qui gangrènent la vie politique et le monde des affaires dans de nombreux pays. L'arsenal législatif interne cherche à s'adapter sous l'effet des multiples textes qui ont vu le jour à l'échelle internationale et régionale, particulièrement ces dix dernières années. Une nette tendance à l'harmonisation des législations criminelles luttant contre la corruption est perceptible, s'insérant dans le concept de *global governance*.

Le choix des organisateurs du 4e congrès international des pénalistes francophones, organisé à l'Université Estácio de Sá à Rio de Janeiro est révélateur. Le Brésil reflète tout le symbole de cette lutte jusqu'au sommet de l'Etat. Ces dernières années, deux cas de corruption ont impacté le pays. Connus comme le Scandale de Mensalão (Mensualités) et l'Opération Lava-Jato, ils ont dévoilé une impressionnante structure de corruption et de trafic d'influence qui a notamment conduit à la condamnation à douze ans de prison de l'ancien président de la République, Luiz Inácio Lula da Silva.

Cet ouvrage qui regroupe les différentes interventions de ce 4e congrès international permet de mieux saisir la diversité du phénomène de la corruption aussi bien dans sa dimension criminologique que juridique. Il est un outil de compréhension précieux des mécanismes internationaux et régionaux de lutte contre la corruption, que vient compléter une approche éclairante sur plusieurs cas nationaux.

Jean-Paul Céré et Carlos Eduardo Japiassú

Le "Discours contre la corruption" comme fétiche de l'(ir)rationalité du capitalisme : par qui, pour quoi et comment la politique est stigmatisé au Brésil

Enzo Bello

Maître de Conférences à l'Université Fédérale Fluminense
Professeur au Programme de Master et Doctorat de l'Université Estácio de Sá (Brésil)

Il existe des expressions connues comme consensuelles dans la vie politique. Des symboles construits pendant l'histoire comme des conquêtes civilisatrices, des épisodes barbares qui doivent être rappelés pour qu'ils ne soient pas répétés. D'un côté, on trouve les « droits humains », la « citoyenneté », la « dignité humaine », la « solidarité » ; de l'autre, la « dictature », le « nazisme », le « fascisme » et le « racisme ». Quand ces mots sont invoqués, une tendance à la manifestation immédiate se créée, soit en défense, soit en attaque.

Une fois, Slavoj Zizek a osé écrire un texte titré « contre les droits humains ». Son argument est simple : nous sommes pour les « droits humains » en raison des motifs nets, humanistes, philosophiques, normatifs, etc. Cependant, si ce qu'on comprend de façon hégémonique par « droits humains » désigne des pratiques, par exemple, de la politique externe de « guerre contre le terrorisme » de l'ex-président George W. Bush, quand il extermine des centaines de milliers de personnes sous la justification d'« apporter la lumière, la liberté et la démocratie pour le Moyen-Orient », je suis contre, a affirmé le philosophe Slave.

Ensuite, ici la proposition est d'aborder un thème récurrent dans la vie publique, qui gagne parfois en notoriété dans le débat public, dans une perspective différente d'une approche traditionnelle et abstraite (éthique, juridique, etc.) ; avec une vision à partir de la matérialité des relations sociales. Il s'agit du phénomène de la corruption et sa construction discursive contemporaine dans un processus politique de dispute par hégémonie dans la société capitaliste néolibérale. Mais, après tout, qu'est-ce que c'est le « discours contre la corruption » ? Comment est-il construit et appliqué au Brésil ?

A partir de l'observation du concret, Marx a formulé la catégorie « fétichisme de la marchandise », en démontrant que la figure de la marchandise servait pour masquer la complexité des relations sociales sous-jacentes à la production de biens de valeurs économiques pour la circulation dans le marché. Cela veut dire, par une réification (Lukács) qui objective les êtres humains et les dynamiques sociales, qu'une fausse illusion des « lois naturelles » est créée (« ça a toujours été comme ça » ; « la corruption est endogène aux êtres humains », etc.) qui structurent la société. Mais, quelle société ? Il faut être réaliste (mettre les pieds sur le sol) pour observer les phénomènes sociaux dans ses contextes historiques.

Anthropocentrisme, rationalité et individualisme sont des marques structurantes de la figure de l'« homme moderne ». La subjectivité illuministe est constituée dans le paradigme de la modernité et correspond au mode de production capitaliste propagé autour du monde de façon autoritaire et violent par le processus de colonisation. En plus de sa définition philosophique, dans sa version réaliste / complète / indissociable / indivisible (« bec et ongles »), l'« homme moderne » est un sujet individuel, rationnel, du genre masculin, blanc, propriétaire, religieux, hétérosexuel et chef de famille (patriarche).

Derrière l'abstraction de la liberté et de l'égalité formelles (la fraternité, la pauvreté, toujours oubliée...), des déclarations de droits des XVIIe et XVIIIe siècles, et des constitutions des XXe et XXIe siècles, la propriété privée est prépondérante sur le plan matériel. Après tout, c'est ça le fondement de la marque distinctive du capitalisme par rapport aux moyens de production antérieurs : la division sociale du travail fondée sur la propriété privée des moyens de production. À partir de cela, des caractéristiques de l'homo economicus du capitalisme persistent – situé dans le cadre privé, basé sur des devises comme compétition, concurrence, dispute ; doté de personnalité égoïste ; mobilisé par la méritocratie en direction de l'horizon de la victoire, du succès, du profit et, ainsi, de la prospérité.

Ce sont la société et le sujet référencés qui doivent être considérés quand on parle de « corruption ». Ce qui, selon Aurélio (le dictionnaire), signifie corrompre, décomposer, dépraver, démoraliser, subordonner. Pourtant, quelque chose de négatif doit être évité, réprouvé et freiné, tel que les pratiques relatives aux expressions pernicieuses présentées ci-dessus.

Voilà, si nous sommes (et c'est bon qu'on le soit) contre la corruption, comment pouvons-nous l'identifier pour qu'on puisse éviter, critiquer et condamner ses pratiques ? Quelqu'un dans le cadre du Droit, bien intentionné, mais à la hâte, tout d'abord le disait : à partir des normes juridiques ! Là il y a des définitions, typifications et récriminations abstraites rapportées à des conduites qui, en somme, peuvent préjuger la moralité, la confiance, la chose publique, entre autres biens juridiques importants.

Cependant, avant, après et outre des conceptions juridiques - qui sont techniques et méconnues par la plupart des gens -, il existe une construction idéologique de la « corruption » dans l'imaginaire social, à partir des sujets, des espaces et des moyens concrets. Comme Gramsci l'a bien identifié, le sens commun commence à être construit par la famille, dans le champ privé et au moyen de la transmission de valeurs et connaissances consolidées. D'autre part, il faut compter avec une reproduction dialectique par les institutions (écoles, universités, médias etc.), dans l'espace public et à partir de la diffusion d'informations.

Même s'il existe une technique juridique pour la définir, la sémantique du phénomène de la corruption est, en lignes générales, formulée et assimilée par la plupart des gens (qui ne connaissent pas le cadre juridique) à partir de discours formulés et propagés dans l'espace public au moyen de communication de masse. La corruption devient évidente comme phénomène et comme discours.

Ainsi, il naît une conception hégémonique qui caractérise - parfois, indépendamment des faits - le terme que j'appelle « discours contre la corruption ».

Je centrerai la discussion sur la réalité brésilienne contemporaine : en général, i) qui ; ii) pourquoi et iii) comment s'est construit le « discours contre la corruption » ?

Qui ? Les grands moyens de communication sociale, qui sont objet d'oligopole – interdit par la Constitution Fédérale de 1988 (art. 220, §5º) – de quelques groupes privés d'entreprises, qui explorent de façon peu impartiale (ce sont des entreprises, elles cherchent du profit !), les chaînes de diffusion d'informations (radio, TV, journaux imprimés et électroniques). Les principales institutions d'État répressives (polices, Ministère Public, Pouvoir Judiciaire, Tribunaux financiers), dont les professionnels – originaires le plus souvent des strates les plus riches de la société – appliquent ces normes juridiques en les interprétant à partir de la sémantique qu'ils apprennent dans leurs familles, écoles, universités (aussi bien l'élite) et qu'ils reçoivent aussi au jour le jour des entreprises de média.

Pourquoi ? Pour définir des paramètres de comportement et stigmatiser certains sujets. Une fois que c'est récurrent dans la société capitaliste, il y a un objectif net de privilégier la dynamique privée du marché (le compétitif, de l'homme avare) à partir de la déqualification de la Politique (avec un 'P' majuscule, dans le sens gramscien) et de l'État comme moyen et espace démocratiques pour la prise de décisions politiques et souveraines.

Comment ? Dans les grands moyens de communication, la publication de fausses nouvelles sans aucune preuve, de versions édulcorées sans écouter tous les accusés, est fréquente toujours dans une perspective de fiscalisation, de dénonciation et de condamnation. Les expositions médiatiques excessives sont usuelles dans des actions et décisions qui caractérisent l'absence d'impartialité et d'impersonnalité dans la conduction d'investigations, accusations et jugements. De même, aussi bien la constante et pyrotechnique violation des droits et garanties fondamentales des citoyens et des institutions par des membres du Ministère Public et de la magistrature qui assument la fonction de missionnaires responsables par une croisade moralisante contre les « politiciens corrompus ».

La façon dont le « discours contre la corruption » est formulé et appliqué, donne la fausse impression que le phénomène a eu lieu seulement dans l'espace de la Politique, de l'État et par quelques sujets. C'est vrai ? Les récents scandales de corruption au Brésil ne sont-ils pas partis de volumineux financements de campagnes d'élections par des grandes entreprises privées ? Ou il n'existe pas (beaucoup) de corruption au sein des entités privées supranationales (FIFA et COI, par exemple), dans les entreprises de communication et dans les institutions répressives de l'État ? Ou la différence peut être la sélectivité qualitative et quantitative des affaires investiguées et qui gagnent, aucune, plusieurs, ou beaucoup de répercussion médiatique ? Avant de pointer le doigt, il faut balayer devant sa porte. Ça n'aurait pas toujours eu lieu, par exemple, dans des organismes de presse qui doivent des grandes sommes d'argent au gouvernement, ni dans des institutions de persécution et répressives de l'État, ceux qui n'investiguent ni ne prennent en charge leurs propres membres avec la même rigueur qu'ils le font avec d'autres citoyens.

Le « discours contre la corruption » masque un ensemble de relations sociales, politiques et économiques pas toujours publiées et ne réussit pas, en fait, à établir la complexité et l'intégralité du phénomène de la corruption.

La corruption dans un monde globalisé

Carlos Eduardo Adriano Japiassú

Professeur de Droit Pénal à l'UERJ/UFRJ, Directeur du Programme de Master et Doctorat de l'Université Estácio de Sá, Secrétaire Général de l´Association Internationale de Droit Pénal (AIDP) et Vice-Président du Comité International des Pénalistes Francophones (CIPF)

Introduction

La corruption n'est pas une question nouvelle, mais elle a gagné une énorme importance dans le monde, en particulier au cours des deux dernières décennies.

La corruption peut être considérée, aujourd'hui, comme un des sujets qui présente le plus d´intérêt, qui éveille la communauté internationale ; divers documents internationaux et régionaux ayant été produits sur le sujet, en particulier, dans les dix dernières années. Il est mis en évidence, par exemple, des mesures sur le sujet, originaires d'organisations internationales comme l'Organisation des Nations Unies (ONU) et l'Organisation des États Américains (OEA), outre l'Union Européenne (UE), du Conseil de l'Europe, de l'Organisation pour la Coopération et le Développement Economique (OCDE).

En réalité, cette impulsion législative récente, a vu son origine dans les revendications de forces, qui peuvent être considérées, protagonistes des procédures de la mondialisation et, particulièrement, dans le propre monde des entreprises. La corruption a commencé à être considérée néfaste au développement économique, démocratique et social, empêchant l'établissement de la libre-concurrence et provoquant des violations aux propres droits humains.

La recherche pour une harmonisation des législations criminelles sur le sujet de la corruption s'insère dans le concept de *global governance*, tellement en vogue actuellement.

Comme introduction au 4e Congrès International du Comité International des Pénalistes Francophones, qui a eu lieu à Rio de Janeiro, le 28 et 29 Septembre 2017, l'idée du présent travail est de présenter les problématiques qui ont émergé au sein de la communauté internationale, sur le sujet de la corruption. Celle-ci est déjà criminalisée et réprimée depuis longtemps mais ses contours ont évolué au cours des dernières décennies, surtout, à partir du phénomène connu de la mondialisation, qui a entraîné un intérêt certain pour réprimer de telles pratiques.

1. L'actualité de la corruption

La corruption est un phénomène mondial et suscite des crises politiques et révoltes sur les cinq continents. Quelques exemples permettent de l'attester.[1]

En Afrique, le « Printemps arabe » est bien connu et, à partir de 2011, les révolutions ont chassé du pouvoir des leaders accusés de corruption massive, comme Zine el-Abidine Ben Ali, en Tunisie ; Hosni Mubarak, en Égypte ; Mouamar Kadhafi, en Libye.

En 2014, le Premier Ministre chinois Li Keqiang a détaillé les nouveaux projets anti-corruption et a donné un bilan de cette politique. Le gouvernement a recouvré 400 milliards de yuans (48 millions d'Euros) et a sanctionné 40.000 agents publics seulement dans la première année.

En Europe, il y a plusieurs exemples de cas de corruption, comme, en Ukraine, où, après la chute du Président Viktor Ianoukovytch, en 22 février 2014, le pays a découvert l'ampleur de la richesse de ce dernier, probablement de façon illicite.[2] Le nouveau Premier Ministre Arseniy Yatsenyuk a déclaré que les anciennes autorité ont fait disparaître 70 milliards de dollars.

En Argentine, l'ancienne Présidente Cristina Fernández de Kirchner a été inculpée dans des affaires de corruption, ce qui a généré d'importants débats sur ce sujet.

---

[1] ROUX, Adrien. *Introduction: mondialisation de la corruption, lutte inégale*. In DUTEIL Gilles ; SEGONDS, Marc. *La corruption: aspects actuels et de droit comparé*. Toulouse, Érès, 2014, p. 7.

[2] *Idem*, p. 8.

Le cas brésilien est probablement l'un des plus symboliques du problème de la corruption d'aujourd'hui dans le monde. Au cours de la dernière décennie, deux grands scandales de corruption ont choqué fortement le pays, connus comme le Scandale de Mensalão (Mensualités) et l'Opération Lava-Jato, qui ont montré au pays une impressionnante structure de corruption et de trafic d'influence.

Le scandale de Mensalão a été une affaire d'achat de vote qui a menacé de renverser le gouvernement du Président Luiz Inácio Lula da Silva en 2005. Mensalão est un néologisme et signifie un grand paiement mensuel.

Le Parti des Travailleurs (PT), qui est le Parti du Président Lula, avait payé un certain nombre de députés et sénateurs environ US$ 15,000 par mois pour voter en faveur des lois proposée par le gouvernement. Les fonds provenaient de budgets publicitaires d'entreprises publiques acheminés par une agence de publicité

Une grande partie du PT a été affectée et plusieurs leaders du Parti ont démissionné ou n'ont pas été réélus.

La Cour suprême fédérale brésilienne est chargée des poursuites pénales contre des parlementaires en raison d'une clause constitutionnelle et, pour cette raison, s'est intéressé à 40 personnes liées au scandale de Mensalão, qui sont pour la plupart des anciens ou actuels députés fédéraux ou sénateurs alliés de l'ancien président brésilien Luiz Inácio Lula da Silva. Parmi les accusés, figurent des politiciens et des gens d'entreprises publiques, de sociétés privées et d'institutions financières.

L'affaire a porté sur la corruption, l'évasion fiscale, le blanchiment d'argent, la fraude et la corruption.

Plus récemment, la soi-disant opération Lava-Jato a impacté la société brésilienne. C'est une enquête menée par un groupe de travail conjoint (Police fédérale, Ministère Public Fédéral et Ministère des Finances) à Curitiba et soumis au juge Sergio Moro à partir du 17 mars 2014.

Initialement, il s'agissait d'une enquête sur le blanchiment d'argent, puis elle a été élargie pour couvrir les allégations de corruption au sein de la compagnie pétrolière publique Petrobras, où les dirigeants auraient accepté des pots de vin en échange de l'attribution de contrats aux entreprises de construction à des prix gonflés.

Cette affaire criminelle est connue sous le nom de "Petrolão". L'opération a inclus plus de 100 mandats de perquisition, détention provisoire et autres mesures coercitives pour déterminer le blanchiment de l'argent de 9 milliards de dollars.

L'affaire a touché Petrobras, toutes les principales sociétés brésiliennes de construction et un certain nombre de politiciens, y compris les anciens présidents Luiz Inácio Lula da Silva et Dilma Rousseff. La plupart d'entre eux sont maintenant en prison ou sont des témoins couronnés, ce qui aide l'enquête criminelle à éviter une peine plus sévère.

L'économie brésilienne n'a pas été sensiblement affectée par le scandale de Mensalão. En revanche, l'opération Lava-Jato a fortement touché le pays, elle est considérée comme un tremblement de terre politique et économique. Entre autres raisons, l'incertitude causée par l'opération qui a paralysé l'économie et contribué à la destitution de la Présidente Rousseff en 2016.

Ces deux scandales ont attiré l'attention du public sur le cadre juridique de la lutte contre la corruption et ont peut-être créé la crise la plus importante dans la représentation politique brésilienne dans toute l´histoire.

Le cas brésilien et les autres exemples démontrent l'actualité de la corruption et l'importance de discuter cette question, en raison de ses effets et, en même temps, des difficultés pour y remédier.

2. Délimitation conceptuelle

Le mot corruption est dérivé du latin *corruptus* a comme premier sens *cassé en pièces*, mais il peut aussi signifier pourri ou putride[3].

Il peut être dit, donc qu´il s'agit d'une expression polysémique, étant donné qu´elle englobe des significations diverses, tant de nature publique que privée. Avec les comportements d'atteinte sexuelle, s'ajoutent d´autres, de caractère moral, commercial ou fonctionnel. Ainsi, la corruption n'est pas un concept juridique en soi, mais un objet

---

[3] Corruption: http://pt.wikipedia.org/wiki/Corrup%C3%A7%C3%A3o_pol%C3%Adtica. Disponible le 27 août 2006.

qui varie selon l'approche qui lui est donnée par l'observateur qui le retient[4].

En dépit de tous les efforts d'harmonisation du droit pénal dans cette matière, dans les divers ordres juridiques du monde, la notion de corruption peut être comprise de manière différente. Par exemple, dans des pays, comme la France et la Hongrie, elle peut être entendue comme l'échange d'une action ou d'une omission pour un avantage indu, au nom d'une entité publique ou privée. Déjà aux États-Unis, la notion de corruption s´étend sur toutes les formes d'abus de pouvoir[5]. Dans la présente étude, le point de départ serait que corrompre, présuppose, l'offre d'avantage, directe ou indirecte, dirigée vers un fonctionnaire public – du détenteur de certaines fonctions publiques - , avec l'objectif qu´il réalise, retarde ou commette un acte en faveur de celui qui a offert un tel avantage. Les autres cas doivent être considérés comme des formes semblables.

Un autre point intéressant pouvant être mentionné est le fait que ce n'est pas dans toutes les législations que l'expression corruption elle-même est utilisée, bien que mondialement débattue. Dans de nombreux cas, des conduites sont rapportées, comme *bribery*, mais sans utiliser l'expression corruption[6].

D'un autre côté, la corruption est un phénomène complexe, qui fait l´objet d'une analyse multidisciplinaire[7]. Il peut être traité à partir de différentes branches du droit, comme le droit civil et le droit administratif, et analysé sous le prisme de la psychologie, la sociologie, l'éthique et l'économie, ainsi que les sciences criminelles : droit pénal, criminologie et politique criminelle. Il faut souligner, dès maintenant, que le présent travail discutera, exclusivement, des mesures concernant le droit pénal, même en reconnaissant que des stratégies pour

---

[4] SOUZA, Artur de Brito Gueiros. *Breves considerações sobre a corrupção em transações comerciais internacionais*. In: JAPIASSÚ, Carlos Eduardo Adriano (org.). *Direito penal internacional, estrangeiro e comparado*. Rio de Janeiro: Lumen Juris, 2007, p. 1.

[5] DÖLLING, Dieter. *Informe general. Revue international de droit pénal*. Toulouse, Érès, 74e année, 2003, 1/2, p. 53.

[6] KIMMAN Edward. *Netherlands: national report*. In: VANDER BEKEN Tom ; DE RUYVER Brice; SIRON Nathalie. *The organization of the fight against corruption in the member states and the candidates countries of the EU*. Atuérpia-Apeldoorn: Maklu, 2001, p. 286.

[7] HOLLÁN Miklós. *International legar instruments directed to the fight against corruption. In*: LIGETI Katalin. *Young penalists conference on corrution and related offences in international business relations*. Budapeste : MTA Jogtudományi Intézete, 2003, p. 18.

traiter un tel phénomène doit être multidisciplinaire, sous peine d'échouer complétement.

Il est bon de constater que l'expression corruption a gagné en évidence dans le droit brésilien avec l'avènement de la Loi 10,467/2002, qui a introduit le Chapitre II-A, dans le Titre XI, de la Partie Spéciale du Code Pénal Brésilien, qui traite spécifiquement du sujet de la corruption dans les transactions commerciales internationales.

Le législateur a défini la qualité de fonctionnaire public étranger, pour les effets de la loi. Elle comprend non seulement les cadres administratifs et représentations diplomatiques d'un autre État, mais, également, toute personne qui exerce une fonction dans des sociétés contrôlées, directement ou indirectement, par les Pouvoirs Publics de pays étrangers ou dans des organisations publiques internationales (par ex. ONU, OEA et UE). Ainsi, a été exclu le fonctionnaire public national et le fonctionnaire de société privée, malgré que ceux-ci, éventuellement, viennent à exercer des fonctions au nom d'un autre pays ou d´un organisme international[8].

Les crimes corrélatifs à la corruption transnationale s'insèrent dans ce qui est conventionnellement dénommé criminalité transnationale[9] comme le trafic de stupéfiants, le trafic d'armes - de même les substances radioactives destinées à la fabrication de dispositifs nucléaires -, le trafic d'êtres humains, le terrorisme, entre autres, dès qu´ils impliquent un détournement de pouvoir de la part des détenteurs de fonctions publiques, à l'intérieur d'un certain ordre juridique. Dans un sens strict, les crimes corrélatifs sont considérés, par la doctrine spécialisée, comme relevant du trafic d'influence internationale et du blanchissement d'argent lié à la pratique de corruption transnationale.

Il est entendu, par transaction commerciale internationale, l'opération ou l'ensemble d'opérations commerciales ou de marque économique, dont l'objet ou le domicile des parties engagées, possèdent des éléments qui appartiennent à plus d'un système juridique[10].

---

[8] SOUZA, *op. cit*, p.2.

[9] JAPIASSÚ Carlos Eduardo Adriano. *Tribunal Penal Internacional: a internacionalização do direito penal*. Rio de Janeiro: Lumen Juris, 2004, p. 26.

[10] JESUS Damásio E. *Crimes de corrupção ativa e tráfico de influência nas transações comerciais internacionais*. S. Paulo: Saraiva 2003, p. 31.

Nonobstant le fait que la transaction commerciale puisse être considérée, d'une certaine façon, comme un pléonasme, vu que, selon les termes de la loi civile, une transaction est la forme par laquelle les intéressés empêchent ou finissent le litige, "moyennant des concessions mutuelles"[11].

En résumé, la corruption dans des transactions commerciales internationales peut être définie comme étant l'offre ou la livraison d'argent, de biens, de valeur pécuniaire ou d´autres bénéfices au fonctionnaire public d'un État étranger, dans le but d'inciter ce fonctionnaire à réaliser ou commettre n´importe quel acte destiné à influencer une transaction de nature économique ou commerciale, liée à l'exercice de sa position[12].

3. Instruments légaux internationaux en matière de corruption

Le phénomène de la corruption dans des transactions commerciales internationales n'est pas récent. Au fil du temps, la recherche de marchés à l'extérieur des frontières des États, a toujours été liée aux exigences de paiements illégaux des hommes politiques, des intermédiaires et des fonctionnaires sur le territoire à conquérir politiquement ou commercialement. De la même façon, cette pratique a profité au patrimoine de peu de personnes, au détriment de l'économie de beaucoup et en particulier des plus expropriés[13].

En guise d'exemple, il faut mentionner que cette catégorie de crime a été régie par des instruments internationaux importants de 1975 à 1983, outre un autre instrument applicable de 1974, qui a été classifié, conformément à la méthodologie employée, sur une autre catégorie de crime[14].

BASSIOUNI[15] considère, néanmoins, que dans la dernière décennie, cette catégorie de délit a provoqué un intense débat, du fait de la concurrence intense de certains marchés qui ont été et continuent à être touchés directement par la corruption de fonctionnaires publics

---

[11] Code Civil Brésilien, art. 840.

[12] PRADO Luiz Regis. *O bem jurídico tutelado nos novos delitos de corrupção e de tráfico de influência internacional. In* Boletim IBCCrim, année 10, n° 119, oct. 2002, p. 13.

[13] SOUZA, *op. cit,* p. 3.

[14] BASSIOUNI M. Cherif. *Introduction to International Criminal Law.* Nova Iorque : Transnational, 2003, p. 158.

[15] *Idem, ibidem.*

étrangers. Parmi les secteurs les plus touchés, on peut relever le commerce d'armes et le commerce aéronautique. Néanmoins, selon l´auteur, des intérêts conflictuels entre des hommes d´affaires et des États, outre le manque de valeurs communément acceptées, ont générés des documents internationaux d'application réelle discutable. Il pense, néanmoins, que la prise en considération de cette activité criminelle dans la sphère du droit international est de nature à surmonter les difficultés.

Les raisons de l´intérêt croissant à étudier le sujet ou la "néocriminalisation de la corruption"[16] est lié, comme il a déjà été mentionné, à la libre-concurrence. Un cas révélateur est la loi américaine de 1977, le Foreign Corrupt Pratices Act, qui permettait de punir les actes de corruption accomplis par des sociétés américaines à l'extérieur. Cette norme a désavantagé ces sociétés ou leurs filiales, face à leurs concurrents, car les autres États n'ont pas adopté la même mesure[17]. Cette loi a été substituée par une autre en 1988, mais son essence a été maintenue.

Parmi les mesures imposées aux sociétés nord-américaines, ont figuré l'exigence de transparence concernant l'aspect comptable de leurs investissements externes, considérant que le paiement illicite, en règle générale, est fait moyennant des fonds cachés dans des filiales hors de la portée de la juridiction du pays siège, ainsi que l'exigence de ce qui peut être considéré comme le point *nucléaire* de la politique criminelle de prévention de la corruption internationale, qui est, la non-déduction des paiements illicites payés à l'étranger.

A cette époque, la conscience que l'augmentation de la corruption dans le commerce international provenait de la faiblesse des contrôles de surveillance de la part des agences publiques des États était déjà présente. Celle-ci étaient rattachées au pouvoir des sociétés multinationales, dont la capacité économique était - et est encore - plus grande que le PIB de beaucoup de pays.

Après les initiatives nord-américaines, l'Europe a aussi adopté des mesures plus spécifiques pour combattre la corruption. En 1989, la Directive du Conseil des Communautés Européennes sur le respect de la

---

[16] CORACINI Celso Eduardo Faria. *A neocriminalização da corrupção. Boletim do IBCCrim.* Ano 11, n. 128, São Paulo: IBCCrim, 2003, p. 6.

[17] DELMAS MARTY Mireille. *Três desafios para um Direito Mundial.* Rio de Janeiro: Lumen Juris, 2003, p. 13-14.

coordination des normes concernant les opérations comprenant des informations privilégiées, incluant aussi bien le secteur public que privé, a été édictée. Deux ans après, le même Conseil a élaboré une autre directive, la directive n° 91/308, relative à la prévention de l'utilisation du système financier pour le blanchissement d'argent[18].

Auparavant, les organisations internationales elles-mêmes, ont commencé à adopter des mesures à cet égard. En 1993, a été élaboré la Déclaration d'Arusha sur la Coopération et l'Intégrité Douanière au sein de l'Organisation Mondiale du Commerce. Elle a permis de combattre la corruption dans le secteur douanier en établissant, entre autres, les mesures suivantes : "la nécessaire rotation entre les fonctionnaires des douanes, l'existence de critères rigides et objectifs de sélection, la réduction de la sphère de discrimination de tels agents, le paiement de rémunération compatible avec l'importance de la position et l'existence de mécanismes efficaces de contrôle, en particulier dans l'orbite disciplinaire"[19].

A partir de ce moment et en particulier, avec la pression exercée par les États-Unis pour que de telles mesures soient adoptées internationalement, une série de documents internationaux qui traitent de la corruption ont fini par apparaître, parmi lesquels figurent : le Protocole de la Convention pour la Protection des intérêts financiers des Communautés Européennes (1996) ; la Convention Inter-Américaine contre la Corruption, approuvée par l'Organisation des États Américains (OEA (1996) ; l'Accord concernant la lutte contre les actes de corruption auxquels sont impliqués des fonctionnaires des Communautés Européennes ou des États Membres de l'Union Européenne, approuvé par le Conseil de l'Union Européenne (1997) ; la Résolution n° 7 du Comité des Ministres du Conseil de l'Europe, qui a autorisé la création du Groupe des États contre la Corruption, connue sous le nom de GRECO (1998) ; l'Accord du Droit pénal sur la corruption et l'Accord du Droit Civil sur la corruption, approuvés par le Comité des Ministres du Conseil de l'Europe, (1999) ; le Code de Bonnes Pratiques de Transparence dans des Politiques Monétaires et Financières, Fonds monétaire international (1999) ; la Convention de l'Union Africaine pour empêcher et combattre la corruption, approuvée par les Chefs

[18] GARCIA, Emerson. *Improbidade administrativa*. 2 éd, Rio de Janeiro: Lumen Juris, 2004, p. 25.
[19] GARCIA, *op. cit.*, p. 26.

d'États et de Gouvernements de l'Union Africaine (2003) ; la Convention des Nations Unies contre le Crime Organisé Transnational, approuvé par les Nations Unies (2000) ; et la Convention des Nations Unies contre la Corruption (2003).

Des documents internationaux relatifs à la corruption, celui qui a acquis le plus d'importance est peut-être celui de la Convention sur le Combat de la Corruption de Fonctionnaires Publics Étrangers dans les Transactions Commerciales Internationales, de l'OCDE, conclue à Paris, en décembre 1997 et entrée en vigueur en 2000[30].

Outre la définition du délit de corruption active du fonctionnaire public étranger (art. 1.1), la Convention de l'OCDE a réglementé la responsabilité pénale de la personne juridique pour la corruption du fonctionnaire public (art. 2) ; elle a prévue l'application de sanctions de nature pénale effectives, proportionnelles et dissuasives contre la pratique de corruption active (art. 3) ; elle a exigé que les États parties adoptent au niveau national des mesures législatives et réglementaires nécessaires sur les livres comptables pour interdire que les sociétés enregistrent dans des comptes spécifiques ou parallèles, des opérations de paiement illicite de fonctionnaires publics étrangers (art. 8), elle a également envisagé d'autres mesures en lien avec la répression du blanchissement d'argent provenant de cette pratique criminelle, d'extradition et d'assistance juridique internationale. L´accompagnement et le suivi de la mise en œuvre intégrale des termes contenus dans ladite convention (art. 12) est peut-être la grande nouveauté qui permettra d'analyser le degré de sérieux des Gouvernements, avec pour but de surveiller et contrôler les pratiques illicites effectuées par les hommes d´affaires et les intervenants dans des transactions internationales.

Actuellement, au Brésil, sont en vigueur : la Convention de l'OCDE, promulguée par le Décret n° 3,678/00, la Convention Interaméricaine contre la Corruption, promulguée par le Décret 4.410/02 ; et la Convention de l'ONU contre le Crime Organisé transnational, promulguée par le Décret 5.015 du 12/03/04. La Loi 10,467/02 a induit des modifications législatives, dans le Code Criminel et dans la Loi de Blanchissement d'Argent (Loi 9.613/98), intégrant dans le droit interne les crimes de corruption active et le trafic d'influence dans les transactions commerciales internationales, outre le crime de blanchissement d'argent provenant des crimes illicites mentionnés. Plus récemment, le 15 décembre 2003, le Brésil a signé la Convention des Nations Unies contre la Corruption, qui a été envoyée au Congrès National au moyen du Message 183/2004[20].

Dans ce cadre de corruption transnationale, il existe actuellement plusieurs initiatives pour lutter contre elle.

Il existe des initiatives unilatérales. Les Etats-Unis ont adopté le *Foreign Corrupt Practices Act*, pour convaincre les autres gouvernements et les organisations internationales d'élaborer et de mettre en œuvre des normes sur la corruption transnationale. Et, au cours de l'administration Obama, les États-Unis ont lancé la *Kleptocracy Asset Recovery Initiative*, pour identifier, geler et saisir les biens résultant de la corruption.

L'on trouve aussi des efforts bilatéraux pour conclure des accords d'assistance mutuelle en matière pénale et des accords similaires comme, par exemple, lorsque le Brésil a créé son Département de Récupération d'Actifs au sein du Ministère de la Justice ; le Brésil et la Suisse ont conclu un traité d'entraide judiciaire en matière pénale.

Une troisième possibilité concerne les organisations internationales, telles que l'Organisation des Nations Unies, l'Organisation de Coopération et de Développement Économique et l'Organisation des États Américains, ainsi que les groupes, comme le G 20 et le Groupe d'Action Financière (GAFI).

Tous ces organismes ont travaillé pour lutter contre la corruption et ils aident à changer la façon dont ce problème est traité, comme l'ont fait de nouveaux acteurs de la société civile. On peut mentionner le travail en ce sens de « International Transparency, Global Witness » et « Global Financial Integrity », qui font pression sur les gouvernements pour adopter des lois et des pratiques anticorruptions.

Il faut souligner également le travail de « International Consortium of Investigative Journalists », qui est responsable pour la découverte de scandales tels que *Panama Papers*, *Luxemburgo Leaks* et *Swiss Leaks*.

[20] Sur le thème, voir SOUZA, *op. cit.*, p. 6

Conclusion

La corruption est un phénomène commun dans l'histoire de l'humanité. Tous les pays, en tout temps, ont été confrontés, plus ou moins intensément, à des cas de corruption.

La mondialisation a cependant changé la façon dont la corruption a été traitée, car elle est devenue un obstacle à la libre concurrence et à la bonne gouvernance, indispensable dans un monde où les personnes, les entreprises et les ressources peuvent se déplacer.

Le mouvement international de lutte contre la corruption, qui concerne les organisations internationales, les États et la société civile, a été témoin d'un rejet sans précédent de ce type de crime, ce qui peut générer des excès, mais avec des difficultés pour rendre le combat efficace.

Dans ce cadre évolutif, la lutte contre la corruption est toujours présente, mais des nouveaux acteurs et des nouveaux facteurs apparaissent. Ils joueront un rôle pour déterminer l'importance de ce phénomène à l'avenir.

Corruption et égalité juridique en Brésil : réflexions sur les cas Mensalão

Rafael Mario Iorio Filho*

Post-docteur en Sciences Politiques. Docteur en Droit. Docteur des Lettres Italiennes. Professeur Permanent du Programme en Droit de l'Université Estácio de Sá. Professeur du Département de Droit Procédural, Université Fédérale Fluminense. Chercheur à l'INCT-InEAC. e-mail : rafael.iorio@estacio.br.

Fernanda Duarte

Docteur en Droit. Professeur Permanent du Programme en Droit de l'Université Estácio de Sá. Professeur du Département de droit procédural, Université fédérale Fluminense. Chercheur à l'INCT-InEAC e-mail : fduarte1969@yahoo.com.br.

Introduction

Cet article est le résultat écrit de la présentation orale et des réflexions du 4ème Congrès International des Pénalistes Francophones, déclenchées par notre lecture d'un article dans le revue Dilemas intitulé "Production et reproduction de la tradition inquisitoriale au Brésil : entre récompenses et confessions" de Roberto Kant de Lima et Glaucia Maria Pontes Mouzinho. Nous avons eu l'occasion, dans un événement organisé le 12 mai 2017 dans le Programme en Droit de l'Université Estácio de Sá et mené en partenariat avec le groupe de recherche NEDCPD[1], d'en discuter avec les auteurs. Cet article est enrichi par une partie des échanges que nous avons eue ce jour-là.

Il est également important de préciser d'emblée que notre discours est celui de chercheurs qui utilisent les instruments méthodologiques des sciences sociales, l'analyse du discours[2] d'origine française de Patrick Charaudeau et Dominique Mainguenau, ainsi que les catégories théoriques de l'anthropologie culturelle[3] de Clifford Geertz, tels que : la loi en tant que savoir local, les sensibilités juridiques et la culture juridique. En d'autres termes, nous situons l'analyse du phénomène juridique comme une donnée empirique de pratiques et de discours situés dans les valeurs et les sensibilités juridiques d'une culture et d'une société spécifiques.

---

[1] L'objet principal de nos enquêtes concernait les décisions rendues par le pouvoir judiciaire et en particulier par la Cour suprême fédérale qui matérialisent dans le domaine juridique les représentations de ses juges sur la problématique abordée. À cet égard, la recherche développée spécialement dans le Centre d'études sur le droit, la citoyenneté, le processus et le discours, PPGD / UNESA dont les résultats publiés sont répertoriés dans la bibliographie de cet article, référencés dans les auteurs Fernanda Duarte et Rafael Mario Iorio Filho.

[2] L'analyse du discours est une nouvelle discipline née de la convergence des courants linguistiques et d'études renouvelées sur la rhétorique gréco-romaine. La définition de l'analyse du discours appelle les notions de linguistique textuelle dans lesquelles les éléments de la phrase peuvent être reliés à de multiples sens linguistiques, extralinguistiques et sociaux, ce qui permet d'entrevoir les intentions dans les discours, avec leurs paroles et leurs silences ; et comment ces discours sont toujours organisés par les trois lieux qui ont du sens : la doctrine, la rhétorique et la culture avec leurs éléments de justification ou de légitimation (IORIO FILHO et DUARTE: 2010). D'autre part, l'analyse semi-linguistique du discours de Patrick Charaudeau est une méthodologie utile pour expliquer une grammaire des décisions judiciaires, puisqu'elle permet de comprendre comment se construit le discours juridique et quelles sont les intentions de son énonciateur et les structures qui l'organisent.

[3] L'ouverture à l'anthropologie nous permet de comprendre comment les institutions juridiques sont mises à jour dans notre société, ce qui permet une meilleure compréhension de nous-mêmes et nos pratiques afin de combler le fossé entre la société de droit, ce qui se traduit par un titre illustratif, le débat juridique sur le manque d'efficacité des règles juridiques et de leur propre crise de légitimité de nos pouvoirs établis. Éclairant est le passage de Roberto Kant de Lima (1983: 98): « La contribution que l'on peut attendre de l'anthropologie pour la recherche juridique au Brésil sera évidemment liée à sa tradition de recherche. La tradition des connaissances juridiques au Brésil, dogmatique, normative, formelle, codifiée est soutenue par une conception profondément hiérarchique et élitiste de la société, que reflète une hiérarchie rigide autodémonstrative des valeurs, et que souligne le caractère extrêmement ethnocentrique de la production, la distribution, la distribution et la consommation ".

Ainsi, le rapprochement de ces intérêts de recherche nous amène à la question suivante : le Brésil a fait face à une lutte sans précédent contre la corruption dans son histoire, en particulier dans les affaires Mensalão et Lava-Jato. Étant donné que le profil des délinquants en cas de corruption est souvent très différent de celui des autres affaires pénales, il convient de vérifier si cela conduit à une inégalité de traitement en cas de corruption.

Pour cette raison, il faut, en principe, discuter la corruption. A partir d'une petite définition, il convient d'aborder la notion d'inégalité légale et, dans un troisième point, discuter les affaires Mensalão, pour vérifier s`il y a des arrêts inégaux.

1. Corruption

La corruption est un phénomène mondial et suscite des crises politiques et révoltes sur les cinq continents, en particulier, à partir de la fin des années 1990, qui marque un changement de ce comportement avec la création de structures premièrement régionales et ensuite mondiales, et une conscience consolidée du fait que les instruments pénaux n'épuisent pas les formes de contrôle de ce phénomène, comprenant l'existence nécessaire de formes préventives qui ne peuvent exister qu'à l'intérieur de certaines structures politiques qui existent en démocratie. Cependant, il faut avant tout orienter le concept de ce que l'on entend par corruption.

Dans un premier temps, il est possible d'articuler la définition de Pasquino, pour qui "la corruption est une manière d'influencer les décisions publiques commises par un fonctionnaire public qui est amené à agir différemment des modèles normatifs du système, en favorisant des intérêts particuliers en échange de récompense"[4], et d'arriver à la conclusion que le phénomène de corruption se projette en trois niveaux: (i) celui de l'élaboration des décisions à un niveau politique[5] ou

---

[4] Pasquino, Gianfranco. *Corrupção. In* Dicionário de Política. Norberto Bobbio, Nicola Matteucci e Gianfranco Pasquino (orgs.) Brasília : UNB, 1986, 2ª ed., pp. 293-294.

[5] Voir le complément au concept fourni par Pasquino, Pritzl, Rupert F.J. - La corrupcion publica: una forma dinamica e ilegal de rentismo o rent-seeking en lucha distributiva de los grupos de interes organizados. Contribuciones. Buenos Aires. v.12. n.4. p.127-62. oct./dic. 1995.

administratif[6] ou pour l'obtention d'informations privilégiées ; (ii) lors de l'application des normes par l'administration publique et, enfin, (iii) la fuite du corrupteur des sanctions légales. On peut dire donc que cette expression a plusieurs sens, et englobe différentes significations, à la fois publiques et privées. Ainsi, la corruption n'est pas une notion juridique en soi, mais un objet qui varie selon l'orientation qui lui a été donné par l'observateur sur lesquelles elle détient[7].

Il faut souligner que ce n'est pas dans toutes les législations que l'expression corruption elle-même est mentionnée et que sont prévues des conduites s'y rapportant, comme *bribery*, mais sans utiliser l'expression corruption[8].

Bassiouni[9] estime que cette catégorie de crime a suscité un débat intense parce que la forte concurrence dans certains marchés a été et continue d'être directement affectée par la corruption d'agents publics étrangers. Parmi les zones les plus touchées, on peut relever le commerce d'armes et de produits aéronautiques. Toutefois, cet auteur dit, des conflits d'intérêts entre les employeurs et les États, outre l'absence de valeurs communément acceptées, a généré des documents internationaux dont l'applicabilité n'a pas engendré d'impact. Il estime toutefois que le processus récent de criminalisation de cette activité en droit international est de nature à surmonter les difficultées.

Les raisons de l'augmentation récente de l'intérêt à discuter la question, ou la "néocriminalisation de la corruption," a une relation avec l'idée de la libre concurrence. Un cas intéressant est bien la loi américaine de 1977, le Foreign Corrupt Pratiques Act, ce qui a permis

---

[6] La situation est particulièrement grave dans les pays en tradition de rupture démocratique, ou on peut noter la désintégration de la structure administrative de l'État. En ce sens lá, voir Ferraz Junior, Tercio Sampaio. - Ética administrativa num pais em desenvolvimento. Cadernos de Direito Constitucional e Ciência Política. São Paulo. v.6. n.22. p.38-43. jan./mar. 1998

[7] Souza, Artur de Brito Gueiros. *Breves considerações sobre a corrupção em transações comerciais internacionais*. In: JAPIASSÚ, Carlos Eduardo Adriano (org.). *Direito penal internacional, estrangeiro e comparado*. Rio de Janeiro: Lumen Juris, 2007.

[8] KIMMAN, Edward. *Netherlands: national report*. In: VANDER BEKEN, Tom; DE RUYVER, Brice; SIRON, Nathalie. *The organization of the fight against corruption in the member states and the candidates countries of the EU*. Atuérpia-Apeldoorn: Maklu, 2001, p. 286.

[9] Bassiouni, M. Cherif. *Introduction to International Criminal Law*. Nova Iorque : Transnational, 2003, p. 158.

de sanctionner les actes de corruption commis par des sociétés américaines à l'étranger. Cette norme a été négative pour la position de leurs entreprises ou de leurs filiales, au regard des concurrents, puisque les autres Etats ne prennent pas la même mesure[10].

La corruption moderne est vue comme une forme de délinquance des entreprises, qui englobe donc une grande variété des infractions, comme les actions frauduleuses, les infractions de faillite, la formation de cartel, le blanchiment d'argent, la manipulation des marchés et l'utilisation d'informations privilégiées, entre autres. C`est dans ce cadre qu`on trouve la corruption dans le secteur public ou privé, national ou étranger.

Le délinquant économique et, par conséquence, le délinquant dans le cas de corruption, possède plusieurs caractéristiques uniques, comme agir avec une morale à double esprit ; son comportement étant, la plupart du temps, caché au public et généralement impuni.

En outre, la délinquance des entreprises apporte une haute nocivité sociale, une capacité à s'adapter à différents modèles économiques. Leurs auteurs sont récompensés par l'octroi d'un prestige professionnel, en recevant des sanctions positives de la part de la société, telles que titres, honneurs et distinctions, plutôt que des sanctions négatives.

Le degré élevé d'intégration et d'admiration de la société, des médias et des autorités de l'État vis-à-vis des criminels en col blanc les détournent du stéréotype. En général, la société, les législateurs et une grande partie de la magistrature elle-même ne considèrent pas cette catégorie de délinquant comme un véritable malfaiteur. Au contraire, les criminels qui portent le fantasme des hommes d'affaires sont vus même avec une certaine idolâtrie.

Cette vision différente du délinquant peut générer un traitement inégal par rapport aux autres délinquants. Il faut, alors, discuter l'inégalité légale et si elle se manifeste dans les grands scandales de corruption au Brésil.

2. Inégalité légale

---

[10] Delmas Marty, Mireille. *Três desafios para um Direito Mundial.* Rio de Janeiro: Lumen Juris, 2003, p. 13-14.

Dans cet article, nous explorons l'hypothèse que les inégalités qui marquent la société brésilienne se reproduisent également dans le système juridique, non seulement au niveau juridique, mais surtout au niveau juridico-procédural. Et, pour mieux la contextualiser, nous présentons quelques réflexions sur l'activité juridictionnelle en tant que représentations du monde et le débat dogmatique[11] sur le principe d'égalité qui circule dans le champ juridique.

Les décisions judiciaires peuvent être comprises de différentes façons. En particulier, deux possibilités correspondent le mieux à ce travail. D'une part, les décisions sont des représentations que les juges se font du monde et, d'autre part, elles sont la réponse donnée par le pouvoir judiciaire au conflit auquel la société se réfère. Ces représentations / réponses interfèrent directement dans la fonction sociale des organes judiciaires et le rôle réel qu'ils jouent. Elles déterminent ainsi leur relation avec la société.

Dans une approche récurrente de la doctrine juridique de la patrie, la compétence signifie le pouvoir-devoir, traduit en monopole de l'État, pour résoudre les conflits qui imprègnent les relations sociales et qui n'atteignent pas la composition de soi, et rendent donc nécessaire l'intervention d'une "troisième volonté", remplaçant la volonté des parties. Cette tierce partie est d'Etat-juge, qui décide définitivement et pacifie en termes juridiques la controverse qui lui est soumise.

Cependant, la compréhension de la compétence dans les termes énoncés, et par conséquent le rôle attendu des juges, ne permet pas de :

> gérer et résoudre les conflits, puisqu'ils ne sont pas perçus comme un événement commun et propre à la divergence d'intérêts qui existe dans n'importe quelle société. Au contraire, ici les conflits sont perçus comme une menace pour la paix sociale, et la compétence, loin de les administrer, a pour fonction de pacifier la société, ce qui peut avoir pour effet de les

---

[11] Nous utilisons ici l'expression dogmatique légale comme équivalence à la doctrine juridique - qui dans le domaine juridique signifie « l'étude du caractère scientifique que les juristes exercent dans le respect du droit, soit avec l'objectif purement spéculatif de connaissance et de systématisation, soit avec la portée pratique d'interpréter les normes légales pour leur application exacte » (DINIZ, 1994 : 284).

dissimuler et de les retourner, sans solution à la même société d'origine "(AMORIM, KANT DE LIMA, MENDES, 2005 : xxvi).

Il existe donc un dysfonctionnement du système judiciaire qui aboutit à une séparation entre le juge et la société / citoyen et contribue également à un système qui reproduit vertigineusement les conflits judiciaires[12], refusant l'accès à la justice et au droit - garanties fondamentales de la justice de l`État démocratique de droit.

D'autre part, il est certain que la question de l'égalité ou de son absence a tourmenté l'homme depuis des temps très anciens. Le problème des inégalités internes, inhérentes à l'être humain, ainsi que le problème des inégalités externes inspirent la réflexion et l'investigation dans les champs les plus divers de la connaissance humaine. En fait, il produit des visions différentes du monde, qui ont des répercussions sur des cultures distinctes avec une organisation sociale et des systèmes politiques différents. Et dans les sociétés occidentales, les systèmes juridiques sont marqués par la tentative d'approximation de deux logiques paradoxales : celle qui régule l'inégalité sociale et celle qui régit l'égalité juridique.

Le premier vient du marché, basé sur des critères d'inégalité, et le second, issu de la droite issue des acquis libéraux du dix-huitième siècle, comme dans toutes les manifestations historiques du paradigme de l'État démocratique de droit, basé sur des critères d'égalité. Cependant, en dépit des particularités que présente ce paradoxe dans différentes sociétés, l'inégalité juridique est rejetée. Cependant, au Brésil, au mépris de ce qui est écrit dans la Constitution

---

[12] Un échantillon de ces chiffres est présenté par le Conseil national de la justice dans le rapport «Justice en chiffres», disponible sur le site Web du CNJ.

actuelle[13], les inégalités légales inscrites dans les lois font l'objet de discours et de justifications «naturalisés» qui souffrent de la compréhension et de l'explication de citoyens bien informés, souvent «masqués» une rhétorique de protection de la différence, contribuant ainsi à faire disparaître l'aversion républicaine pour les privilèges.

En ce qui concerne l'égalité juridique, de nombreuses questions doctrinales sont soulevées. A titre d'exemple, on peut citer : la difficulté sémantique de comprendre les significations ; la nécessité d'un jugement de comparaison pour mieux préciser sa signification ; les relations ténues entre l'égalité et la différence ; le rôle joué par l'égalité dans l'État démocratique de droit, entre autres.

---

[13] Dans la rétrospection historique, c'est dans la première Constitution républicaine du 24 février 1891 que fut introduit le principe de l'égalité juridique. Il a donc établi, § 2, de l'art. 72: "Tous sont égaux devant la loi. La République n'admet pas les privilèges de naissance, ignore les forums de noblesse et éteint les ordres honorifiques existants et toutes leurs prérogatives et avantages, ainsi que les titres de noblesse et de conseil. " La norme constitutionnelle signifiait simplement une clôture rhétorique des privilèges individuels, sans pour autant impliquer une rupture réelle avec les pratiques sociales que des personnes inégales, par exemple: l'esclavage (Prado, 2005). Les autres Constitutions ont répété le précepte, bien qu'il ait eu une autre spécificité normative dans la Constitution de 1988. En plus de la clause générale d'égalité dans la caput de l'art. 5, dans la Charte de 88, il existe encore un certain nombre de normes constitutionnelles qui découlent directement du principe d'égalité et qui donnent les directives juridiques de certains rapports juridiques. A titre d'illustration, dans l'ordre chronologique, on peut indiquer : la fin de distinction en raison de l'origine, de la race, du sexe, de la couleur, de l'âge, de la croyance et de toute autre forme de discrimination (art.3, IV) ; égalité des sexes (article 5, I) ; égalité entre le citoyen et le droit pénal (article 5, loi), égalité de juridiction (article 5, XXXVII, LIII, LIV, LXXIV) égalité dans les relations de travail (articles 7, XXX et XXXIV) ; l'égalité entre les Brésiliens nés et les Brésiliens naturalisés (article 12, § 2) ; même valeur du vote (art.14, caput) ; égalité d'accès au service public (articles 37, I, II et VIII) ; l'égalité des salaires pour les postes équivalents du service public (article 39) ; entre le Trésor et le contribuable (articles 145, §1 et 150, II) ; la justice sociale comme ligne directrice pour l'ordre économique et social (articles 170, VII et 193, respectivement) ; l'universalité de la fourniture de services de sécurité sociale (article 194 et article 196) ; égalité dans l'éducation (articles 205 et 206, I et III) ; valeur égale et protection des expressions culturelles (art.215, §1), et égalité dans les relations familiales (article 226, §§2 et 5 et article 227, §6). Même ainsi, en violation de la règle constitutionnelle, la législation du pays n'a pas été mise à jour avec notre texte constitutionnel, et nos privilèges sont restés dans notre juridiction.

En particulier, considérant les coupes nécessaires - les décisions judiciaires et leurs représentations de l'égalité juridique[14] - l'attention est attirée sur le problème sémantique. Bien sûr, la production littéraire sur le sujet indique qu'il n'y a pas d'accord sur son contenu. S'il manque une dimension substantive, il est souvent confondu avec d'autres valeurs, comme la justice et la liberté, aboutissant à la multiplicité des classifications de l'égalité, selon les valeurs auxquelles il se rapproche (Delacampagne, 2001, Pojman et Westmoreland 1997) . Cette imprécision de sens est renforcée lorsque l'intelligibilité de l'égalité est véhiculée dans un jugement de comparaison. De cette manière, certains soutiennent que la notion d'égalité nécessite la confrontation de trois questions fondamentales : « égalité pour qui ? égalité pour quoi ? égalité de quoi ? » (SEM : 2001).

Le débat brésilien, dans le champ juridique, sur le sujet n'est pas très riche et ne traite même pas de cet aspect relationnel de l'égalité (DUARTE, 2001). En fait, ce qui ressort le plus, c'est la «logique de la répétition» des auteurs qui se construit en marge de la vie réelle[15]. Ce débat intègre une sagesse conventionnelle[16], marquée par au moins deux «courants»[17]. Ceux-ci, en renforçant l'absence de consensus sur l'égalité, composent leur sémantique juridique et réduisent pratiquement le problème à des termes argumentatifs. Ce sont : I) le

---

[14] La question de la représentation judiciaire est directement liée à la problématique de l'hégémonie interprétative, ce qui est finalement contesté dans la magistrature. "Les normes juridiques sont générales, mais d'interprétation particularisée. Pour ce faire, ces règles doivent être interprétées. L'interprétation est considérée comme un instrument permettant de rendre explicite le sens "vrai" de la norme juridique. Cela ne concerne pas le contenu de la norme, mais l'interprétation qui lui est donnée, car elle vaut ce qui est implicite. D'où un différend permanent, qui est commun dans notre environnement juridique, par la plus grande autorité interprétative d'une certaine norme. Peu importe les faits, mais les interprétations et seulement ceux qui sont au sommet de la pyramide savent tout, y compris la signification de chaque segment inégal » (Mendes, 2003: 102).

[15] Les contributions d'auteurs qui traitent de la réalité des relations sociales brésiliennes - telles que DaMatta (1979) et Carvalho (2002) sont généralement exclues du domaine juridique. Comme une exception qui confirme la règle de Kant de Lima (2004), Amorim, Kant de Lima, Mendes (2005) et Mendes (2003).

[16] Cette sagesse conventionnelle est le résultat de «production - de discours, d'idéologies et de fondations» qui «s'approprie exclusivement par un groupe ou un corps d'experts, qui établit les limites de la production et de la circulation des discours par rapport aux valeurs de son domaine» (2003: 101).

[17] D'une manière provocante, un vocabulaire commun et naturel du domaine est utilisé qui intègre la sagesse juridique conventionnelle et dans ses silences exprime la logique du contradictoire qui organise la forme de production de la connaissance juridique au Brésil (AMORIM, KANT DE LIMA, MENDES, 2005).

discours de l'inégalité naturalisée en égalité; II) le discours de l'égalité en tant que traitement différentiel.

Dans le discours de l'inégalité naturalisée en matière d'égalité, on soutient que le déni d'égalité n'implique pas nécessairement sa violation. S'inspirant des enseignements de Ruy Barbosa, dans la célèbre «Prière des jeunes hommes» (MENDES, 2003), il est admis que la mesure de l'égalité est l'inégalité qui intègre la sagesse conventionnelle. L'inégalité est donc naturalisée, ne provoquant pas la répudiation, comme Mendes (2003) l'enregistre de façon critique. À ce jour, il est répété que "[...] sur l'égalité son contraire ne le nie pas, mais l'affirme souvent. C'est là le paradoxe de l'égalité. L'inégalité n'est pas toujours contraire à l'égalité [...] »(LOBO TORRES, 1995: 261-262, soulignement ajouté). Il reflète une éthique de la société hiérarchique qui, à son tour, naturalise l'inégalité entre les membres de différents segments sociaux, et ce, d'une manière légale et factuelle. Dans ce système, les segments sociaux sont inégaux et complémentaires, comme dans un ensemble composé de parties. L'inégalité est considérée comme synonyme de dissemblance » (MENDES, 2003 : 101).

Dans le discours de l'égalité en tant que traitement différentiel, il existe une distinction subtile. Il n'est plus question d'inégalité, mais il est entendu que le principe n'exige pas un traitement égal en toutes circonstances pour tous. Sous l'inspiration "tupinikine" de la construction par la Cour suprême de la clause de protection égale des lois (CASTRO, 1983 et SILVA, 2001), les lois fonctionnelles classent les situations, les discriminent et les soumettent à des règles. Il est nécessaire de rechercher quelle discrimination est juridiquement intolérable et quelles sont celles couvertes par le système juridique afin d'établir la violation du principe de l'égalité juridique. Ainsi, le principe constitutionnel d'égalité présuppose un devoir d'égalité pour le pouvoir public, se traduisant par un traitement égal si les situations considérées présentent des circonstances égales et autorisant un traitement différencié, si les situations sont diverses. Pour ceux qui partagent cette représentation, il est entendu que les critères qui guident l'adoption d'un traitement juridique différencié doivent respecter trois principes fondamentaux : a) la détermination constitutionnelle d'égalité de traitement, s'il n'existe pas d'autorisation constitutionnelle pour l'adoption d'un traitement différencié ; b) l'exigence d'un traitement différencié présuppose l'existence de situations essentiellement différentes ; c) le traitement différent doit se trouver en harmonie avec l'ensemble de l'ordre constitutionnel. Et il n'y a pas de justification raisonnable pour l'adoption d'un traitement différencié, il a été configuré pour violer le principe de l'égalité, et le maintien de l'inégalité juridique[18]. Les arguments résident dans l'idée d'un traitement différencié qui repose sur un constat de différences, et supprime donc l'inégalité juridique[19].

Les subtilités argumentatives qui éclairent les deux «courants» confirment que le problème de l'égalité juridique n'est pas facilement résolu, même au niveau des discours ou des représentations judiciaires. Rejeter l'effort de légitimation[20] du discours d'égalité naturalisé dans l'inégalité, en tant que violation *prima facie* du commandement égalitaire, revient à reconnaître comme légitime le discours de l'égalité comme traitement différentiel. Cependant, l'impasse reste à résoudre.

---

[18] Voici un exemple de cas systématiques où il y a une violation de la norme isonomique : « I - La norme établit une distinction actuelle et certainement un destinataire particulier, plutôt que de couvrir une catégorie de personnes, ou des personnes indéterminées. II - La norme adopte un critère discriminatoire, aux fins de différenciation des régimes, élément non résident dans les faits, situations ou personnes si peu équipées. Ce qui se passe quand vous voulez prendre le facteur « temps » - qui ne repose pas sur l'objet - comme critère différentiel. III - La norme attribue un traitement juridique différent de l'attention au facteur discriminatoire adopté qui, cependant, n'a aucune relation de pertinence logique au regard de la disparité des régimes accordés. IV - La norme suppose un rapport existant de pertinence logique dans l'abstrait, mais les discriminations établies conduisent à des effets opposés ou tout mode dissonant des intérêts constitutionnellement prestigieux. V - interprétation de la règle, extraction de distinctions discriminatoires qui n'ont pas été professées mais assumées de façon claire, même implicitement par « (BANDEIRA MELLO, 1993 : 47-48).

[19] Il est également important de noter la relation entre l'égalité et la discrimination haineuse. Ceux-ci, pour la doctrine juridique différentielle du pro-traitement, peuvent être configurés quand "une donnée de nature indépendante et indéterminable par la volonté humaine, comme la race, le sexe, l'appartenance, la nationalité, etc., est adoptée comme critère de différenciation, déterminée par le simple fait de la naissance, ou lorsque la discrimination législative porte atteinte à des droits considérés comme fondamentaux, et donc explicitement ou implicitement garantis dans la Constitution »(CASTRO, 1983: 75). Et malgré la possibilité d'un traitement différencié, il existe certains facteurs d'inégalité - appelés discriminations odieuses - qui seraient en principe répudiés. Cependant, s'il existe une justification valable du traitement, articulée avec l'objectif de la loi, l'existence d'une agression au principe d'égalité n'est pas reconnue.

[20] La légitimation découle ici du consentement, c'est-à-dire de l'imposition non arbitraire de la volonté d'un champ social par des structures discursives de domination, comme Bourdieu (1989, 1992, 2004).

Si le manque de détermination sémantique de la valeur d'égalité le soumet à plusieurs critiques qui finissent par obscurcir et questionner la légitimité de l'effort de rationalisation de l'activité juridictionnelle exercée dans les affaires impliquant le principe d'égalité ; il est également perçu que la non-caractérisation de la violation du principe doit être soigneusement examinée à la lumière du cas concret présenté et des circonstances factuelles entourant les sujets considérés - ce qui renvoi à un haut degré de discrétion judiciaire fondé sur des éléments purement argumentatifs, à s'ouvrir à la particularisation dans l'application de la loi qui serait universelle, c'est-à-dire pour tous.

Ainsi, d'une part, les critères, *a priori,* se limitent à retracer les signes d'agression potentielle, qui seront mis en évidence après l'examen judiciaire effectif du traitement juridique choisi, ses conséquences par rapport à l'ordre constitutionnel et sa relation avec la qualité personnelle des sujets - mais qui n'est pas toujours perçu par la naturalisation de l'inégalité comme cela se passe dans les sociétés hiérarchisées, comme le Brésil. D'autre part, l'absence totale d'agenda implique un système de faible rationalité, où il n'est pas possible de rendre explicites les choix du juge et donc d'atténuer ou d'affaiblir la possibilité de contrôle social, se prêtant ainsi à perpétuer des situations de privilèges, encore, devant un tribunal.

Par conséquent, comme l'a souligné KANT DE LIMA,

> [...] en l'absence d'une démarcation définie et structurée autour d'axes explicites d'inégalités légitimantes, il appartient à tous - mais principalement aux institutions chargées de gérer les conflits dans l'espace public - d'appliquer dans chaque cas notamment les règles disponibles - toujours général, jamais local - selon le statut de chacun, sous peine de commettre une injustice irréparable en ne se conformant pas à l'inégalité sociale imposée et implicitement reconnue. L'inégalité est inconcevable juridiquement dans toute République Constitutionnelle, mais dont l'existence, dans ce contexte d'ambiguïté dans lequel évolue notre société, jouit d'une invisibilité confortable. (2004: 51).

En conclusion, dans un régime constitutionnel républicain, aggravé par un décalage entre les tribunaux et leurs fonctions sociales, la naturalisation de l'inégalité ne fait pas que renforcer les effets pervers du paradoxe déjà mentionné, mais alimente aussi la création de nouveaux paradoxes, tels que, l'admission d'un Etat tutoriel, qui "compense" les inégalités sociales, qui a des droits fondamentaux à conférer aux citoyens, considérés libres et égaux par les mêmes institutions qui les protègent et qui affaiblissent l'exercice responsable de l'autonomie du sujet, droits et devoirs. En fin de compte, cette situation empêche que de nouvelles formes de relations sociales soient combattues dans la société, car il n'y a pas d'environnement propice aux ruptures et aux changements. Il perpétue et reproduit l'inégalité dans notre société, traduite en privilèges et exclusions.

Les constats de décisions judiciaires admettant un traitement non égalitaire (DUARTE et IORIO FILHO, 2007a, 2007b, 2009, 2012, IORIO FILHO et DUARTE 2012) se réfèrent au concept de violence symbolique[21], puisqu'ils assument un discours dont le but non divulgué est d'assurer la perpétration de privilèges enracinés dans notre société hiérarchique, qui ne sont pas reconnus comme tels.

Cette situation d'ambiguïté devant l'égalité juridique justifie une enquête sur les représentations que les tribunaux en font, dans le but de rendre explicites les discours de reproduction de la hiérarchie sociale qui circulent dans le champ juridique et de ses mécanismes et stratégies. Bien que dans l'Etat Démocratique de Droit il y ait l'espoir que la loi sera appliquée universellement et uniformément, au final, elle est appliquée d'une manière particulière, qui est structurée dans les différentes règles qui intègrent la grammaire de décision et, par conséquent, admet l'adoption de logiques différentes qui donnent sens au principe d'égalité.

Enfin, en associant cette action en Justice à l'inégalité juridique avec le Mensalão et Lava-Jato, KANT DE LIMA et MOUZINHO (2016) concluent:

---

[21] La violence symbolique n'est rien d'autre que l'articulation d'un instrument de pouvoir, pour naturaliser les discours par le domaine du langage, pour convaincre les agents sociaux qu'une certaine réalité est vraie et légitime parce qu'elle n'est pas arbitraire. La violence symbolique dispense la violence physique en obtenant les mêmes effets plus efficacement. La naturalisation des croyances accomplies par la dominance du langage imposant une structure spécifique de la pensée (habitus) fait que les dominés, contrairement à l'arbitraire physique, ne perçoivent pas les impositions mises en place, créant ainsi une plus grande stabilité dans le maintien du pouvoir des (Bourdieu, 1989, 1992, 2004).

[...] Ainsi, les traditions juridiques au Brésil continuent de mettre l'accent sur leur rôle séculaire des instruments de contrôle inégaux de la société, qui sont exclues de l'État et ses responsables de l'application de la loi, générant apparemment les changements culturels et sociaux qui se produisent au cours de notre histoire. Il est rappelé de cette façon, la longue tradition d'asymétrie de ces relations, ce qui se traduit par le fait que l'égalité ne peut être réalisée que par la sujétion criminelle des puissants au même critère utilisé pour soumettre les classes inférieures. La subjectivation juridique universelle des individus, la normalisation, le prix à payer par leur appartenance à une sphère civique où ils sont tous, sans distinction, titulaires d'un minimum de droits communs pour compenser les inégalités engendrées par le marché (Marshall, 1969; Foucault 1983), fondement de l'ordre juridique bourgeois, n'est pas mis à jour même si, apparemment, la justice se fait de manière égalitaire. Ou, peut-être, l'égalité par soumission est-elle imposée précisément parce qu'elle est faite «au Brésilien». [...] Dans la pratique, les affaires qui ont abouti à un procès devant des juridictions supérieures ont toujours été signalées par le ministère public comme l'une des raisons de l'impunité des puissants puisque, généralement, avant le Mensalão, les ministres de ces tribunaux n'exécutaient leur jugement qu'après un long voyage en première et seconde instance (selon que l'accusé avait ou non la prérogative du privilège de fonction), de nombreux recours déposés par les parties sont parrainés par de grands cabinets d'avocats. Ceci, couplé avec l'argument des ministres sur le retard à les juger en raison du nombre croissant de cas sous leur responsabilité et la grande ampleur de ceux-ci, à souvent entraîné, par exemple, la prescription du crime ou la nullité de la procédure conduite par la police ou par le ministère public. Dans le cas de Mensalão, la surprise est que la prérogative du forum privilégié a fini par être un problème pour la défense, malgré les nombreux avocats et les énormes ressources financières et non financières impliquées. En effet, dans l'action criminelle 470, le STF a servi de tribunal de première instance en raison du forum privilégié de l'accusé, qui a également contaminé l'autre accusé, qui ne l'avait pas [...].

3. Mensalão (Action Criminelle nº 470) : le forum privilégié et les positions adoptées par le Suprême Tribunal Fédéral

Au cours de la dernière décennie, le Brésil a été confronté à deux grands scandales de corruption : Mensalão et Lava-Jato.

Le scandale du Mensalão est le nom donné à la crise politique qu'a traversé le gouvernement brésilien en 2005. En portugais, le nom Mensalão est une variante du mot mensualité et fait référence à l'accusation de paiement de pots-de-vin à des députés en échange de leur vote en faveur des projets de loi du pouvoir exécutif. En 2012, des condamnations importantes ont été prononcées et le Suprême Tribunal Fédéral à infligé des peines d'emprisonnement pour corruption et association de malfaiteurs à des personnages clés du pouvoir, à savoir des hommes politiques (ministres et parlementaires) et grands entrepreneurs, comme des banquiers.

D`autre part, l'Opération Lava-Jato est une enquête de la police fédérale du Brésil qui a commencé en mars 2014, concernant une affaire de corruption et de blanchiment d'argent impliquant notamment la compagnie pétrolière publique Petrobras.

Les faits reprochés incluent des commissions pour des personnalités politiques de tous bords en échange de leur implication dans des contrats publics surfacturés. Le scandale de corruption d'ampleur inédite a mené à l'emprisonnement des directeurs des entreprises, des hommes politiques très importants, comme l`ancient président de la Chambre des Deputés, Eduardo Cunha, et l`ancient président de la République, Luiz Inácio Lula da Silva.

Sur la base de ces références, qui nous aident à décrire la culture juridique dite Brésilienne et la grammaire de décision articulée dans le processus judiciaire brésilien, nous avons choisi d'aborder les actions criminelles dénoncées dans le scénario juridique brésilien de Mensalão et Lava-Jato parce que, comme le disent Kant de Lima et Mouzinho dans leur article, ces deux cas aident à clarifier le fait que les développements judiciaires récents observés dans les procédures découlant des procédures pénales de l'Opération Mensalão et Lava-Jato n'ont fait que rendre les procédures de routine de la Justice pénale brésilienne utilisées par les tribunaux plus transparentes et publiques.

Brièvement, l'action criminelle n° 470 ou Mensalão

> [...] commence avec des articles dans la presse lors des premières années de l'administration Lula, les parlementaires de la base alliée recevaient une « allocation mensuelle » pour soutenir les projets du Parti des Travailleurs (WERNECK, 2012), d'où le nom donné à l'Action. Tout a commencé avec le communiqué de presse des déclarations du député fédéral de l'époque, Roberto Jefferson (PTB), selon lesquelles son parti et d'autres recevaient périodiquement des quantités importantes d'affaires pour appuyer les projets gouvernementaux pendant leurs premières années. Le député qui a accusé ses collègues l'a fait après avoir été également dénoncé, à propos d'un scandale impliquant la direction de la Poste brésilienne. Une vidéo dans laquelle le directeur de la poste de l'époque a été surpris en train de payer des pots-de-vin en échange d'installations pour les entreprises dans les appels d'offres publics, a fini par impliquer le député. L'une des conséquences a été la création d'une commission d'enquête parlementaire (CPI) chargée d'enquêter sur l'incident. Le déroulement de la CPI a débouché sur des enquêtes de police et sur le processus judiciaire du Mensalão. Aussi pendant le processus, le témoignage des accusés a permis d'identifier le financement des campagnes électorales non déclarées à l'IRS. Les entrepreneurs et les banquiers, afin de recevoir des avantages futurs, ont été blâmés, ce qui aurait profité aux partis de la base, en particulier le Parti des travailleurs. [...] Le financement des campagnes politiques par des entreprises privées à cette époque était autorisé par la loi au Brésil, mais le problème était que les ressources obtenues n'avaient pas été déclarées dans les comptes des politiciens, ayant été omis pendant et après la campagne. constituées dans ce que l'on pourrait appeler "Caixa 2", précisément parce qu'elles n'étaient pas des ressources officielles et déclarées. Les accusations de Roberto Jefferson ont été reportées et insérées dans le processus, déterminant la classification criminelle des activités dénoncées comme crimes : corruption, formation de gangs, blanchiment d'argent, détournement de fonds, etc. À la différence des poursuites criminelles avec des accusations semblables, le Mensalão a été la première poursuite qui a commencé et s'est terminée à la Cour suprême fédérale (STF). Cela a été possible parce que la prérogative du «forum par

prérogative de fonction» existe dans le Code de procédure pénale brésilien, ce qui signifie que certaines personnes ont droit à un lieu de jugement autre que celui du citoyen ordinaire en raison d'un statut juridique spécifique qui leur est attribué par l'exercice de certaines fonctions publiques. La prérogative, également prévue dans les précédentes Constitutions et insérée dans le Code de Procédure Pénale brésilien, a été élargie dans notre dernière Constitution de 1988. Selon les rapports de Empresa Brasil de Comunicação (EBC), 22 000 autorités bénéficient aujourd'hui de la disposition constitutionnelle (EBC, 15 / 03/2016). Les présidents de la République, les ministres, les sénateurs, les députés, les gouverneurs, les maires, les conseillers judiciaires, les juges, les procureurs (même lorsqu'ils commettent des crimes communs) ne sont pas jugés par les tribunaux de première instance par des tribunaux supérieurs de décision collégiale. (KANT DE LIMA et MOUZINHO, 2016).

D'autre part, l'opération Lavo-Jato, toujours en cours, menée par la police fédérale brésilienne, dans laquelle un «doleiro» a été inculpé puis arrêté - une catégorie communément appelée «intermédiaire» dans l'achat et la vente de devises et leur transfert à l'étranger - nom de famille Youssef. À partir de ce moment, il y avait aussi des accusés et des prisonniers politiques, des hommes d'affaires et des fonctionnaires, comme l'ancien président Luís Inácio Lula da Silva.

Ces deux affaires nous permettent de comprendre les utilisations des procédures pénales au Brésil et la manière dont ces utilisations impliquent notamment des conceptions de l'application de la norme par le juge, ce qui implique en soi une violation de la promesse que la loi est pour tous écrite à l'article 5 de la Constitution de 1988 : "tous sont égaux devant la loi"). Maintenant, si l'interprétation et l'application de la norme ne sont pas engagées dans un modèle procédural universel, des cas similaires reçoivent des juges des solutions distinctes et spécifiques - ce qui implique une inégalité juridique[22].

---

[22] La signification de l'(in)égalité juridique se traduit par le sens que les agents au Brésil dans le domaine juridique donnent à cette expression. La compréhension des significations attribuées à l'égalité (légale) des agents de terrain indique qu'il est naturalisé, qu'il fait partie de l'habitus du champ. Il n'est pas explicitement reconnu qu'il puisse exister dans le système, c'est-à-dire que les agents sur le terrain n'adoptent pas l'expression

Il convient toutefois de noter que pour ce texte, nous ne discuterons pas l'affaire Lavo-Jato et ses implications pour l'application de la loi de manière égalitaire, car elle est toujours en cours et son scénario n'est pas encore achevé.

Nous traitons donc ici une mise en œuvre, mise à niveau et l'amélioration de l'(in)égalité dans le système juridique qui est présenté en deux dimensions, articulée avec l'idée de la création de la norme (activité législative) et l'interprétation / application de la règle dans ce cas (activité judiciaire). Ainsi, nous avons constaté que l'(in)égalité opère dans les textes normatifs, avec la promulgation de lois (et même les normes constitutionnelles) qui établissent des privilèges et honneurs aux citoyens distingués, tels que : la prison spéciale, l'immunité parlementaire formelle forum privilégié, preuve etc. Ici l'inégalité est inscrite dans la loi. De plus, cette (in)égalité est reproduite dans la gestion des conflits sociaux, par le pouvoir judiciaire, non seulement par l'application des lois inégales (parce que « chaque cas est différent, » comme adage juridique connu), mais aussi parce que appliquer la loi de façon inégale, sans universalisation de la commande normative (puisque, comme le dit un autre dicton, "chaque tête est une phrase), cette dernière étant la dimension que nous explorons dans ce travail.

Les données que nous avons collectées dans nos recherches, examinant l'affaire Mensalão, indiquent qu'il existe des catégories implicites dans le système juridique brésilien qui structurent les processus mentaux de prise de décision des juges et aboutissent à des performances inégales du légal - naturalisé et invisible.

Parmi les différents aspects procéduraux que nous pourrions présenter, nous avons choisi une situation très importante qui est le «forum privilégié» et nous permet de voir les mouvements jurisprudentiels qui ont créé des zones d'incertitude et, à notre avis, permettent des espaces d'inégalité.

On a dit que l'une des particularités du système procédural brésilien était le prétendu "forum privilégié" (également appelé forum

---

«inégalité juridique», mais qu'ils l'acceptent, car ils comprennent et acceptent les privilèges et "par conséquent, l'égalité, parce que, comme le dit le sens juridique commun," l'égalité consiste à traiter les inégalités de manière inégale dans la mesure de leurs inégalités ". Ce plan, cependant, n'est pas l'objet de notre travail, nous ne l'approfondirons donc pas.

spécial en vertu de sa prérogative de fonction), qui, en général, établit des règles de poursuites par les tribunaux, supprimant la compétence des juges de premier degré pour ces personnes, créant une corrélation entre les tribunaux et la position de l'accusé. Bien que controversé et désigné comme la cause de l'impunité dans le pays[23], ce forum a une disposition constitutionnelle, avec une telle ampleur qui distingue le cas du Brésil en la matière[24].

Le forum privilégié est une constante dans l'histoire constitutionnelle du Brésil, à la suite d'un mouvement d'élargissement. Il existe au Brésil depuis la Constitution 1824 (art. 47), alors que le pays était une monarchie, et a déterminé que les crimes commis par les membres de la famille impériale, les conseillers ministres d'Etat et les parlementaires seraient jugés uniquement par le Sénat impérial. La première Constitution de la République de 1891 a incorporé l'institut du président, dans son art, 53. Par la suite la Charte de 1934, dans son art. 76, I, a, b, a étendu les privilèges qui concernent le président, les ministres de la Cour suprême et l'Etat, la

[23] Il est courant de voir dans les articles imprimés des articles dénonçant le forum privilégié comme instrument d'impunité. Voir, par exemple, l'article publié dans la section "Politique" du G1 le 13/06/2018 et signé par Alessandra Modzeleski et disponible à l'adresse suivante:< https://g1.globo.com/politica/noticia/foro-privilegiado-e-guarda-chuva-para-impunidade-diz-eliana-calmon-anpr-defende-prerrogativa-em-alguns-casos.ghtml>. Accès le 14 sept 2018.

[24] Comme l'explique Do Valle (2012), "mais ce n'est pas seulement au Brésil qu'il y a l'institut du forum privilégié. La forme adoptée est différente dans chaque pays. Le Portugal ne prévoit pas l'action pénale devant les tribunaux, mais précise que les membres ne peuvent être poursuivis qu'avec le consentement du comité. Dans la Constitution suisse de 2006, le forum privilégié n'est pas explicite, mais il permet le jugement par une instance supérieure unique. La Constitution italienne prévoit que le président de la République sera jugé par la Cour constitutionnelle pour les crimes commis. L'Argentine adopte le système revenant à donner à la Chambre des représentants le droit d'accuser devant le Sénat, le président, le vice-président, les ministres et les membres de la Cour suprême, de la mauvaise performance dans leurs fonctions ou pour des crimes de droit commun. En Colombie, la Constitution politique de 1991 adopte le régime de compétence spéciale pour le procès du président, des membres du Congrès, Bureau du Procureur général, les ministres d'Etat, le médiateur, les procureurs de la Cour et le Conseil des services administratifs État d'administration, contrôleur général de la République, des ambassadeurs et chefs de mission diplomatique, les gouverneurs, les magistrats, les tribunaux généraux et amiraux des forces armées. Les États-Unis d'Amérique n'adoptent aucun système de forum privilégié. Comme on peut le voir, le système de forum privilégié est traité de différentes manières dans les différents pays, mais aucun d'entre eux ont tant d'auteurs couverts par le système ".

Cour des ministres, le procureur général, les juges fédéraux et les juges des cours d'appel, et aux ambassadeurs et ministres diplomatiques en matière de crimes communs et de responsabilité. Et la Constitution de 1988 était la plus généreuse en la matière, ce qui augmente les chances du forum, ce qui lui donne aussi une autre gamme d'autorités, telles que l'état des procureurs et ministres fédéraux d'Etat; les commandants de la marine, de l'armée et de l'armée de l'air, entre autres. Le modèle constitutionnel actuel et les lois qui en découlent, est [25] :

a) Tribunal Suprême Fédéral : juge du président de la République, vice-président, ministres du gouvernement, députés fédéraux, sénateurs, ministres de la Suprême Tribunal Fédéral et commandants militaires ;

b) Cour supérieure de justice : elle gère les procédures contre les gouverneurs et les juges (juges de deuxième instance) ;

c) Tribunaux fédéraux régionaux : chargés d'examiner les poursuites contre les juges et les maires fédéraux (uniquement en cas de détournement de ressources fédérales) ;

d) Cour de justice : juges adjoints d'État, membres du parquet, tribunaux et maires.

Aujourd'hui on estime que 55 000 personnes auraient droit au forum spécial, comme le demandait le Nucleus of Studies and Research du Sénat en 2017 [26].

Selon l'arrêt Mensalão, la règle du tribunal d'instance unique, en vertu de la loi 8.038 / 90, établit des règles spécifiques concernant la procédure applicable aux actions relevant de la compétence initiale des tribunaux. Ainsi, l'action pénale n'a été jugée que dans une seule affaire, ce qui a empêché de réexaminer la question devant une juridiction supérieure, la Cour suprême étant la dernière étape du

---

[25] Dans la Constitution, les conseillers (titulaires du pouvoir législatif municipal) ne sont pas envisagés. Cependant, il est possible que les Constitutions des États (membres de la Fédération) établissent cette prérogative. C'est le cas de l'État de Rio de Janeiro, qui garantit aux conseillers municipaux le droit d'être jugés par la Cour de justice de l'État.

[26] Informations extraites de la revue électronique NEXO. Lien vers l'article disponible *in* < https://www.nexojornal.com.br/expresso/2018/04/12/O-que-%C3%A9-foro-privilegiado.-E-quem-tem-direito-a-ele-no-Brasil>. Accès le 14 set 2018.

système judiciaire brésilien. Cette circonstance dans laquelle la condamnation de l'accusé a suscité beaucoup de controverse dans l'environnement juridique[27] sur le droit de la défense de l'accusé et a ouvert un long débat sur la fonction et les utilisations des soi-disant "embargos divergents"[28].

À propos de la controverse, voir le récit ci-dessous, dans un rapport à l'époque[29]:

> Certains des accusés ont été reconnus coupables dans l'action criminelle 470 par des votes non unanimes, ouvrant la possibilité de s'opposer à des privilèges contrefaits, ce qui divisait les opinions : certains juristes estiment que de tels privilèges ne seraient pas applicables. La Cour Suprême et la loi n ° 8.038/90 ne traitent pas de la question, il faudrait l'interpréter car la loi 8.038/90 aurait abrogé le règlement intérieur, puisqu'il s'agit d'une règle ultérieure, d'autant plus qu'elle a déjà été de ce qui s'est passé avec le régiment.
> Une autre partie des juristes soutient qu'il n'y aurait pas d'interdiction d'opposition aux embargos en l'espèce, puisqu'il n'y a pas de prédiction contraire et que, de plus, la même loi 8.038 / 90 fait davantage référence aux règles internes : l'article 2 de la loi affirme que l'instruction procédurale de l'action pénale de la juridiction d'origine sera faite, selon le cas, sous la forme du règlement interne, et l'article 12 dispose que le jugement de ces actions sera "de la manière déterminée par le règlement

[27] Voir, par exemple, la couverture étendue que les médias électroniques légaux ont donnée au site Web de Migalhas, disponible à:< https://www.migalhas.com.br/ >. Accès le 14 sept 2018.

[28] Les infractions sont un type de défense privée, tel que défini au seul paragraphe de l'article 609 du Code de Procédure Pénale et sont exécutoires contre une décision non unanime de la juridiction inférieure (c'est-à-dire en cas de vote négatif, indiquant une divergence entre les juges) et défavorable au défendeur. Ainsi, ils cherchent à l'emporter sur le vote rejeté, mais cela serait favorable à l'accusé. Dans ce dossier de procédure, le défendeur devrait limiter ses allégations à l'objet de la divergence, ne pas avoir à innover et à plaider autre chose que ce qui avait été décidé lors du vote rejeté. Cependant, dans le cas du Mensalão parce que c'est une action originale, l'art. 609 du Code de Procédure Pénale ne s'appliqueraient pas.

[29] Le lien vers l'histoire est disponible dans: < https://www.migalhas.com.br/dePeso/16,MI186277,61044-Foro+especial+e+direito+de+defesa+o+mensalao+e+os+embargos >. Accès le 14 sept 2018.

interne", ce qui oblige à conclure que les règles internes du Tribunal Suprême Fédéral ne sont en aucune façon révoquées.

Enfin, le 18/09/2013, dans un procès très serré, à une majorité de 04 à 05 voix, y compris avec le vote de Minerva du ministre Celso de Mello[30], le Tribunal Suprême Fédéral a décidé que les recours seraient possibles, combinant une série d'arguments en faveur de l'appel ?.

Cependant, en l'absence d'une règle de procédure claire sur la recevabilité des privilèges portant atteinte à un droit, les ministres devaient "définir" quel serait le "vote rejeté" qui permettrait l'appel. Enfin, l'entente a prévalu qu'il faudrait quatre votes en faveur de l'accusé pour sa recevabilité. Par une construction herméneutique, sans règle expresse émanant du Parlement, le Tribunal Suprême Fédéral, en déterminant la recevabilité des embargos, l'existence de 04 votes favorables aux accusés, a établi un régime procédural qui divisait les accusés en deux groupes : l'introduction de privilèges de contrefaçon (et leur permettant ainsi d'être rejugés) ; et ceux qui n'ont pas le droit de contestation, mettant ainsi fin à toute possibilité de réexamen de la condamnation.

En ce qui concerne cette problématique, une intervention du ministre Gilmar Mendes (qui a été posée par l'impossibilité des recours) très intéressante, illustre le problème de l'inégalité de traitement juridique, même si ce n'était pas sa préoccupation:

> Rien ne justifie l'acceptation de cette ressource rétrograde. [...] Rien ne permet de rejeter l'abrogation tacite de la loi 8038/90 en l'espèce. L'argument selon lequel il s'agit d'une action pénale originale ne suffit pas à légitimer l'admission de cet appel archaïque. C'est le silence clairement éloquent de la loi de 8038. Pourquoi avez-vous besoin de quatre votes divergents ? Pourquoi pas trois ? Pourquoi pas zéro ? Si c'est une question de contrôle, de méfiance à l'égard de ce qui a été jugé par le plus haut tribunal du pays, il faut l'admettre de manière générale. La taille de l'incongruité est la taille du monde.[31]

---

30 Le vote de Minerva est disponible dans:< http://www.stf.jus.br/arquivo/cms/noticiaNoticiaStf/anexo/AP_470__EMBARGOS_INFRINGENTES.pdf >. Accès le 14 sept 2018.

31 Cet événement est disponible *in* : < http://g1.globo.com/politica/mensalao/noticia/2013/09/saiba-como-votou-cada-ministro-do-stf-sobre-os-embargos-infringentes.html>. Accès le 14 sept 2018.

Le point qui attire l'attention n'est pas le débat juridique sur le point de savoir si les recours étendent ou non le droit de la défense, qu'il y ait eu ou non abrogation des règles internes du Tribunal Suprême Fédéral. La question que nous posons est autre. En définissant les paramètres d'admissibilité des privilèges contrefaits dans une limite supérieure à celle d'un vote rejeté (ce qui constituerait le présupposé logique minimal du recours), la Cour suprême a établi, dans le même processus, des niveaux de garanties évidemment inégaux, avec des régimes inégalitaires.

L'adoption d'un critère plus rigoureux (à titre d'exemple de construction judiciaire du droit) - qui, en même temps qu'il admet la recevabilité du recours, a expiré - a produit d'autres effets procéduraux qui approfondissent le régime des inégalités juridiques l'issue des condamnations et le tout début de l'exécution de la peine des politiciens condamnés par le Tribunal Suprême Fédéral. Il convient de rappeler qu'à l'époque, le principe de l'innocence, alors en vigueur, était une condition préalable à l'ouverture de la peine d'emprisonnement. Même après la décision de septembre 2013, dès novembre de la même année, tel que rapporté par Agência Brasil[32], le Tribunal Suprême Fédéral a compris que tous les accusés pouvaient faire exécuter leur peine, sauf dans les crimes pour lesquels ils avaient contesté les condamnations au moyen des privilèges de contrefaçon, un appel prévu pour les défendeurs ayant obtenu au moins quatre votes pour la condamnation qui serait arrêté immédiatement.

Comme résultat final, dans le même processus, les accusés sont également reconnus coupables de corruption, par le même tribunal. Certains ont été arrêtés alors que d'autres ne l'étaient pas, car il faudrait à ce moment-là attendre la décision définitive et sans appel. Certains étaient plus en liberté que d'autres !

Enfin, cette question met en exergue les caractéristiques suivantes de la culture juridique brésilienne associées à l'inégalité juridique qui ont été traitées dans ce texte.

Références

[32] Lien de nouvelles disponible dans:< https://www.cartacapital.com.br/politica/stf-determina-prisao-imediata-de-reus-6309.html>. Accès le 14 sept 2018.

AMORIM, Maria Stella; KANT de LIMA, Roberto; TEIXEIRA MENDES, Regina Lúcia (orgs.). Ensaios sobre a Igualdade Jurídica: Acesso à Justiça Criminal e Direitos de Cidadania no Brasil. Rio de Janeiro: Lúmen Júris Editora, 2005.

BANDEIRA DE MELLO, Celso Antônio. O Conteúdo Jurídico do Princípio da Igualdade. 3. ed. São Paulo: Malheiros, 1993.

Bassiouni, M. Cherif. *Introduction to International Criminal Law*. Nova Iorque : Transnational, 2003.

BOBBIO, Norberto; MATTEUCCI, Nicola; PASQUINO, Gianfranco. Dicionário de Política. Vol. 1 e 2. 10. ed. Brasília: UnB, 1997.

BOURDIEU, Pierre. O Poder Simbólico. Rio de Janeiro: Bertrand Brasil, 1989.

______. A Economia das Trocas Simbólicas. São Paulo: Edusp, 1992.

______. Questões de Sociologia. Lisboa: Fim de Século, 2004.

_____. Campo Intelectual e Projeto Criador. In: ______. Problemas do Estruturalismo. Rio de Janeiro: Zahar, 1968.

BRASIL. Conselho Nacional de Justiça. Justiça em Números. Disponível em: <http://www.cnj.jus.br/programas-de-a-a-z/eficiencia-modernizacao-e-transparencia/pj-justica-em-numeros>. Acesso em: 5 jul. 2010.

CHARAUDEAU, Patrick. Discurso Político. São Paulo: Contexto, 2006.

______. Uma teoria dos sujeitos da linguagem. In: MARI, H.; MACHADO, I. L; MELLO, R. (Org.) Análise do Discurso: Fundamentos e Práticas. Belo Horizonte: UFMG, 2001. p. 23-38.

_____; MAINGUENEAU, Dominique. Dicionário de Análise do Discurso. São Paulo: Contexto, 2004.

DELACAMPAGNE, Christian. A Filosofia Política Hoje: Ideias, Debates, Questões. Rio de Janeiro: Jorge Zahar, 2001.

Delmas Marty, Mireille. *Três desafios para um Direito Mundial.* Rio de Janeiro: Lumen Juris, 2003.

DO VALLE, Romulo Martini. Foro Privilegiado: ilegitimidade ou inconstitucionalidade? DireitoNet. Disponível em:< https://www.direitonet.com.br/artigos/exibir/7297/Foro-Privilegiado-ilegitimidade-ou-inconstitucionalidade>.Acesso em 14 set 2018.

DUARTE, Fernanda. Princípio Constitucional da Igualdade. Rio de Janeiro: Lumen Iuris, 2001.

____. O Supremo Tribunal Federal e a sociedade brasileira: legitimando a desigualdade jurídica ou a diferença. In: 25a. Reunião Brasileira de Antropologia - saberes e práticas antropológicas - desafios para o século XXI, Goiânia, 2006.

____. A construção da verdade no processo civil. Revista de Ciências Sociais – UGF. Rio de Janeiro, n. 14, pp.131-148, 2008.

DUARTE, Fernanda. IORIO FILHO, Rafael Mario. Supremo Tribunal Federal e Sociedade Brasileira: legitimando a desigualdade jurídica ou a diferença? ANAIS da 25ª Reunião da Associação Brasileira de Antropologia, 2005.

____. Imunidade parlamentar e análise de discurso jurisprudencial do STF. Revista da Seção Judiciária do Rio de Janeiro. Rio de Janeiro, n. 25, pp. 353-375, 2009.

_____. Uma gramática das decisões judiciais: mesmos casos, decisões desiguais. Revista da Seção Judiciária do Rio de Janeiro, v. 19, p. Artigo especial, 2012.

Ferraz Junior, Tercio Sampaio. -- Ética administrativa num pais em desenvolvimento. Cadernos de Direito Constitucional e Ciência Política. São Paulo. v.6. n.22. jan./mar. 1998, p.38-43.

GARAPON, Antoine; PAPADOPOULOS, Ioannis. Julgar nos Estados Unidos e na França: Cultura Jurídica Francesa e Common Law em uma Perspectiva Comparada. Rio de Janeiro: Lumen Juris, 2008.

GEERTZ, Clifford. Local Knowledge: Further Essays in Interpretive Anthropology.New York: Basic Books, 1983.

____.The Interpretation Of Cultures. New York: Basic Books, 1973.

IORIO FILHO, Rafael Mario. Retórica. In: BARRETO, Vicente de Paulo (coord.). Dicionário de Filosofia do Direito. São Leopoldo e Rio de Janeiro: UNISINOS e Renovar, 2006.

____. A bricolagem de Lévi-Strauss e as decisões do Supremo Tribunal Federal. In: 7º Encontro da Associação Brasileira de Ciência Política, 2010, Recife-PE. 7º Encontro da Associação Brasileira de Ciência Política, 2010.

____. Uma questão da cidadania: o papel do Supremo Tribunal Federal na intervenção federal (1988-2008). Curitiba: CRV, 2014. v. 1. 136p

____. Supremo Tribunal Federal: legitimidade ou arbitrariedade?. In: II Simpósio Internacional de Letras Neolatinas, 2007, Rio de Janeiro. II Simpósio Internacional de Letras Neolatinas, 2007.

IORIO FILHO, Rafael Mario. DUARTE, Fernanda. Por uma gramática das decisões judiciais. ANAIS do Conselho Nacional de Pós-graduação em Direito, Fortaleza XIX Encontro, 2010.

____. A bricolagem da doutrina jurídica acerca da intervenção federal. Revista SJRJ, Rio de Janeiro, v. 25, p. 353-375, 2009.

_____. A lógica dos precedentes judiciais das súmulas vinculantes do Supremo Tribunal Federal. Anais do IX Encontro ENCONTRO ABCP, Brasília, 4 a 7 de agosto, 2014. Disponível em:<http://www.encontroabcp2014.cienciapolitica.org.br/resources/anais/14/1403745601_ARQUIVO_A_logica_dos_precedentes_judiciais_das_Sumulas_Vinculantes_do_Supremo_Tribunal_FederalVERSAOFINAL[1].pdf>. Acesso em 10 fev 2015.

____. A impossibilidade da igualdade jurídica no Brasil. Juris Poiesis (Rio de Janeiro), v. 14, p. 47-62, 2011.

____.O Supremo Tribunal Federal e o processo como estratégia de poder: uma pauta de análise. Revista da Seção Judiciária do Rio de Janeiro, v. 1, p. 109-135, 2007.

___. O Supremo Tribunal Federal e a Lei da Ficha Limpa: uma questão de déficit democrático. In: 8º Encontro Anual ABCP, 2012, Gramado. 8º Encontro Anual ABCP, 2012.

KANT DE LIMA, Roberto. Tradição Inquisitorial no Brasil, da Colônia à República: Da Devassa ao Inquérito Policial. Religião e Sociedade, v 16, n 1-2, p. 94-113. Rio de Janeiro-RJ.

______. Direitos Civis e Direitos Humanos: Uma Tradição Judiciária Pré-Republicana? São Paulo em Perspectiva, São Paulo, n. 18, 2004. p. 49-59.

____. MOUZINHO, Glaucia Maria Pontes. DILEMAS – Vol.9 – no 3 – SET-DEZ 2016 – pp. 505-529.

set. 2006.

KIMMAN, Edward. *Netherlands*: *national report*. In: VANDER BEKEN, Tom; DE RUYVER, Brice; SIRON, Nathalie. *The organization of the fight against corruption in the member states and the candidates countries of the EU*. Atuérpia-Apeldoorn: Maklu, 2001.

MENDES, Regina Lúcia Teixeira. O Princípio da Isonomia à Brasileira: Igualdade é Tratar Desigualmente os Desiguais. Dissertação – Mestrado em Ciências Jurídicas, Universidade Gama Filho: Rio de Janeiro, 2003.

_______. Igualdade à Brasileira: Cidadania como Instituto Jurídico no Brasil. In AMORIM, Maria Stella; KANT DE LIMA; MENDES, Regina Lúcia Teixeira (Org.) Ensaios sobre a Igualdade Jurídica: Acesso à Justiça Criminal e Direitos de Cidadania no Brasil. Rio de Janeiro: Lumen Juris, 2005. p. 167-178.

PRIZL, RUPERT F.J. - La corrupcion publica: una forma dinamica e ilegal de rentismo o rent-seeking en lucha distributiva de los grupos de interes organizados. Contribuciones. Buenos Aires. v.12. n.4. p.127-62. oct./dic. 1995.

SOUZA, Artur de Brito Gueiros. *Breves considerações sobre a corrupção em transações comerciais internacionais*. In: JAPIASSÚ, Carlos Eduardo Adriano (org.). *Direito penal internacional, estrangeiro e comparado*. Rio de Janeiro: Lumen Juris, 2007.

Actions du ministère public dans les enquêtes menées sur la corruption au Brésil

Artur de BRITO GUEIROS SOUZA

Professeur Associé de Droit Pénal, UERJ et UNESA
Procureur de la République

Luís Cláudio SENNA CONSENTINO

En cours de Master en Droit Pénal à l'UERJ
Procureur de la République

1. Introduction

En juillet 2013, le Brésil a vécu un moment historique, auquel beaucoup ont donné le nom de « printemps brésilien ». Des millions de citoyens ont descendu les rues des villes dans tout le pays pour protester contre les mauvaises conditions de santé, d'éducation, des transports publics, du manque de sécurité, de la corruption et du gaspillage de l'argent public dans les ouvrages pour la réalisation de la Coupe du Monde de Football de la FIFA (2014) et des Jeux olympiques et Paralympiques du COI (2016). Une partie des manifestations ont porté sur des demandes de réformes politiques, l'égalité entre les sexes, la lutte contre le racisme, la libération de la consommation de drogues, la légalisation du mariage homosexuel, la décriminalisation de l'avortement, la fin de l'impunité pour les tout-puissants, parmi d'autres encore. Apparemment fatigué d'autant d'iniquités, le peuple brésilien est descendu dans les rues pour exiger des changements.

Les hommes politiques ont été pris de surprise par les revendications des manifestants. Le manque de leadership de ces manifestations - beaucoup d'entre-elles terminant dans des actes de violence généralisée - a fait qu'il fut difficile de comprendre les objectifs des revendications sociales. Dans le même ordre d'idées, les rares partis politiques qui tentèrent d'associer leurs organisations aux manifestations échouèrent totalement car cela n'était pas souhaité par les manifestants, étant entendu que les manifestations étaient également contre la politique traditionnelle et, en particulier, les partis politiques.

En résumé, le cri collectif d'exaspération surgissait spontanément, de bouche à oreille ou par le biais de réseaux sociaux sur Internet.

La première impression qui est restée après le « printemps brésilien » a été celle que bien peu de choses ont changé dans le Pays. Lors des élections générales d'octobre de l'année suivante (2014), le duo Dilma Rousseff et Michel Temer, candidats aux élections présidentielles, a été réélu. La plupart des gouverneurs d'état ont également été réélus. Au Parlement, les députés élus avaient, en général, un profil plus conservateur que la composition de la période antérieure. Cependant, certaines des décisions prises en raison des manifestations de juillet 2013 se sont révélées être extrêmement importantes dans les années qui ont suivi, en particulier pour la lutte contre la corruption. On pourrait même dire que le Brésil a connu une « révolution silencieuse » qui était en grande partie due au « printemps brésilien ». Aux fins de cette étude, il convient de mentionner le rejet du projet d'Amendement Constitutionnel n° 37, connu sous le nom de PEC 37, dont le but était d'entraver le pouvoir d'enquêter du Ministère Public ; la promulgation de la loi n° 12.850/2013, qui a défini le crime d'organisation criminelle et les nouveaux moyens d'obtention de preuves ; et la promulgation de la loi n°12.846/2013, qui fut connue sous le nom de Loi Anti-corruption.

2. Le pouvoir d'enquête du Ministère Public

La Constitution fédérale de 1988, fruit du processus de redémocratisation du Brésil, a apporté, entre autres nouveautés, une nouvelle configuration au Ministère Public. Il a coupé les liens avec le Pouvoir Exécutif et a commencé à être considéré comme une institution essentielle à la fonction juridictionnelle de l'État, lui revenant de défendre l'ordre juridique, le régime démocratique et les intérêts sociaux et individuels indisponibles (art. 127 de la CF/1988). En plus de l'indépendance fonctionnelle, le Ministère Public a reçu, entre autres, les fonctions de promouvoir, exclusivement, l'action pénale publique, ainsi que de demander des informations et des documents pour l'instruction de procédures administratives d'enquête (cf. art. 129, incs. I, VI e VIII, de la CF/1988).

On observe, ainsi, comme corollaire de la titularité exclusive de l'action pénale publique, que la Constitution a également assuré au Ministère Public non seulement le pouvoir de demander à la Police d'ouvrir une enquête policière, mais aussi une capacité propre d'instaurer une procédure d'enquête, le tout afin de réunir un ensemble d'informations nécessaires à l'ouverture d'une action pénale auprès du Pouvoir Juridique. En ce qui concerne le pouvoir d'enquêter directement sur des infractions pénales, cette possibilité s'est révélée être très utile dans la lutte contre la criminalité économique et la corruption, compte tenu de la possibilité de pouvoir demander directement des données et d'ouvrir des procédures auprès des organismes de contrôle des secteurs économiques tels que la Banque Centrale, la Recette Fédérale, la Commission des Valeurs Mobilières, etc. De plus, l'indépendance fonctionnelle déjà mentionnée s'est avérée extrêmement importante étant donné que la corruption - ou mieux encore, la grande corruption - est, de façon indélébile, associée à la corruption politique. En ce sens, il nous faut préciser que la Police Fédérale et les Polices des États ne jouissent pas de cette autonomie fonctionnelle, leurs actions étant soumises au contrôle des chefs du Pouvoir Exécutif, intégré par des hommes politiques qui, ce qui n'est pas rare, sont souvent impliqués dans des affaires de corruption.

Il s'avère, cependant, que le pouvoir d'enquête directe du Ministère Public - à savoir, la faculté qu'il a de mener des enquêtes sans faire appel à une enquête policière - a été l'objet de questionnements par certains secteurs. Dans ce cas, on a argumenté que, en tant que partie accusatrice dans la procédure pénale, le Ministère Public ne disposerait pas d'une « exemption » afin de mener l'enquête, car il aurait tendance à recueillir des éléments de preuve qui lui seraient favorables. On a soutenu, ainsi, que la soi-disant « exemption » n'existerait que pour le commissaire de police, comme si l'activité d'enquête qu'il exerce serait « équidistante » des parties, quand, en fait, l'enquête policière, ainsi que l'enquête directe du Ministère Public, a pour but de réunir suffisamment de données pour que ce dernier ouvre une procédure judiciaire ou, s'il comprend qu'il n'y a pas suffisamment d'éléments pour l'accusation, pour qu'il présente une demande de classement de l'affaire.

De tels arguments n'ont pas eu de suite. En fait, depuis la fin des années 1990, la Cour Supérieure de Justice (STJ), quand elle fut questionnée sur le thème, reconnaissait déjà la légitimité du Ministère Public de mener ses propres enquêtes. La Cour Suprême (STF), l'organisme supérieur de la Magistrature brésilienne, a également une jurisprudence établie sur ce sujet. Au Ministère Public Fédéral (MPF), ainsi que devant l'organisme chargé du contrôle externe de l'Institution, il s'agissait de réglementer la procédure d'enquête criminelle à suivre par les Procureurs de la République, évitant ainsi des lacunes. En ce sens, afin d'éviter des abus et d'attribuer une plus grande sécurité juridique à la procédure, le Conseil Supérieur du Ministère Public Fédéral (CSMPF) a édité la Résolution n° 77/2004, ainsi que le Conseil National du Ministère Public (CNMP) - chargé du contrôle externe - a édité la Résolution n° 13/2006.

Dans ce contexte, comme « réaction » au pouvoir d'enquête du Ministère Public, est apparue la susmentionnée PEC 37. Par l'intermédiaire de cette initiative, il s'agissait de modifier la Constitution Fédérale de 1988 pour qu'il y figure que la détermination des infractions pénales devenait une « activité privée de la police judiciaire ». En d'autres termes, le Ministère Public ne pourrait plus mener d'enquêtes et ne pouvant tout simplement que demander des mesures à l'autorité policière, en attendant, finalement, la conclusion des travaux de la police pour, seulement alors, former un *opinio delicti* sur l'ouverture ou non de l'action pénale.

En arrière-plan de la discussion sur le fait que le Ministère Public peut ou non enquêter, on peut identifier l'anticonformisme de certains groupes au sujet de la manière d'agir de plus en plus incisive des Procureurs de la République et des Promoteurs de Justice sur de graves infractions commises par les détenteurs du pouvoir politique et économique, qui, jusqu'à récemment, jouissaient d'un « ceinturon d'impunité ».

Pour cette raison, comme cela a déjà été mentionné, l'un des étendards des manifestations de juillet 2013 était précisément le « rejet » de la PEC 37. Ceci parce que la Société brésilienne avait la perception que l'approbation de cette proposition serait préjudiciable aux espoirs de fin de l'impunité de criminels puissants, le Congrès National ayant, en raison de la forte mobilisation de ceux qui sont descendus dans la rue, « archivé » la PEC 37. Les années suivantes ont prouvé la sagesse du peuple brésilien. Si elle avait été approuvée, nous aurions difficilement eu les enquêtes sur les grands schémas de corruption qui ont causé des pertes de centaines de millions de reais chez Petrobras et dans d'autres secteurs de l'administration publique, tel que cela a été vérifié dans la fameuse affaire Lava Jato.

Après l'archivage de la PEC 37 et la reconnaissance explicite de la Société de l'importance du rôle du Ministère Public dans l'enquête sur la criminalité économique, y compris les scandales de corruption, on a observé ces dernières années la restructuration du MPF afin de mieux faire face aux défis de la persécution du crime organisé. Ainsi, ayant comme priorité la lutte contre la corruption, il faut citer la création des Centres de Lutte contre la Corruption (CCN), la mise en place de groupes de travail (FT) pour les cas spécifiques de corruption et de détournement de fonds publics, l'amélioration du Secrétariat de Coopération Internationale (SCI), ainsi que le développement d'une plus grande proximité et d'un plus grand dialogue avec d'autres organismes partenaires, aussi bien publics que de l'initiative privée dans la lutte contre la corruption.

En effet, à partir de 2014, dans le but d'établir des priorités et de renforcer la lutte contre la corruption, le CSMPF a reformulé les attributions de la 5e Chambre de Coordination de Révision (5e CCR). Cet organisme a maintenant le pouvoir de s'occuper de la corruption aussi bien du point de vue de son aspect civil que criminel, couvrant les crimes contre l'administration publique et les actes de mauvaise conduite administrative, des questions qui, avant, étaient traitées dans des instances séparées.

Ainsi, une fois la lutte contre la corruption élue comme priorité numéro 1 du MPF, il devint impératif de créer des Centres de Lutte contre la Corruption (CCN) dans les capitales des 26 États de la Fédération et dans le District fédéral. Ces centres sont des organismes spécialisés dans la lutte contre les actes de corruption, aussi bien dans les domaines civil que criminel, agissant judiciairement et extrajudiciairement, et cherchent à améliorer et à rationaliser la persécution, avec l'objectif de responsabiliser criminellement, administrativement et civilement, des personnes physiques et morales qui pratiquent des actes de corruption. En Août 2016, en raison du succès obtenu grâce à cette mesure, le CNMP, a recommandé la création de groupes d'action spéciale pour lutter contre la corruption dans tout le Pays, avec une action préventive et répressive, en matière civile et criminelle.

De cette manière, une fois la lutte contre la corruption renforcée au Ministère Public, les enquêtes ont commencé à donner des résultats positifs, soit en révélant la complexité du modus operandi des organisations criminelles, soit par l'identification et la saisie de grands volumes de fonds financiers détournés des coffres publics. Comme cela a déjà été mentionné, une autre mesure adoptée par l'Institution a été la création de Groupes de Travail (FT) pour les cas particuliers. Le FT est une stratégie d'action et consiste dans une équipe de spécialistes dotée de moyens matériels adéquats qui durant une certaine période de temps coordonnera les efforts, presque toujours en collaboration avec d'autres organismes et avec une méthode et une division de travail qui leur sont propres, ayant pour but de découvrir et de punir des crimes graves commis par des organisations criminelles.

En plus de la reformulation interne et compte tenu des difficultés pour affronter les organisations criminelles responsables des pratiques de corruption, en particulier quand elles sont infiltrées dans l'appareil étatique, le rapprochement et le dialogue permanent avec les autres agences responsables de la réglementation et du contrôle des secteurs stratégiques se sont révélés indispensables. La participation du MPF dans la valorisation et la mise en œuvre de la Stratégie Nationale de Lutte contre la Corruption et le Blanchiment d'Argent (ENCCLA) laquelle, créée en 2003, est le premier réseau d'articulation pour l'arrangement et la discussion en conjoint avec une diversité d'organismes, d'entités, d'institutions et d'associations impliqués dans la lutte contre la corruption et la criminalité économique, est de plus en plus essentielle.

De même, compte tenu de la caractéristique de la transnationalité du crime organisé et du blanchiment de capitaux d'actifs provenant de la corruption, il faut souligner le rôle du, déjà cité, Secrétariat de Coopération Internationale (SCI). Il a intensifié son assistance à tous les Procureurs de la République en matière de coopération judiciaire et juridique internationale avec les autorités étrangères et les organisations internationales, ainsi que dans les relations avec d'autres organismes nationaux également impliqués dans la coopération internationale, tels que le Ministère de la justice. Parmi ses fonctions, il faut citer celle de faciliter l'accès des autorités étrangères et des organisations internationales à des informations sur des procédures juridiques spécifiques, en plus de maintenir le contact avec les différents réseaux de coopération. Le SCI agit de manière coordonnée avec les différents Groupes de Travail qui réalisent des enquêtes sur la grande corruption, se révélant être un outil essentiel aussi bien pour obtenir des preuves, que pour le suivi, le blocage et le rapatriement des actifs détournés illicitement par des actes de corruption.

Les équipes conjointes d'enquête (joint investigation teams) sont un autre instrument prometteur, de plus en plus utilisé par le MPF, en particulier pour traiter les crimes transnationaux. Il s'agit de groupes qui réunissent des Procureurs de deux pays ou plus dans des enquêtes portant sur des organisations criminelles ayant des activités transnationales. Ces équipes sont reconnues aussi bien par la Convention de Palerme que par la Convention de Mérida. Il est à noter que l'une des résolutions de la réunion de l'ENCCLA de 2016 a porté exactement sur la création d'instruments qui font avancer la coopération juridique internationale, permettant la formation d'équipes conjointes d'enquête transnationale dans les domaines de la lutte contre la corruption et du blanchiment d'argent.

Il est donc possible d'observer qu'à partir de la légitime protestation de la société, la lutte contre la corruption est devenue la grande priorité du parquet. On a pu vérifier l'effort réalisé par le MPF à vouloir se réorganiser, en reformulant certaines de ses structures, dans le but de répondre de manière satisfaisante au défi de la persécution criminelle de la grande corruption qui sévit dans le pays. Enfin, récompensant tous les efforts du peuple dans les rues contre la PEC 37, en mai 2015, l'ensemble des membres du STF a reconnu la constitutionnalité des enquêtes menées directement par le Ministère Public, sans avoir besoin de la police judiciaire. La Cour suprême a légitimé le rôle des Procureurs de la République et des Promoteurs de justice pour faire face à la criminalité.

3. La Loi n° 12.850/2013 et les accords de collaboration avec la justice

Tel que cela a été avancé, en août 2013, la loi n° 12.850 a été décrétée, sur les organisations criminelles et les moyens d'obtention de preuves, ainsi que d'autres mesures pénales et procédurales. La définition légale d'organisation criminelle était une demande de longue date, intensifiée après la ratification et la promulgation, au Brésil, de la Convention de Palerme susmentionnée. Selon l'art. 1er, §1, de la Loi n° 12.850, elle est considérée comme étant l'association de quatre personnes ou plus, structurellement ordonnée et caractérisée par la division de tâches, dans le but d'obtenir, directement ou indirectement, un avantage de toute nature, par le biais de la pratique d'infractions pénales dont les pénalités maximales sont supérieures à quatre ans ou qui sont de nature transnationale.

En effet, malgré l'effort déployé depuis longtemps dans le sens de la criminalisation de ce phénomène ce n'est seulement qu'après les manifestations de juillet 2013, que cette mesure a été, en fait, concrétisée. En plus de l'organisation criminelle, la Loi n° 12.850 a également défini des techniques d'enquête et l'obtention de moyens de preuve parmi lesquels, les accords de collaboration. Selon l'art. 4 de la loi 12.850, le juge pourra, à la demande des parties, accorder un pardon judiciaire, réduire de deux tiers la peine de prison ou la remplacer par une peine restreignant les droits de celui qui a efficacement et volontairement collaboré à l'enquête et la procédure pénale, à condition que cette coopération donne des résultats, tels que l'identification des autres participants à l'organisation criminelle, les infractions qu'ils ont commis, la révélation de la structure hiérarchique et les tâches internes du groupe criminel, la récupération du produit des activités criminelles, etc.

Bien qu'elle ait déjà été prévue, de manière timide, dans d'autres documents juridiques, ce fut la Loi n° 12.850/2013 qui a réglementé en détail ce type d'accord procédural. La loi a précisé qu'il s'agit d'une négociation entre l'accusateur et la défense, étant entendu que le juge ne sera responsable que de la vérification de la régularité, la légalité et du caractère volontaire de l'accord après sa signature. Dans les années qui ont suivi l'introduction, de manière détaillée, de l'accord de collaboration, il s'est avéré être un outil important pour les enquêtes sur les organisations criminelles impliquées dans de grands schémas de corruption au Brésil. Si auparavant il existait la loi de l'omertà, qui empêchait que l'on puisse atteindre les principaux responsables de la corruption de millions de dollars, considérant la nature de ce type de criminalité, généralement pratiquée entre « quatre murs », sans témoins, sous le couvert d'une apparence de légalité, notamment dans des concurrences publiques frauduleuses et des contrats de très grandes valeurs, en plus du pouvoir d'intimidation des dirigeants de l'organisation, avec l'utilisation croissante des accords de collaboration de la part du Ministère Public, cette dynamique a changé. Comme dans un effet domino, les informations obtenues grâce à des accords de collaboration survenus dans des groupes de travail commandés par le Ministère Public ont découvert des schémas de corruption entre des patrons d'entreprises, des agents de change au noir, des intermédiaires et des hommes politiques de haut niveau, ces schémas criminels ayant transformé le Brésil dans une véritable Kleptocracie.

Selon l'art. 4, §§ 2 et 6, de la Loi n° 12.850, les agents légitimés pour conclure l'accord de collaboration seraient le Ministère Public et le Commissaire de Police. Toutefois, on questionne le fait de savoir si le commissaire de police aurait une légitimité procédurale pour exprimer des prétentions devant les tribunaux, parmi lesquelles celle du recours de l'accord de collaboration devant le juge de la procédure. En ce sens, la possibilité de « représenter » devant les tribunaux, en revendiquant l'octroi d'un pardon judiciaire au collaborateur, fait l'objet d'une critique par la doctrine, dans la mesure où « toute action qui découle de l'initiative de l'autorité policière et qui a des répercussions sur le procès, doit passer par les sujets de procédure, notamment par le Ministère Public, étant donné que le résultat de l'enquête policière permet ou non d'ouvrir un procès. (...) Par conséquent, il faut conclure que la légitimité procédurale du commissaire de police n'est pas prouvée, car il ne constitue pas la relation procédurale et n'a pas de pouvoirs afin d'ouvrir un procès »."

D'autre part, il faut souligner que l'accord de collaboration n'est pas un droit subjectif de l'enquêté, car il revient au Ministère Public de vérifier l'adéquation de la collaboration dans le cas concret, compte tenu de la stratégie de l'enquête du point de vue de l'obtention et de la qualité de la preuve. Suivant ce raisonnement, un aspect intéressant de la procédure de collaboration - et qui dénote une préoccupation concernant la recherche d'une preuve de qualité - est l'imposition légale pour que le collaborateur, après avoir consulté son avocat, renonce au droit de garder le silence en même temps qu'il s'engage à dire la vérité (cf. art. 4, § 14 de la Loi n° 13.850). S'il ment (par ex., en omettant des faits ou des participants) et que cela soit découvert par d'autres moyens, le résultat sera désastreux pour ledit collaborateur, à savoir, l'accord prendra fin et toutes les preuves obtenues resteront valables à des fins procédurales. En d'autres termes, la loi a créé des garanties pour assurer le sérieux du système, établissant que le coût pour ceux qui mentent sera suffisamment élevé pour décourager une attitude négligente et déloyale du collaborateur.

Nous concluons donc que l'accord de collaboration constitue un moyen important et approprié d'enquête du Ministère Public pour lutter contre la grande corruption, celui-ci étant une technique spéciale de recherche indispensable pour découvrir des réseaux criminels organisés. Cependant, dans le cas de la criminalité de col blanc, comme on le sait, très souvent des structures d'entreprise complexes sont utilisées comme camouflage pour dissimuler des activités illégales, compliquant énormément l'identification des personnes physiques auteurs ou des commandants des délits. De telles circonstances justifient également et soutiennent l'accord de collaboration comme moyen d'obtention de preuves, étant recommandé à ce qu'il soit combiné à un autre instrument de négociation dirigé aux personnes morales, à savoir, l'accord de clémence.

4. La Loi n° 12.846/2013 et l'accord de clémence

Comme nous l'avons vu dans l'introduction, une autre décision législative majeure découlant du « printemps brésilien » a été l'approbation de la Loi n° 12.846/2013, connue sous le nom de Loi Anti-corruption. Elle concerne la responsabilité administrative et civile des entités morales en cas de pratique d'actes nuisibles à l'administration publique nationale ou étrangère. Deux instruments se distinguent de ladite loi. Le premier a été la prévision de programmes de compliance ou de conformité de la part des entreprises. Selon le texte juridique, lors de l'imposition de sanctions contre les entreprises qui pratiquent des actes illicites dirigés contre l'administration publique, il est nécessaire de prendre en compte l'existence et l'efficacité des mécanismes et des procédures internes d'intégrité, d'audit et d'incitation à la dénonciation d'irrégularités et l'application efficace des codes d'éthique et de conduite dans le cadre de la personne morale. De toute évidence, la culture de la compliance a été évaluée positivement au Brésil par la Loi n° 12 846.

Le deuxième instrument a été l'accord de clémence entre le pouvoir public et la société responsable de la pratique d'actes préjudiciables à l'administration publique, qui collabore efficacement avec les enquêtes, étant entendu que de cette collaboration résultera l'identification des autres personnes impliquées dans l'infraction et l'obtention rapide d'informations et de documents prouvant les faits illicites, objet de l'enquête. De plus, l'accord ou le pacte de clémence exige que la société soit la première à exprimer son intérêt à coopérer afin de vérifier les faits illicites ; qu'elle interrompe complètement sa participation à l'infraction sous enquête; et qu'elle admette sa participation à l'acte illégal et coopère pleinement et en permanence avec les enquêtes menées et le processus administratif, en comparaissant à tous les actes de procédure, jusqu'à leur clôture. La contrepartie pour la société - ou le groupe d'affaires - est l'exemption des sanctions de publication extraordinaire de la condamnation et des sanctions administratives de la Loi des Appels d'Offres (Loi n° 8.666 / 1993), et la réduction allant jusqu'au 2/3 de l'amende ou son effacement, au cas où elle serait la première à signer l'accord. Il convient de noter que, dans tous les cas, l'obligation de réparer intégralement le dommage demeure.

Il convient de noter que la Loi n° 12.846 n'a pas prévu que le Ministère Public soit partie légitimée à conclure des accords de clémence. Dans le texte de la Loi Anti-corruption, de tels accords peuvent être conclus par l'autorité maximum de chaque organisme ou entité publique ou par le Bureau du Contrôleur Général de l'Union (actuel Ministère de la Transparence, de la Surveillance et du Contrôle). En revanche, les accords de clémence n'auraient aucun effet dans le domaine criminel, différemment du cas des accords de collaboration avec la justice, analysés au point précédent. Dans ce cas, on peut supposer que l'absence d'avantages pénaux pour les personnes physiques dans l'accord de clémence peut-être une option du législateur brésilien. « De cette manière, se manifeste une division normative : dans l'hypothèse d'actes illicites visés par la Loi n° 12.846/2013, des bénéfices découlant de la responsabilisation de la personne morale seraient concédés par le biais de l'accord de clémence prévu par cette loi, alors que ceux relatifs à la responsabilisation pénale individuelle des personnes physiques doivent être obtenus au moyen de l'accord de collaboration prévu par la loi n° 12.850/2013. »

Il s'avère que, dans la pratique, on a vérifié la réalisation d'accords de clémence entre les Procureurs de la République et les entreprises impliquées dans des actes préjudiciables contre l'administration publique, étant soumis à l'homologation auprès du 5e CCR du MPF, le tout en accord avec l'interprétation systémique de notre système juridique. En fait, les propres entreprises ont manifesté leur intérêt à conclure des accords de clémence directement avec le MPF, même sans la participation des organismes ou entités expressément mentionnées dans la Loi Anti-corruption. Ceci découlerait du fait que, en concluant des accords de cette nature avec le Parquet Fédéral, s'engageant, parmi d'autres obligations, à collaborer pleinement avec la vérification des actes illicites de corruption et d'autres crimes, il y aurait une sécurité juridique en ce que les dirigeants de l'entreprise ne seraient pas poursuivis pénalement en raison des faits révélés par l'accord. En ce sens, il est possible que, conjointement avec la conclusion de l'accord de clémence, par la personne morale, le MPF négocie et formalise, de manière concomitante, un accord de collaboration avec les personnes physiques dirigeantes de la même entreprise, ce qui fait que l'activité d'enquête des actes de corruption plus efficaces, ainsi que les autres bénéfices prévus aussi bien dans la Loi n° 12.846, que dans la loi n° 12.850.

En ce sens, la 5e CCR a édité la Directive n° 7 du 24 août 2017, compilant les paramètres qui doivent être respectés pour qu'elle puisse homologuer des accords de clémence conclus par les Procureurs de la République, dans les termes de la Loi n° 12.846. Parmi ces paramètres (Guidelines), il faut citer : le besoin d'attribution du membre du MPF pour formaliser les accords ; la conclusion préalable ou concomitante d'un accord de collaboration avec la clémence, la signature d'un accord de confidentialité ; l'action de plus d'un Procureur de la République durant les négociations avec l'entreprise intéressée ; l'existence de clauses portant sur la démonstration de l'intérêt public dans l'accord, en particulier la démonstration de la capacité réelle de contribution des informations pour l'enquête, en fournissant des éléments concrets qui peuvent servir de preuve ; l'objet de l'accord, c'est-à-dire, les faits qui seront révélés et par qui ; la pertinence des informations révélées pour le démantèlement d'une organisation criminelle ; les obligations à remplir tant par la société collaboratrice que par le MPF ; les règles de partage des preuves avec d'autres entités ; la coopération avec les autorités étrangères ; l'aliénation d'actifs ; la renonciation à l'exercice de la garantie contre l'auto-incrimination et du droit au silence ; et, également, les hypothèses de résiliation de l'accord de clémence, avec ses conséquences juridiques.

5. Considérations finales

Le mécontentement légitime de la Société a donné lieu aux manifestations de juillet 2013. En plus des réclamations contre la basse qualité des services publics offerts à la population, il a révélé un fort et véritable sentiment anti-corruption du peuple brésilien lequel, au moment d'exiger des changements, a fini par créer un environnement favorable à l'émergence d'instruments légaux plus efficaces pour enquêter et punir des actes de corruption, augmentant ainsi l'arsenal des moyens licites d'obtention de preuves des organismes de poursuite pénale.

A partir de 2014, avec l'éclosion de grands scandales de corruption impliquant des hommes politiques et des entrepreneurs puissants - desquels le Cas Lava Jato est le plus emblématique - les institutions chargées d'enquêter sur les actes de corruption ont été mises à l'épreuve et ont été contestées dans leur efficacité, presque quotidiennement par des forces politiques dominantes. Cependant, en raison de l'impressionnante gravité des crimes révélés, conjuguée à la rapidité avec laquelle les informations ont été divulguées, le soutien populaire aux enquêtes a été massif.

D'autre part, dans le monde globalisé des sociétés post-industrielles, le phénomène de la délinquance économique moderne, par le fait d'être typique de la criminalité organisée, en raison de ses propres caractéristiques [30] et face à la bien connue insuffisance des méthodes traditionnelles, demande des moyens et des techniques spéciales d'enquête afin d'être déjoué efficacement. En tenant compte de certaines caractéristiques typiques de ce type de criminalité, en particulier la loi du silence et la « culture de la suppression de preuve, » il est certain que les organismes de poursuite pénale rencontreraient de grandes difficultés s'ils ne disposaient pas de nouveaux instruments tels que les accords de collaboration et les accords de clémence.

La justice pénale classique, ayant un modèle conflictuel de l'action pénale, ne semble pas être en mesure de donner une réponse adéquate, afin de protéger les intérêts juridiques et de décourager la réitération criminelle, surtout quand il s'agit de crimes qui composent le Droit Pénal Économique (Droit pénal des Affaires). Ainsi, comme l'expérience d'autres pays le démontre, la justice pénale de négociation (ou consensuelle) prouve certainement être une alternative qui cherche à être plus fonctionnelle en termes de résultats et de prévention contre le crime, ce qui permet même, de manière prospective, de conformer à la loi certains comportements d'entreprises commettant des écarts.

En résumé, on peut dire que l'action efficace du MPF passe nécessairement par l'utilisation responsable des instruments de l'enquête directe, des accords de collaboration et de clémence de la part des autorités légitimées, révélant qu'un nouveau regard sur les moyens de prévenir et de punir la corruption au Brésil est indispensable.

6. Références bibliographiques

- ARAS, Vladimir. Direito probatório e cooperação jurídica internacional. In: SALGADO, Daniel de Resende; QUEIROZ, Ronaldo Pinheiro de (Org.). A prova no enfrentamento à macrocriminalidade. Salvador: JusPodivm, 2016.

- FILIPPETTO, Rogério; ROCHA, Luísa Carolina V. C. Colaboração premiada. Contornos segundo o sistema acusatório. Belo Horizonte: D'Plácido, 2017.

- MENDONÇA, Andrey Borgens de. A colaboração premiada e a nova lei do crime organizado (Lei 12.850/2013). In: Custos Legis. Revista Eletrônica do Ministério Público Federal, Volume 4, 2013. Disponível em http://www.mpf.mp.br/rj/atos-e-publicacoes/revista-custos-legis/revista-custos-legis/view. Acessado setembro 2017.

- MINISTÉRIO PÚBLICO FEDERAL. A investigação e a persecução penal da corrupção e dos delitos econômicos: uma pesquisa empírica no sistema de justiça federal: Tomo II. COSTA, Arthur Trindade Maranhão; MACHADO, Bruno Amaral; ZACKSESKI, Cristina (Org.). Brasília: Escola Superior do Ministério Público da União, 2016.

- MINISTÉRIO PÚBLICO FEDERAL. Relatório de Atividades 2014/2015. 5ª Câmara de Coordenação e Revisão, Combate à Corrupção. Brasília, 2016.

- PALUDO, Januário. Forças-tarefas: direito comparado e legislação aplicável. Brasília: Escola Superior do Ministério Público da União, 2011.

- PEREIRA, Flávio Cardoso. Crime organizado e sua infiltração nas instituições governamentais. São Paulo: Atlas, 2015.

- SILVA, Eduardo Araújo da. Organizações criminosas: aspectos penais e processuais da Lei nº 12.850/13. São Paulo: Atlas, 2014.

- SOUZA, Artur de Brito Gueiros et al. Aspectos controvertidos dos acordos de leniência no direito brasileiro. In Revista de Estudos Jurídicos UNESP, Franca, ano 20, n. 31, jan.-jun., 2017.

- ____.; CÂMARA, Juliana; ALENCAR, Matheus. Prêmio e castigo: Ensaio Político-Criminal sobre o instituto da colaboração premiada. In Direito Penal Econômico Brasileiro. Lobato, José Danilo T.; Martinelli,

João Paulo O.; Santos, Humberto Souza (Org.). Belo Horizonte: D'Plácido, 2017.

_____. Da Criminologia a Política-Criminal. Direito Penal Econômico e o novo Direito Penal. In Inovações no Direito Penal Econômico. _____ (Org.). ESMPU: Brasília, 2011.

- SOUZA, Nivaldo; CARAM, Bernardo. Congresso eleito é o mais conservador desde 1964, afirma Diap. In http://politica.estadao.com.br/noticias/eleicoes,congresso-eleito-e-o-mais-conservador-desde-1964-afirma-diap,1572528.

Corruption et enquête pénale en France. A la recherche d'une efficacité nouvelle avec la création d'un parquet national financier

Jean-Paul CÉRÉ

Maître de Conférences à l'Université de Pau et des Pays de l'Adour (France)
Président de l'association Française de droit pénal
Président du comité International des Pénalistes Francophones

Introduction

La corruption gangrène de nombreux pays et l'organisation d'une lutte juridique n'est pas aisée. La corruption présente des sources multiples et traverse allègrement les frontières. La France n'y échappe pas et il est apparu nécessaire de se doter de moyens d'enquêtes plus adaptés à la réalité du monde actuel.

Le 6 décembre 2013, le Parlement a définitivement adopté, avec un ultime vote des députés, un projet de loi relatif à la lutte contre la fraude fiscale et la grande délinquance économique et financière et le projet de loi portant création d'un procureur national financier (PNF)[1]. Peu de temps après, le 29 janvier 2014, plusieurs décrets d'application ont vu le jour, organisant la mise en place du « parquet financier » ainsi que celle du procureur de la République financier (PNF). Le PNF est entré en fonction le 1er févr. 2014.

La création de cette nouvelle institution trouve son origine dans une affaire largement médiatisée qui concernait le ministre du budget *Cahuzac* de l'époque. Ce ministre s'est trouvé poursuivi pour avoir détenu des comptes bancaires non déclarés à l'étranger. Le président de

---

[1] V. par ex. H. Robert, Une nouvelle étape normative dans le renforcement des moyens de lutte contre la criminalité d'argent. A propos de la loi du 6 déc. 2013, JCP 2014 doct. 182.

la République, en réaction, a proposé la création d'un procureur national financier pour essayer de restaurer sa probité ainsi que celle de son gouvernement, sensiblement mise à mal. Nombre d'auteurs ont pu légitimement assimiler la création de ce procureur à une nouvelle loi de circonstance que collectionnent depuis plusieurs années les différents gouvernements pour ce qui concerne la procédure pénale.

Le PNF est compétent pour une série d'infractions prévues à l'article 705 du code de procédure pénale. Mais il faut croire que la lutte contre la corruption ne s'arrête jamais. A peine deux ans plus tard, une nouvelle loi est intervenue. La loi n° 2016-1691 du 9 décembre 2016 relative à la transparence, à la lutte contre la corruption et à la modernisation de la vie économique, dite « loi Sapin II », modifie certains aspects de la lutte contre la corruption. Elle complète la liste des infractions pour lesquelles le PNF exerce une compétence concurrente à celle des autres procureurs en incluant les délits d'association de malfaiteurs ayant pour objet l'une des infractions punies d'au moins cinq ans d'emprisonnement pour lesquelles il est d'ores et déjà compétent. Un nouvel article 705-5 du Code de procédure pénale indique que la juridiction saisie au titre de l'article 705 reste en principe compétente quelles que soient les incriminations retenues lors du règlement ou du jugement de l'affaire sauf en matière criminelle ou en cas de contravention. L'objectif est d'accroitre un peu plus encore l'efficacité des poursuites et de rationaliser le traitement judiciaire de ces infractions.

Evidemment, il ne saurait y avoir de lutte efficace sans moyens adéquats. Il est donc apparu nécessaire que le PNF bénéficie de moyens spécifiques dédiés à la lutte contre la fraude fiscale et la corruption. Il peut s'appuyer sur un Office central de lutte contre les atteintes à la probité réunissant des enquêteurs spécialisés dans la lutte contre la corruption et la répression de la délinquance fiscale. Pour le Ministre de la justice à l'époque de sa création, Christiane Taubira, ce procureur est « la clé de voûte même de l'amélioration de la lutte contre la corruption et la délinquance économique et financière ».

L'objectif affiché de la création du PNF est un objectif d'efficacité pour les enquêtes portant sur les affaires complexes. Cette efficacité est triple.

L'efficacité doit résulter, tout d'abord de la compétence nationale du PNF, étant précisé que les affaires pour lesquelles le procureur financier aura à exercer des poursuites seront instruites et jugées par le tribunal de grande instance de Paris.

L'efficacité doit résulter, ensuite, de la spécialisation du ministère public. Elle est présentée comme un facteur d'efficience pour les enquêtes d'une grande complexité. Jusqu'à l'apparition du PNF, les parquets traditionnels subissaient un certain nombre de contraintes de nature à les handicaper pour diligenter des enquêtes sur les infractions complexes : le traitement en temps réel de l'ensemble des procédures, les multiples audiences et les permanences. Par sa spécialisation et avec son champ de compétence circonscrit, le PNF échappe à ces contraintes. Il est en mesure de se focaliser sur les enquêtes préliminaires qu'il diligente, et peut mieux suivre le travail du juge d'instruction quand une information judiciaire a été ultérieurement ouverte. Les magistrats du parquet national financier ne sont pas uniquement des généralistes de la matière économique et financière. Ils sont en réalité ultraspécialisés sur les contentieux relevant de leur compétence.

L'efficacité doit être le fruit, enfin, d'une procédure rendue dans un délai raisonnable. La durée des enquêtes, puis des informations, concentre nombre des critiques portées contre le traitement judiciaire de la délinquance économique et financière. Avant la création du PNF, il n'était pas rare que certaines procédures parviennent, imparfaites, devant les juridictions de jugement après plus de cinq, voire beaucoup plus d'années d'instruction.

Vu ainsi, l'instauration d'un PNF reste motivée par une quête d'efficacité. Nous tenterons d'en mesurer sa réalité. D'abord, en constatant la crédibilité de l'action du PNF (I) puis, en temporisant le constat à l'aune de la perfectibilité de son action (II).

I. La crédibilité de l'action du parquet national financier

A. Une création justifiée du PNF

Au-delà des considérations strictement politiques évoquées, la création du PNF a pu être motivée par plusieurs considérations. La France, comme bien d'autres pays en Europe, fait face à une fraude fiscale, dont le coût s'avère extrêmement important. De nombreuses solutions ont pu être testées pour les évadés fiscaux, notamment préventives, mais elles se devaient d'être complétées par d'autres mécanismes, cette fois répressifs. On peut donc trouver un enjeu strictement économique dans la réforme de 2013 qui a abouti entre autres mécanismes, à créer le PNF. Le seul coût estimé de la fraude fiscale s'élève à 120 milliards d'euros en Europe[2]. Dans une période de crise récurrente, la création de nouveaux mécanismes de lutte contre cette délinquance apparaît donc comme un outil évident au service du redressement des comptes publics.

La compétence nationale du PNF doit apporter une cohérence de la politique pénale dans le domaine de la délinquance économique et financière. Cela nécessite de mener une concertation et un dialogue régulier avec les différents interlocuteurs judiciaires et extra-judiciaires (les procureurs de la République, procureurs des juridictions inter-régionales spécialisées en particulier etc.).

A un autre niveau, la création du PNF présente un atout tout aussi évident si on raisonne en termes de coopération internationale et d'entraide pénale. La délinquance financière complexe présente un caractère international. Elle s'appuie sur les transferts de fonds entre pays et profite habilement des mécanismes juridiques des échanges commerciaux internationaux (ex. carrousel à la TVA). Une lutte efficace contre ce type de délinquance doit passer par la coopération des systèmes judiciaires et policiers. Or, avant la création du PNF, la complexité de l'organisation juridictionnelle française était telle qu'elle constituait un frein à cette coopération. Elle était, entre autres, inadaptée à la lutte contre les infractions clandestines qui ne peuvent être révélées qu'au moyen d'investigations de nature économique et financière, complexes et longues, nécessitant une véritable spécialisation des autorités de poursuite.

La France ne pouvait rester en marge d'un mouvement de lutte contre la criminalité économique et financière affiché aujourd'hui aussi bien par les instances européennes, qu'internationales ; non seulement parce qu'elle est liée par ses engagements internationaux, mais surtout parce que cette forme de criminalité est en pleine mutation et qu'elle tisse des liens avec la criminalité organisée. Depuis le début des années 1990, les États ont joint leurs efforts pour lutter

---

[2] V. E. Houlette, Audience solennelle d'installation du procureur de la République financier, JCP, n° 10.11, 10 mars 2014. 324.

contre la corruption et la fraude fiscale et la coopération judiciaire au sein de l'Europe s'améliore régulièrement. D'ailleurs sur ce plan, la création du parquet financier a suscité un très vif intérêt de la part des autorités judiciaires étrangères. Rapidement après son entrée fonction, le parquet financier s'est rendu en Roumanie, aux États-Unis, en Espagne, en Moldavie et a accueilli plusieurs délégations étrangères de pays confrontés aux phénomènes de corruption et désireux d'adopter de nouvelles législations plus efficaces. Des échanges opérationnels ont été également organisés en 2015 et 2016 avec toute une série de pays dont les Etats-Unis, le Royaume-Uni ou la Suisse[3].

B. Une compétence réelle du PNF

Avant que ne soit créé le parquet financier national, la lutte contre la concurrence économique s'avérait assez complexe. Pour tout dire elle n'était pas pleinement efficace dans la mesure où nombre de services judiciaires intervenaient en concurrence. Ainsi, plusieurs juges d'instructions pouvaient intervenir pour examiner un dossier. Pour les affaires de grande complexité, il s'agissait d'une juridiction régionale spécialisée en matière économique et financière et pour les affaires de très grande complexité, la compétence relevait d'une juridiction interrégionale spécialisée en matière économique et financière. La création du parquet financier national se devait donc de mettre un terme à ce chevauchement de compétences et à le simplifier. Il semble assez évident de constater qu'une quadruple compétence ne peut être un facteur de lisibilité et d'efficacité. La remarque est amplifiée quand on s'accorde sur la difficulté de distinguer la grande et la très grande complexité des dossiers.

Le procureur financier national se voit doté de trois degrés de compétence : une compétence exclusive dans un domaine d'intervention et une compétence toujours concurrente dans d'autres.

Il dispose d'une compétence exclusive pour les délits boursiers et d'une double compétence concurrente. Sa compétence est concurrente à celle des Tribunaux de grande instance de droit commun pour les délits de corruption d'agents publics étrangers, de même que pour les délits de corruption privée et de corruption en matière de paris sportifs de grande complexité. Sa compétence est concurrente à celle

---

[3] E. Houlette, Le parquet financier national, Rev. Droit fiscal 22 sept. 2016, n° 38, p. 2 ; E. Houlette, L'action du parquet national financier, Bull. Joly bourse, 1 mars 2017, p. 4.

des juridictions inter-régionales spécialisées et des TGI de droit commun pour les atteintes à la probité, les escroqueries à la TVA, les délits de fraude fiscale, le blanchiment de ces infractions, chaque fois que le dossier présente une grande complexité ou qu'il a été commis en bande organisée.

Il convient de souligner que la compétence du PNF s'exerce sur l'ensemble du territoire national, ce qui est un gage de simplification et sans doute d'une meilleure célérité des procédures. De surcroît, cette compétence nationale fonctionne par ricochet. Lorsque le procureur financier saisit une juridiction, la compétence de cette dernière devient nationale. Toutefois, il serait vain de penser que la création du PNF conduit à une suppression de tous les écueils antérieurs. Une compétence concurrente avec d'autres juridictions subsiste donc. La ventilation de certains dossiers nécessitera encore parfois des arbitrages entre trois niveaux (quatre auparavant). La simplification voulue se cantonne véritablement à une double suppression : celle des juridictions régionales spécialisées et celle du critère de la très grande complexité.

Au-delà de la spécialisation du PNF, il faut relever que cette nouvelle institution a adopté un mode de fonctionnement qui consiste à confier chaque dossier et ce, systématiquement, à deux magistrats. L'objectif est d'assurer une meilleure connaissance des procédures, d'éviter qu'un dossier pâtisse de l'absence d'un magistrat et cette pratique permet assurément de partager la réflexion et les échanges entre magistrats, ce qui ne peut que parfaire la prise de décision.

La réalité de la compétence du PNF peut enfin se mesurer à son activité. Au 8 juillet 2016, 367 procédures sont suivies par le parquet national financier dont : 47 % pour des atteintes aux finances publiques ; 41 % pour des atteintes à la probité ; 12 % pour des abus de marché. Environ 70 % des procédures sont traitées en la forme préliminaire, 30 % font l'objet d'une information judiciaire. Depuis sa création, le parquet national financier a fait procéder à la saisie de près de 78 millions d'euros et 29 mesures de saisies d'avoirs ont été prononcées à l'étranger à sa demande.

Exemple de dossiers de fraude fiscale :

Dossier portant sur un fonds d'investissement immatriculé aux îles Caïmans, gérant un fonds offshore basé aux îles Vierges britanniques, qui ne déclare pas son chiffre d'affaires à l'administration fiscale française alors que l'activité est bien réalisée en France, via les bureaux parisiens. Le rattachement aux îles Caïmans est purement fictif.

Exemple de dossier d'escroquerie à la TVA

– dossiers de fraude à la TVA portant sur le négoce des droits de polluer ou dossiers « carbone ». Une quinzaine de dossiers est gérée par le parquet financier ; certains font apparaître un montant de préjudice supérieur à 200, voire 300 M € pour l'un d'entre eux.

Toujours au 8 juillet 2016 en matière de coopération internationale, les statistiques depuis la création du parquet national financier, font apparaître 121 demandes d'entraide pénale internationale (DEPI) émises par le parquet national financier dont 88 DEPI en matière de fraude fiscale, ce qui représente 73 % des DEPI émises[4].

Au regard de ce que l'on vient de voir, l'apparition de cette nouvelle institution semble être le facteur d'une meilleure efficacité de l'enquête. En vérité, l'action du parquet national financier est largement perfectible.

II. La perfectibilité de l'action du parquet national financier

A. Des complexités procédurales

Plusieurs difficultés procédurales peuvent être signalées. D'abord, si des améliorations ont été apportées à la répartition des compétences, nous avons pu relever que certains écueils subsistent. Or, le code de procédure pénale ne permet pas de les résoudre. Seules quelques règles éparses existent au point que le garde des Sceaux a publié une longue circulaire consacrée précisément à cette question. Mais même cette circulaire ne répond que partiellement aux interrogations.

Deux exemples suffiront à s'en convaincre.

Le premier est général. Lorsqu'un parquet territorialement compétent ouvre un dossier, il convient de savoir s'il doit se dessaisir au profit du parquet financier. Pourtant, la circulaire ne comporte pas

---

[4] Source : E. Houlette, Le parquet financier national, Rev. Dr. Fiscal, n° 38, 22 sept. 2016, p. 1 ; *adde* F. Perrotin, Coopération internationale : le bilan, Les petites affiches 27 mars 2017, n° 61, p. 4.

obligation à ce sujet. En cas de désaccord entre procureurs de la république, le conflit de compétence remonte aux parquets généraux. L'article 705-4 du code de procédure pénale prévoit ainsi que « le procureur général près la cour d'appel de Paris anime et coordonne, en concertation avec les autres procureurs généraux, la conduite de la politique d'action publique » en matière économique et financière. Seulement, à bien y regarder le procureur général de Paris n'a autorité que sur les procureurs de la République de son ressort. Il ne dispose pas d'autorité sur les autres procureurs généraux. Dès lors en cas de désaccord persistant, il faudra saisir la direction des affaires criminelles et des grâces, qui, selon la circulaire, devra « organiser le dialogue ». Son rôle s'arrêtera là, elle ne pourra attribuer le dossier à l'un ou l'autre.

Le second concerne un particulier mais les enseignements sont riches, non pas parce qu'ils sont tirés d'une affaire concernant un ancien premier ministre candidat malheureux à la présidentielle française mais bien parce qu'ils mettent en valeur les doutes qui subsistent sur les compétences du parquet financier national. Je fais allusion à l'affaire Fillon. Durant la campagne présidentielle, ce candidat a subi une série d'accusation pour avoir rémunéré sa femme et ses enfants sur des fonds attribués à l'emploi de collaborateurs à une époque où il était député. Le fait d'embaucher des membres de sa famille n'était pas en soi répréhensible mais la question se posait de la réalité du travail fourni par les membres de sa famille. En d'autres termes, il s'agissait de savoir s'il y avait emploi fictif.

En premier lieu, d'aucuns ont pu nourrir des doutes sur la compétence du parquet national financier alors qu'il s'est déclaré compétent sur une affaire qui, indépendamment de son retentissement politico-médiatique, ne présente pas, sur le fond, la « grande complexité » exigée par le 1° de l'article 705 du Code de procédure pénale pour fonder la compétence du procureur de la République financier. En effet, le PNF est compétent pour toute une série de délits, dans les affaires qui sont ou apparaîtraient d'une grande complexité, en raison notamment du grand nombre d'auteurs, de complices ou de victimes ou du ressort géographique sur lequel elles s'étendent[5]. Des opposants à sa compétence ont pu estimer que l'objet du parquet financier est de combattre

---

[5] Art. 432-10 à 432-15 du Code pénal

la délinquance économique grave et sophistiquée, non de comptabiliser des heures de travail ou de gestion d'agendas.

En second lieu, une autre objection existe sur le plan pénal. Le détournement de fonds publics est défini par l'article 432-15 du Code pénal[6]. Or, dans cette affaire, les fonds « publics » en question correspondent à une somme d'argent attribuée directement au député, seul employeur, dans le cadre d'un contrat de droit privé. Il dispose d'une totale liberté de choix pour recruter et rémunérer un collaborateur et ses fonctions relèvent d'un mandat parlementaire. Un parlementaire est-il assimilable à une « personne dépositaire de l'autorité publique ou chargée d'une mission de service public, d'un comptable public, un dépositaire public ou de l'un de ses subordonnés » ? Ce n'est pas évident. Si la réponse est positive, alors le « détournement de fonds » pourrait être matérialisé par l'affectation de l'argent à l'entretien de sa famille sans contrepartie réelle.

Mais, même si l'on accrédite cette thèse, encore faut-il intégrer une autre réalité. Il est de tradition que le contrôle du respect d'une obligation statutaire par un parlementaire relève du bureau de l'assemblée parlementaire dont il relève et, le cas échéant, du Conseil constitutionnel, dans le cadre des dispositions constitutionnelles et législatives applicables au fonctionnement des assemblées parlementaires[7]. Il ne s'agit d'ailleurs pas d'un particularisme français mais une déclinaison universelle du principe de la séparation des pouvoirs.

---

[6] Le fait, par une personne dépositaire de l'autorité publique ou chargée d'une mission de service public, un comptable public, un dépositaire public ou l'un de ses subordonnés, de détruire, détourner ou soustraire un acte ou un titre, ou des fonds publics ou privés, ou effets, pièces ou titres en tenant lieu, ou tout autre objet qui lui a été remis en raison de ses fonctions ou de sa mission, est puni de dix ans d'emprisonnement et d'une amende de 1 000 000 €, dont le montant peut être porté au double du produit de l'infraction ».

[7] J.E. Schoettl, De la compétence contestable du parquet national financier (en particulier) et de l'autorité judiciaire (en général) pour connaître de l'affaire dite des collaborateurs parlementaires de François Fillon, Petites affiches, 14/02/2017, n° 32, p. 4. ; P. Avril, Réflexions sur l'indépendance du parquet, Les petites affiches, 23 fév. 2017, n° 39, p. 4.

B. Des axes d'amélioration

Les actions du PNF, on a pu s'en convaincre, sont teintées d'une certaine ambivalence et n'emportent pas l'unanimité. Elles sont de nature à conforter les critiques émises sur l'opportunité de création du PNF lui-même. La réflexion doit porter alors sur la recherche d'axes d'amélioration.

Le premier axe est en réalité déjà entériné. Il concerne l'articulation des procédures pénales et administratives en matière boursière. Une directive du 16 avril 2014 de l'union européenne est intervenue sur le sujet, avec une date de transposition en droit français fixée au 3 juillet 2016[8]. Dans une décision du 18 mars 2015 le Conseil constitutionnel a considéré que le Code monétaire et financier méconnaissait le principe de nécessité des délits et des peines en ce qu'il autorisait la poursuite des mêmes faits par l'AMF au titre d'un manquement d'initié et par le parquet financier national sous l'angle du délit d'initié. Il a fixé pour sa part un délai pour modifier la législation au 1er septembre 2016. Ce dernier devait donc intervenir pour prévoir un mécanisme de règlement des conflits de compétence[9].

C'est chose faite avec la loi 2016-819 du 21 juin 2016 qui a instituée un mécanisme d'échanges d'informations préalables pour choisir la voie procédurale la mieux adaptée. Un rôle d'arbitrage a été confié au procureur général de Paris d'une mission d'arbitrage en cas de conflit. Il paraît évident que ces échanges d'informations, comme l'éventuelle décision du procureur général, visent à renforcer l'efficacité de la procédure et à assurer la répression[10].

Le second axe concerne l'indépendance et les moyens du PNF. La question de l'indépendance du PNF est fondamentale et l'on pourrait arguer que, nommé par le président de la république, il concentre tous les dossiers, donc qu'il existe un risque d'influence. Mais, son processus de nomination est celui de tous les membres du ministère public et l'on a pu voir que la pratique institué par le PNF est de confier systématiquement les dossiers à deux magistrats. Enfin, et peut être

---

[8] M A D 2 n° 2014/52/UE du Parlement européen et du Conseil relative aux sanctions pénales. V. auparavant déjà sur les problématiques d'une double compétence, CEDH 4 mars 2014, Grande Stevens et autres c/ Italie applicables aux abus de marché et du règlement M A R n° 596/2014 sur les abus de marché.

[9] E. Houlette, L'action du parquet national financier, bull. Joly bourse, 01 mars 2017, p. 154 ;

[10] V. sur cette question, C. Champrenault, Bull. Joly bourse, 01 mars 2017, n° 2, p. 166.

surtout, l'habilitation des associations de lutte contre la corruption à se constituer parties civiles pour les infractions traduisant un manquement au devoir de probité prévue par l'article 1er du projet de loi est le gage que certains dossiers ne pourront être enterrés.

Sur les moyens, lors des débats parlementaires sur la création du PNF, le ministre de la justice avait indiqué que dès 2014, une trentaine de postes seraient créés. En réalité, seuls 5 l'ont été. Le constat est cruel.

Pour conclure, je terminerai par quelques remarques. Il ne faut pas oublier que la création du PNF s'inscrivait aussi dans une finalité politique et pas exclusivement juridique. L'esprit de la loi portant création du PNF, si l'on se rapporte à la circulaire d'application « participait du projet gouvernemental de moralisation de la vie publique »[11]. On le voit, l'œuvre est loin encore d'être achevée, puisque, encore, nous venons de connaître une nouvelle loi à ce sujet.

Compte tenu des contingences juridiques et politiques qui ont participées à la création et aux choix de poursuites déclenchées par le PNF dans l'affaire Fillon, une autre question se pose. Quelle est la délimitation de l'intervention judiciaire dans ce type d'affaires ? Et si finalement l'action du PNF n'avait pas eu pour autre finalité que d'infléchir le régime dérogatoire dont pouvaient bénéficier les parlementaires, en tentant d'étendre la compétence judiciaire, là où un procureur de la république n'aurait pas osé s'aventurer. Un exemple plus récent semble bien le confirmer. Un ancien parlementaire en passe d'être nommé au conseil constitutionnel a annoncé retirer sa candidature après que le PNF ait annoncé ouvrir une enquête préliminaire car il avait lui aussi employé sa fille sur ses émoluments de parlementaire[12].

Si finalement la création du PNF devait juste servir à mettre un terme aux pratiques dévoyées de quelques parlementaires qui étaient souvent les mêmes qui se faisaient le chantre de la probité, j'y verrai alors un progrès de la démocratie et une marque de justice.

---

[11] Circ. 23 janv. 2014 relative à la présentation de la loi n° 2013-1117 en date du 6 déc. 2013 relative à la lutte contre la fraude fiscale et la grande délinquance économique.

[12] Le monde 8 juillet 2017

Les manifestations de la corruption. Le cas du Brésil

Tarsis BARRETO
Maître de Conférences à l'Université Fédérale de Tocantins (Brésil)

1. Racines historiques de la corruption au Brésil

Le débat sur le phénomène de la corruption, présente dans la vie des Brésiliens il y a plus de cinq siècles, est actuellement au centre des attentions. Dans la situation actuelle, les opérations de lutte contre la corruption ont provoqué des changements significatifs en ce qui concerne le combat contre l'impunité, surtout avec une punition plus effective des crimes en col blanc. Les auteurs jouissaient jusqu'alors d'une probable impunité, que l'on constate aisément au vu du contexte historique de la clientèle pénale des prisons brésiliennes.

Nous allons faire une brève analyse de la corruption au Brésil, une tentative d'investigation des causes possibles de ce phénomène, mises en évidence dans notre conformation historique particulière.

Bien qu'il s'agisse d'une affirmation sujette à caution, l'on a attribué à la colonisation portugaise l'origine de cette corruption accentuée au Brésil. L'évidence en résiderait dans la structure pyramidale qui a assuré les fondements de la société brésilienne pendant plus de 3 siècles, dont le modèle colonial a correspondu à la dénommée société du sucre. Au sommet de cette pyramide se trouvait l'aristocratie, formée par les planteurs (producteurs de sucre), qui exerçaient de fait, le pouvoir absolu sur le plan des décisions administratives et politiques du Brésil colonial. Au centre de la pyramide se trouvaient les travailleurs libres (artisans, commerçants, petits agriculteurs, etc.), et, à la base de la pyramide les esclaves. D'après ce que certains historiens ont mis en évidence, c'est dans cette situation pratiquement immuable de stratification sociale que les Brésiliens ont commencé à développer, sur le plan des relations sociales, ce que l'on a coutume d'appeler le « jeitinho brasileiro » [système de brésilien]. Ce jeitinho brasileiro correspondrait à des manières de contourner les règles sociales de sorte à garantir, face à une situation bloquée et immutable d'exclusion sociale, le succès et l'obtention d'avantages personnels sur le plan des rapports avec les autres individus et dans la conduite de la vie publique, donnant ainsi origine à de menus actes de corruption.

Le jeitinho brasileiro aurait, dans ce contexte culturel, une connotation à la fois positive et négative. D'une part, il peut être envisagé comme une prétendue habilité naturelle des Brésiliens à résoudre les problèmes quotidiens par la créativité, la bonne humeur et l'improvisation, étant de plus une marque du tempérament amical, joyeux et cordial de ceux-ci. Cependant, il acquiert une connotation négative quand il représente l'utilisation de cette même habilité pour l'obtention d'avantages indus moyennant le contournement des normes sociales, surtout lors de l'introduction des relations personnelles directement dans le contexte de la vie publique, d'où résulte la difficulté que le brésilien a de séparer le public du privé. Nous pourrions ainsi citer quelques exemples de ce mode de vie singulier dans quelques habitudes inadéquates telles : ne pas respecter la file d'attente, se garer dans des endroits interdits ou se servir de relations d'amitié ou de contacts personnels pour l'obtention d'avantages de la part de l'administration publique.

Sergio Buarque de Holanda[1] , un célèbre historien brésilien, met en évidence que les habitants du Brésil ont été élevés dans le contexte d'une structure familiale fermée, et, pour cette raison, ont du mal à différencier les relations personnelles (en rapport avec un registre personnel et affectif) des relations impersonnelles (propres à l'État), ce qui illustrerait la difficulté historique de ceux-ci à séparer le public du privé, étant donné que les deux types de relations seraient étroitement liées, l'État se constituant par l'élargissement du cercle de la convivialité familiale. Dans l'analyse de Holanda, la cordialité du brésilien serait un masque, qui le rendrait apte à se maintenir dans la convivialité sociale.

---

[1] HOLANDA, Sérgio Buarque de, Raízes do Brasil, 26. ed. São Paulo: Companhia das Letras, 1995

Ajoutons à ce phénomène celui du patrimonialisme. Il correspond à l'utilisation de la vie publique pour l'obtention d'avantages individuels, situation dans laquelle l'occupation d'un poste public ne représenterait pas un devoir public, mais une opportunité d'enrichissement personnel et d'obtention de pouvoir et de privilèges.

Le mode de vie colonial aurait donc pour conséquence une modification psychologico-comportementale chez les Brésiliens. L'exploitation exacerbée des richesses et un recouvrement d'impôts accentué ont provoqué une aversion naturelle à l'égard de l'autorité de l'État, et face à l'absence de contrepartie dans la distribution de la richesse produite dans le pays, l'accumulation de capital a été considérée comme une nécessité de survie, dans la mesure où le citoyen se devait d'être plus malin et intéressé que l'État, que ce soit en pratiquant la fraude fiscale, ou encore en obtenant des avantages par rapport aux autres individus sur le plan des relations personnelles.

Le phénomène du patrimonialisme (utilisation de la vie publique pour l'obtention d'avantages et d'enrichissement personnel) et du personnalisme (vie publique comme une extension des relations personnelles et familiales) représenteraient deux marques dans le mode de vie du brésilien, héritages de la tradition coloniale portugaise. Ces deux entraves au développement devraient donc être dépassées au moyen de ce que Holanda appelle une révolution verticale, basée sur une élimination des racines ibériques pour se forger une nouvelle identité, de sorte à redéfinir et à reconstruire l'avenir du pays.

Cependant, la jovialité de notre propre démocratie semble se constituer en véritable défi pour la maturité dans le choix de nouveaux chemins. En prenant en considération l'élection de l'ancien président Tancredo Neves, le 15 janvier 1985, et la fin de la dictature militaire au Brésil, notre expérience démocratique ne compte pas plus de trente-deux ans. En effet, le passage du temps est un facteur inévitable pour l'épanouissement du processus démocratique et pour la prise de conscience politique de notre peuple, ainsi que pour l'engagement éthique et l'esprit public de nos gouvernants.

2. La lutte contre la corruption au Brésil

Le passage du régime monarchique au régime républicain, avec la proclamation de la République par le coup d'état militaire conduit par le Maréchal Deodoro da Fonseca en 1889, n'a représenté que la fin de la Monarchie au Brésil. Cependant, le privilège des relations de pouvoir aux mains des planteurs et des oligarchies brésiliennes n'a pas bougé d'un iota.

Ces relations de pouvoir, dans le système juridique, ont consacré le Droit Pénal comme instrument de maintien d'un statu quo de punition sélective des classes les moins favorisées. Nous en avons l'évidence dans la vérification empirique du profil de la clientèle des établissements pénitentiaires brésiliens, formée dans sa presque totalité par des individus pauvres, pour la plupart, noirs et de basse scolarité.

D'autre part, la pratique du système pénal brésilien révèle historiquement qu'il a opté pour une punition plus rigoureuse des crimes contre la personne et contre le patrimoine, surtout ceux accompagnés de violence et de menace. Quant à ce qui se réfère à la criminalité économique (comportant la pratique d'infractions contre l'administration publique, contre le système financier national, parmi d'autres), le système pénal se tenait à des punitions moins rigoureuses, une réalité qui a été modifiée ces dernières années moyennant de profondes réformes législatives et suite au réveil de l'opinion publique pour une punition nécessaire de ces crimes, surtout ceux comportant des actes de corruption.

C'est ainsi qu'après des scandales nationaux de corruption étouffés habituellement par le climat d'impunité, le Brésil a connu un changement dans le contexte de lutte contre la corruption, au début avec le procès du Mensalão (système d'achat de votes de parlementaires au Congrès National entre 2005 et 2006 et qui a conduit à diverses condamnations) et, actuellement avec l'Opération Lava Jato [Lavage express].

3. L'opération Lava Jato

L'Opération Lava Jato a été déclenchée en 2014, comme résultat d'investigations touchant des détournements d'argent public et des crimes contre l'ordre financier. La première investigation s'est intéressée aux activités d'une station-service qui servait de paravent pour du blanchiment d'argent. Plus tard, cependant, il a été constaté que ce groupe était en lien avec de grandes organisations criminelles et qu'il s'adonnait à des crimes plus graves comme le trafic international de drogue, l'évasion de devises et des détournements d'argent public au moyen de contrats frauduleux passés avec l'administration publique, dont les marchés publics ont causé un préjudice gigantesque aux entreprises publiques brésiliennes, Petrobrás inclus.

A mesure que ces investigations avançaient, la Police Fédérale brésilienne découvrait la participation de dizaines de politiciens et d'agents publics, qui, ne répondant devant la justice commune, ont été questionnés par des instances supérieures. Dans d'innombrables opérations différenciées ces autorités politiques ont donc été entendues dans des enquêtes instaurées par la Cour suprême fédérale et par la Cour supérieure de justice.

C'est ainsi que la Lava Jato comprend différentes phases, et se trouve actuellement dans sa 52e phase[2].

Il s'agit en effet de l'investigation du plus grand système de corruption déjà réalisé dans l'histoire du Brésil, truffé d'accusations de corruption représentant des dizaines de milliards de réaux et ayant des impacts significatifs sur les finances publiques.

3.1. Travail de la police fédérale

Les chiffres de l'Opération Lava Jato sont, de fait, impressionnants. Selon les données fournies par la Police Fédérale ont été réalisés jusqu'à ce jour[3]:

a) 844 recherches et saisies au Brésil et à l'étranger.

b) 210 mandats d'amener.

c) 97 mandats de recherche, au Brésil et à l'étranger.

d) 104 mandats d'arrêt temporaire.

e) 4220 policiers engagés pour la mise en œuvre des mesures judiciaires.

f) 1320 voitures de police.

g) 650 levées de secret bancaire et fiscal.

h) 330 levées du secret téléphonique.

---

[2] Disponible sur http://www.pf.gov.br/imprensa/lava-jato/fases-da-operacao-lava-jato-1/copy_of_fases-da-lava-jato-2017. Consulté le 03.09.18.

[3] Données en date du 14/08/2017. Disponible sur : http://www.pf.gov.br/imprensa/lava-jato/numeros-da-operacao-lava-jato. Consulté le 03.09.18.

i) 326 enquêtes policières instaurées.

j) 2.400.000.000,00 R$ en biens bloqués ou saisis.

k) 745.100.000,00 R$ rapatriés.

3.2. Activités du ministère public fédéral

En tant que titulaire de l'action pénale, le Ministère public fédéral, a déposé une plainte auprès de la Cour suprême fédérale contre des centaines d'accusés, enquêtant sur le détournement de dizaines de milliards de réaux des caisses publiques.

Selon les données du Ministère public fédéral[4], rien que dans l'État du Paraná, où ont commencé les enquêtes, ont eu lieu:

a) 1765 procédures établies;

b) 877 recherches et saisies;

c) 221 mandats d'amener;

d) 97 détentions préventives;

e) 110 détentions temporaires;

f) 303 demandes de coopération internationale;

g) 158 accords de négociation de peine avec des personnes physiques;

h) 10 accords de clémence;

i) 67 accusations criminelles contre 282 personnes pour des crimes tels que: corruption, crimes contre le système financier international, trafic transnational de drogue, organisation criminelle, blanchiment d'argent, etc.;

j) Jusqu'à présent, 165 condamnations contre 107 personnes;

k) Montant du remboursement demandé (y compris les amendes): R$ 38,1 milliards de réaux.

---

[4] Données actualisées jusqu'au 31.08.17. Disponible à l'adresse suivante: http://www.mpf.mp.br/para-o-cidadao/caso-lava-jato/atuacao-na-1a-instancia/resultado/a-lava-jato-em-numeros. Consulté le 03.09.18.

Dans le cadre de la Cour suprême fédérale[5], ont été réalisés :

a) 193 enquêtes instaurées auprès de la Cour ;

b) 38 accusations ;

c) 100 personnes accusées ;

d) 121 accords de négociation de peine soumis à la Cour suprême.

En profitant du scénario anticorruption dans tout le pays, le 29 mars 2016, le Ministère public fédéral a également proposé le projet de loi 4850/2016 intitulé «10 mesures de lutte contre la corruption», qui a rencontré un fort soutien populaire, avec plus de 2 millions de signatures. Voilà les mesures objet du projet de loi, toujours en cours au Congrès national :

a) Prévention de la corruption, transparence et protection de la source de l'information;

b) Criminalisation de l'enrichissement illicite des agents publics;

c) Pénalités accrues et qualification de crimes odieux pour la corruption touchant des valeurs élevées;

d) Efficacité des recours dans les procédures pénales;

e) Célérité dans les actions de malhonnêteté administrative;

f) Réforme dans le système de prescription criminelle;

g) Ajustements dans les nullités criminelles;

h) Responsabilité des partis politiques et criminalisation de la comptabilité secrète;

i) Recouvrement des bénéfices tirés du crime.

Néanmoins, à la surprise du public, la Chambre des députés, qui a présenté des modifications au texte initial du Projet de loi d'Initiative populaire, a finalement défiguré les 10 mesures de lutte contre la corruption, en supprimant du texte original des points importants, comme la réforme du système de la prescription criminelle et la criminalisation de l'enrichissement illicite.

---

[5] Données mises à jour jusqu'au 01.02.2017. Disponible à l'adresse suivante: http://www.mpf.mp.br/para-o-cidadao/caso-lava-jato/atuacao-no-stj-e-no-stf/resultados-stf/a-lava-jato-em-numeros-stf. Consulté le 03.09.18.

En outre, la Chambre des députés a ajouté dans le projet de loi une disposition de loi qui permet aux procureurs et aux juges d'être tenus responsables du crime de responsabilité dans l'exercice de leurs fonctions, ce qui a été perçu par le Ministère public et la magistrature comme une tentative claire et évidente d'intimider ces organes dans l'accomplissement de leurs fonctions institutionnelles.

Plusieurs autres initiatives prises par le Congrès national brésilien ont été critiquées par l'opinion publique pour avoir censé empêcher ou entraver l'action des autorités publiques dans la lutte contre la corruption, comme le projet de loi n° 3.636, 2015, du Sénat fédéral, qui, selon le Ministère public fédéral, porte atteinte à la loi anti-corruption et porte atteinte aux accords de clémence dans le but d'affaiblir l'opération Lava Jato, avec des risques de maintien de l'impunité.

4. La loi de négociation de peine et les défis dans la lutte contre la corruption au Brésil

Dans le contexte de la lutte contre la corruption, la loi 12.850/13 [6] représente un jalon décisif[7] . Inspirée par le droit américain, la loi a présenté comme principale avancée une discipline plus claire du principe de la négociation de peine[8]. Que ce soit parce que c'est une exception au principe du dépôt obligatoire de procédures pénales, que ce soit en raison du large éventail des avantages pénaux qui peuvent être accordées à l'accusé, que ce soit en raison de la subjectivité et de la complexité des accords qui peuvent être conclus entre l'accusation et la défense, la négociation de peine a fait l'objet de nombreuses critiques au Brésil, et est analysée ici de manière succincte. Parmi les principales critiques, on peut citer:

---

[6] La loi 12.850/13 définit l'organisation criminelle et prévoit une enquête criminelle, les moyens d'obtenir des éléments de preuve, les infractions pénales prévues et une procédure pénale, en modifiant également les dispositions énoncées dans le Code pénal brésilien.

[7] Citons également, dans le cadre de la lutte contre la corruption, la loi 12.846/2013. Selon Pereira (2015, p. 80), elle a favorisé une progression notable dans la prévention et la lutte contre la prolifération du phénomène social de la corruption.

[8] Plusieurs lois au Brésil avaient déjà prévu la négociation de peine, qui a été introduite dans notre loi par la Loi sur les crimes odieux (loi 8.072, 1990).

a) La négociation de peine consacre le manque d'éthique de l'État, récompensant la lâcheté des criminels dans l'accusation [9]de leurs comparses.

b) La négociation de peine viole les principes constitutionnels, tels que le droit au silence et à la présomption d'innocence.

c) La négociation de peine est un instrument de coercition de l'État et sert à obtenir des preuves par intimidation.

d) Le risque, avec la négociation de peine, c'est de permettre un mensonge dans le processus criminel, avec de graves dommages pour l'honneur et la liberté des individus qui ont été trahis.

En ce qui concerne la première allégation, on prétend, au contraire, que l'Etat n'est pas obligé d'accorder le bénéfice du silence entre les criminels en tant qu'obligation éthique et doit agir au bénéfice de la société[10], et non des criminels, par la nécessité de briser la loi du silence, qui fonctionne dans les organisations criminelles. Le droit au silence ne serait pas non plus atteint, car l'accusé n'est pas obligé de s'exprimer, mais dispose du droit d'avouer le crime et de conclure un accord avec l'État pour obtenir des avantages (des compensations) pour lui-même. À cet égard, le principe de négociation de peine lui-même est déjà présent dans le Code pénal brésilien (1940), de telle sorte que la revendication n'est pas fondée. De la même manière, on sait que l'accusé est présumé innocent jusqu'à ce que la condamnation pénale passe en force de chose jugée, mais rien ne l'empêche de confesser les crimes et de collaborer spontanément avec la Justice, s'il le désire.

En ce qui concerne la troisième allégation, il n'y a pas de preuves d'une coercition de la part de l'État, puisque la négociation de peine

[9] Certains auteurs préfèrent utiliser le terme « accusation reconnue ». Favoretto, Martins et Knippel (2010, p. 262) la conceptualisent comme « un avantage pénitentiaire par lequel l'agent collabore spontanément pour aider l'autorité policière à clarifier l'infraction pénale, ainsi qu'à identifier les autres membres de l'organisation criminelle ». Nous préférons cependant utiliser le terme de négociation de peine, en comprenant que c'est le genre, qui admet plusieurs espèces, dont l'accusation.

[10] À cet égard, Ferro, Pereira et Gazzola (2014, p. 93) soulignent que « l'impuissance de l'appareil d'État à découvrir et à punir les coupables génère un sentiment d'impunité qui conduit à l'encouragement de nouvelles infractions, entraînant une corrosion de la vie publique, par l'instauration d'un sentiment d'insécurité chez les citoyens ».

représente un accord entre les parties, avec le consentement de l'accusé et de son avocat, puis elle est approuvée par le juge après vérification, entre autres exigences, de la libre volonté de l'accusé et de l'absence de coercition envers l'individu, de sorte que l'accusé ne soit pas tenu d'accepter les conditions de l'accord[11]. En outre, on peut observer, en pratique, que dans les accords de collaboration conclus jusqu'à présent dans le cadre de l'opération Lava Jato, l'accusé, par l'intermédiaire de ses avocats, demande au parquet de proposer un accord de négociation de peine. Il est également noté que ces accords ont jusqu'à présent été principalement conclus alors que l'accusé était en liberté, et non détenu, comme l'ont prétendu les critiques de ce principe.

Enfin, l'allégation selon laquelle la négociation de peine consacrerait le mensonge dans le cadre de la procédure pénale ne prévaut pas. En premier lieu parce que la collaboration, en soi, ne constitue pas une preuve, mais seulement un moyen d'obtenir des preuves, de telle sorte que l'informateur doit présenter des éléments, des faits, des données et des indications qui permettent d'obtenir des preuves contre les accusés. Ainsi, si l'accusé ne dit pas la vérité, il sera non seulement sujet à la perte de tous les avantages et compensations promis dans l'accord, mais il peut également répondre, le cas échéant, du crime de dénonciation calomnieuse ou de fausse communication d'un crime ou d'un délit, autres dommages résultant de fausses accusations.

Néanmoins, on ne peut nier l'existence d'excès dans les actions de la Police fédérale et du Ministère public dans le contexte des opérations de lutte contre la corruption, telles que l'inutilité de certains mandats d'amener, ainsi que des détentions sans preuve nécessaire, quand suffirait l'utilisation d'instruments juridiques moins lourds dans des cas spécifiques. Cependant, certains abus commis n'effacent pas le mérite et l'importance des nombreuses actions développées jusqu'à présent dans la lutte contre la corruption au Brésil.

---

[11] Selon Gomes e Silva (2015, p. 235), il n'y a aucune raison d'utiliser la prison ou tout autre type de menace aux fins de la négociation de peine, de sorte que, lorsque cela sera prouvé, la négociation de peine n'aura aucune valeur juridique, générant la nullité de tous les actes fondés sur elle ou résultant directement de celle-ci.

Les manifestations de la corruption en France

Joana FALXA

Maître de conférences en droit privé et sciences criminelles à l'Université de Guyane

Introduction

Il peut sembler convenu de parler de nos jours du fléau de la corruption, en France comme ailleurs. Il s'agit néanmoins d'une plaie bien réelle, et le classement établi chaque année par l'organisation non gouvernementale Transparency International démontre le souci de nos sociétés pour ce phénomène qui gangrène de nombreuses administrations publiques et entreprises privées.

Les scandales politico-financiers qui émaillent la presse quotidienne nationale et internationale n'améliorent en rien la perception qu'ont les citoyens des élites politiques et économiques qui les gouvernent. Les réactions à cet égard se font d'ailleurs de plus en plus manifestes et l'on voit émerger des mouvements populaires en signe de protestation, voire parfois des réponses électorales – parfois populistes – s'appuyant sur ce rejet d'une classe depuis trop longtemps habituée à ces « petits arrangements entre amis ».

Le sujet qu'il nous a été demandé de traiter est celui des manifestations de la corruption, dans ce cas précis en France. Mais comment évoquer ces manifestations ? En proposant un catalogue, un fourre-tout des situations rencontrées au cours de ces dernières années ? Ce n'est pas l'habitude du juriste que de se livrer à un tel inventaire. Ainsi est apparue de manière évidente l'idée de proposer une typologie des manifestations de la corruption. Plusieurs approches sont toutefois possibles. Il est difficile d'établir une typologie définitive et unique car la corruption elle-même peut revêtir diverses significations.

Au sens large, la corruption peut s'entendre de toutes les atteintes à la probité. Qu'est-ce que la probité ? Il s'agit, selon les dictionnaires usuels, d'une qualité morale, évoquant l'intégrité, l'honnêteté rigoureuse, la droiture qui porte à respecter le bien d'autrui, à observer scrupuleusement les droits et les devoirs de la justice. Tout comportement qui serait contraire à cette qualité, à cette droiture, pourrait ainsi s'apparenter à de la corruption. Il s'agit cependant là d'une définition encore bien trop large. Cet aspect, l'immoralité sociale de la conduite, est néanmoins l'une des composantes essentielles des comportements incriminés au titre des atteintes à la probité, qui ne se réduisent pas à des manipulations d'argent.

À l'échelon international, la Convention des Nations Unies contre la Corruption (dite Convention de Merida) de 2003 retient dans sa définition de la corruption les infractions de corruption d'agents publics nationaux et internationaux, la soustraction, le détournement ou l'usage illicite de biens par agent public, le trafic d'influence, l'abus de fonction, l'enrichissement illicite, la corruption dans le secteur privé, la soustraction de biens dans le secteur privé ou encore le blanchiment du produit de ces infractions. On retrouve dans cette énumération d'infractions la distinction que l'on rencontre souvent en matière de corruption en fonction du secteur concerné : public/privé, national/international. Son domaine d'application demeure très vaste.

La plus claire des typologies selon nous, et peut-être la plus simple, pour parler des manifestations de la corruption en France est toutefois celle qui envisage ces manifestations du point de vue des incriminations existantes, du droit positif, car cela permet d'entrevoir la manière dont une société, un État donné appréhende la corruption.

Bien évidemment, il ne s'agit pas forcément des seules manifestations possibles, et l'approche ainsi retenue est nécessairement restrictive car la loi est une réaction ; rarement elle anticipe les comportements répréhensibles. Certaines manifestations de la corruption échappent donc certainement à son emprise. De même, la loi est rarement proactive (selon l'anglicisme consacré) dans des domaines qui toucheront plus particulièrement certaines élites ou représentants publics d'une société : la répression des infractions autres (telles que les infractions violentes, ou les atteintes à la propriété privée) a de tout temps été plus aisément envisagée par les pouvoirs publics et par le législateur que celle de la « criminalité en col blanc » entendue au sens large, qui peut concerner des sphères proches du pouvoir .

Cette étude ne se prétend donc pas exhaustive des manifestations de la corruption en France. Il s'agit plutôt d'une étude des manifestations de la corruption dans notre code pénal et notre droit positif (I). Nous constaterons ainsi qu'une véritable évolution législative s'est produite au cours des années récentes pour renforcer la lutte contre la corruption, mais que certaines lacunes demeurent (II).

I - Les manifestations de la corruption à la lumière des incriminations existantes

Il apparaît d'ores et déjà que la corruption peut constituer à la fois un tout, englobant diverses sortes de comportements répréhensibles (ces « atteintes à la probité »), et une partie du tout, désignant plus précisément l'un de ces comportements. Nous essayerons donc en premier lieu de distinguer la corruption des infractions voisines existant dans les textes français (A), avant de nous intéresser plus précisément aux incriminations spécifiques de corruption en fonction des agents impliqués (B).

A. La corruption et les infractions voisines

Dans le code pénal français, les infractions de corruption sont prévues dans le livre IV relatif aux Crimes et délits contre la Nation, plus précisément dans les Titres III concernant les atteintes à l'autorité de l'État, et IV relatif aux atteintes à la confiance publique. Au sein de ce vaste ensemble sont rassemblées diverses infractions, certaines pouvant être réunies sous l'appellation d'atteintes à la probité.

Parmi celles-ci se trouvent les infractions de corruption, qui s'entendent de deux types de comportements distincts : d'une part, la corruption active consiste pour une personne à « rémunérer l'accomplissement ou le non accomplissement d'un acte de sa fonction par l'agent compétent » , c'est donc l'action de corrompre ; d'autre part, la corruption passive est « le fait pour cet agent de se laisser acheter pour accomplir ou ne pas accomplir un acte de sa fonction » , c'est donc le fait d'être corrompu. Divers textes incriminent cette dualité de conduites dans le code pénal français :

- Articles 432-11, 1º et 433-1, 1º (respectivement corruption passive et active d'agent public) ;

- Articles 434-9, al. 1 à 7 et dernier et 434-9, avant dernier alinéa (respectivement corruption passive et active d'agent de justice) ;

- Articles 435-1 et 435-3 (respectivement corruption passive et active d'agent étranger ou international) ;

- Articles 435-7 et 435-9 (respectivement corruption passive et active d'agent de justice étranger ou international) ;

- Articles 445-1 et 445-2 (respectivement corruption active et passive d'agent privé) ;

- Articles 445-1-1 et 445-2-1 (respectivement corruption active et passive d'acteur d'une manifestation sportive).

Matériellement, ces infractions sont constituées d'une part, pour la corruption passive, lorsque l'agent sollicite, agrée ou reçoit un avantage de nature corruptrice ; et d'autre part, pour la corruption active, lorsque l'auteur propose, cède à une sollicitation ou octroie concrètement un avantage en nature. Il s'agit donc d'infractions formelles, qui se consomment du simple fait de la proposition, sans que l'acte de corruption ne soit nécessairement matériellement exécuté (remise ou réception de l'avantage en nature d'une part ou réalisation ou abstention de l'agent d'accomplir un acte de sa fonction).

Ces infractions se distinguent d'infractions voisines telles que le trafic d'influence, la concussion, la prise illégale d'intérêt (également appelée délit de « pantouflage »), ou encore les atteintes à la liberté d'accès et à l'égalité des candidats dans les marchés publics (ou « favoritisme »).

- Le trafic d'influence est le fait pour une personne de rétribuer un agent pour que celui-ci use de son influence auprès d'un tiers afin que ce dernier accomplisse un acte désiré. Il existe, comme en matière de corruption, diverses infractions venant sanctionner ces agissements en fonction de l'agent visé, mais également en fonction du type de comportement (actif ou passif) concerné. Le trafic d'influence et la corruption sont d'ailleurs souvent traités dans des chapitres communs dans les manuels de droit pénal spécial.

- La concussion est quant à elle une infraction qui consiste, pour l'agent public, à percevoir ou exiger de percevoir, à titre de droits, de contributions, d'impôts ou de taxes publics, des sommes indues, ou inversement, à exonérer certaines personnes du paiement de sommes dues à ce même titre. Cette infraction se distingue de la corruption passive par sollicitation en ce que les sommes ici perçues, réclamées ou au contraire non exigées le sont « au motif fallacieux qu'elles le sont par la loi ou le règlement ». Elle est prévue à l'article 432-10 du code pénal.

- La prise illégale d'intérêt, également connue sous la dénomination de délit de pantouflage sous certaine de ses formes, est le fait pour une personne dépositaire de l'autorité publique, chargée d'une mission de service public ou investie d'un mandat électif, d'un fonctionnaire en disponibilité ou ancien fonctionnaire de prendre un intérêt quelconque dans une affaire surveillée ou auparavant surveillée par lui (art. 432-12 et 432-13 du code pénal), l'idée étant ici que « nul ne peut servir deux maîtres à la fois », à savoir le secteur public et le secteur privé. L'intérêt peut être moral ou matériel, direct ou indirect. Ainsi, faire bénéficier un proche d'une position avantageuse dans une affaire surveillée par l'agent constitue le délit de prise illégale d'intérêt. De même, le fait pour un ancien ministre de se faire embaucher dans un délai de 3 ans par une entreprise privée qu'il était auparavant chargé de contrôler dans le cadre de sa fonction, peut être sanctionné au titre de ce même délit. Ceci évoque le cas de M. Barroso, qui a fait grand bruit en Europe. M. Barroso, ancien président de la Commission européenne, a pris un poste de conseiller chez Goldman et Sachs pour gérer les affaires de la banque américaine dans le contexte du Brexit 20 mois après avoir cessé ses fonctions auprès des instances européennes. Le délai prévu par les textes européens est de 18 mois : les textes ont donc bien été respectés, mais la position acceptée par M. Barroso n'en demeure pas moins éthiquement discutable en raison de sa profonde connaissance préalable des arcanes européennes. Les instances européennes réfléchissent d'ailleurs à faire évoluer le droit existant afin de renforcer les exigences imposées aux anciens hauts fonctionnaires pour éviter ce type de situation à l'avenir. Au-delà de ce cas précis, les exemples sont légion tant en France qu'au niveau international, et ce phénomène a parfois été décrit comme celui des « portes tambour » (ou « revolving doors » en anglais) entre le secteur privé et le secteur public, des fonctionnaires ou élus hauts placés, ayant une connaissance privilégiée de certains secteurs, étant embauchés par des entreprises privées à l'issue de leur mission ou mandat, puis éventuellement retournant dans le secteur public à la faveur d'un nouveau changement de gouvernement par exemple.

- Les atteintes à la liberté d'accès et à l'égalité des candidats dans les marchés publics, également désignées sous l'appellation du délit de favoritisme, consistent pour les agents publics impliqués dans les attributions de marchés publics à conférer un avantage injustifié à une entreprise par rapport aux entreprises concurrentes ou potentiellement concurrentes. Ces atteintes se manifestent par la méconnaissance des dispositions législatives ou réglementaires ayant pour objet l'attribution des marchés publics (la seule méconnaissance de ces règles suffit d'ailleurs parfois à caractériser l'avantage injustifié). Cette infraction est prévue à l'article 432-14 du code pénal.

Toutes ces infractions relèvent bel et bien du domaine des atteintes à la probité, et il arrive que dans le langage courant, elles soient communément désignées sous le vocable de « corruption » comme un pêle-mêle de comportements réprouvés par la morale sociale. C'est l'approche privilégiée par des organisations telles que Transparency International, qui sollicite les citoyens pour recenser toutes les atteintes à la probité poursuivies ou sanctionnées par les juridictions internes et en dresser une carte, nommée « carte interactive de la corruption ». D'ailleurs, on retrouve un pacte « de corruption » (en réalité, un pacte d'atteinte à la probité) dans l'ensemble de ces infractions. La rigueur juridique impose pourtant de distinguer dans cette étude la corruption à proprement parler du reste de ces infractions.

B. Une incrimination de la corruption selon les agents impliqués

La corruption, nous l'avons dit, comprend deux versants : la corruption passive et la corruption active. Cette dualité de comportements peut être appréhendée sous l'angle d'un acte principal, celui du corrompu, et d'une participation par complicité, par l'action du corrupteur. Mais ce n'est pas le choix du législateur français, comme bien d'autres d'ailleurs, qui a préféré consacrer cette dualité de comportements par une dualité d'infractions. Ainsi, la corruption passive et la corruption active, bien que constituant les deux pendants d'un même comportement, sont constitutives d'infractions autonomes qui sont susceptibles d'être sanctionnées de manière indépendante. L'une n'est pas l'accessoire de l'autre. Cette double incrimination permet d'éviter l'écueil du recours à la théorie de la complicité pour sanctionner l'action du corrupteur qui se trouverait en position d'impunité en cas de non agrément du destinataire de la tentative de corruption (la tentative de complicité n'étant pas punissable).

Les dénominations de corruption active et passive ne doivent pas nous induire en erreur : les adjectifs ne sont pas ici descriptifs du comportement matériel de l'auteur mais bien de sa position vis-à-vis de l'action corruptrice : l'auteur de corruption active est celui qui corrompt (forme active du verbe), l'auteur de corruption passive est celui qui est corrompu (forme passive). L'auteur de corruption passive peut ainsi en pratique être à l'initiative du pacte de corruption, par exemple en sollicitant lui-même l'auteur de corruption active.

Si les deux volontés se rencontrent (celle de l'auteur de corruption active et celle de l'auteur de corruption passive), la jurisprudence parle alors de pacte de corruption, qui est l'accord d'improbité en quelque sorte scellé entre les deux parties. L'existence du pacte suffit à la consommation de l'infraction (puisque la sollicitation ou l'agrément suffisent à constituer l'infraction de corruption, et qu'il s'agit d'une infraction formelle). Il a toutefois longtemps été exigé que ce pacte de corruption soit antérieur à l'acte proposé ou attendu au moyen de la corruption. Cette condition d'antériorité, qui limitait la lutte contre la corruption car empêchait en pratique la poursuite des « rémunérations pour services rendus », avait été ensuite remise en cause une première fois avec la loi du 30 juin 2000 transposant deux conventions, l'une européenne, l'autre de l'OCDE , relatives à la lutte contre la corruption en droit interne : la loi ajoutait les termes « à tout moment » aux infractions de corruption pour écarter l'exigence d'antériorité du pacte de corruption. Mais la controverse jurisprudentielle perdurait et c'est finalement la loi du 10 mai 2011 de simplification et d'amélioration de la qualité du droit qui met définitivement fin à la condition d'antériorité du pacte de manière non équivoque.

S'agissant des personnes visées par ces incriminations, nous l'avons vu précédemment, l'éventail est large : le droit français a prévu des infractions distinctes pour chacune des catégories de personnes visées par la corruption. Les éléments matériels de ces infractions ne varient pas ou peu. Seules les personnes visées changent.

Ainsi, pour la corruption d'agents publics, la notion même d'agent public doit être retenue de manière autonome au regard des définitions que peut en donner le droit public. Le terme, volontairement général, recouvre ainsi un vaste ensemble d'agents (tant internes qu'internationaux,) que le code pénal divise en trois sous-catégories : les personnes dépositaires de l'autorité publique (donc toute personne détenant « un pouvoir de décision fondé sur la parcelle d'autorité publique qui leur a été confiée à raison des fonctions exercées » , il suffit donc que la personne participe à la gestion des affaires publiques) ; les personnes chargées d'une mission de service public (donc les personnes qui, sans être dépositaire de l'autorité publique, accomplissent des actes qui ont pour but de satisfaire un intérêt général) ; les personnes investies d'un mandat électif. Des infractions spécifiques sont en outre instituées pour les agents judiciaires limitativement énumérés par l'article 434-9 du code pénal (magistrats, jurés, personnes siégeant dans une formation juridictionnelle, fonctionnaires du greffe, etc.) ainsi que pour les agents publics étrangers et internationaux.

La corruption d'agents privés est également envisagée par le code pénal aux articles 445-1 et 445-2 : la notion d'agent privé se définit par défaut car elle concerne les agents ne possédant pas la qualité d'agent public interne, étranger ou international. Elle vise donc, a contrario, toute personne exerçant une activité de direction ou de travail quelconque au sein d'une entreprise ou d'un organisme de droit privé (association, syndicats par exemple). Des incriminations spécifiques sont prévues pour les acteurs du monde sportif, créées par la loi du 1er février 2012 « visant à renforcer l'éthique du sport et les droits des sportifs ». Ces nouvelles infractions, dont le but est notamment de mettre fin aux fraudes aux paris sportifs dans un contexte de légalisation de ces paris, sont toutefois décriées pour leur piètre qualité par certains auteurs. En cause, leur rédaction maladroite rendant la répression ineffective et n'intégrant pas les dernières avancées en matière de lutte contre la corruption. Ces lacunes ont en partie été corrigées par une loi du 1er mars 2017 qui a modifié la rédaction de ces articles.

Les éléments avancés jusqu'à présent le laissent entrevoir : la lutte contre la corruption a connu de nombreux jalons, et le droit concerné n'a cessé d'évoluer pour s'adapter aux mutations des manifestations et de l'importance de la corruption dans divers secteurs.

II - Progression et carences de la réaction législative

L'évolution législative en France dans ce domaine s'est faite très progressivement : infraction ancienne, la corruption (et de manière plus générale la catégorie des atteintes à la probité) a récemment fait l'objet d'un intérêt répressif accru de la part du législateur (A). Les avancées constatées laissent néanmoins encore percevoir la nécessité d'une approche plus globale (B).

A. Une lente évolution législative dans la lutte contre la corruption

La corruption est une infraction ancienne, incriminée dès le code pénal de 1791 et reprise dans celui de 1810. Jusqu'à la moitié du

XXème siècle, l'infraction relevait du domaine criminel : elle appartenait donc, symboliquement tout du moins, à la sphère des infractions les plus graves, marquant de la sorte une forte réprobation de ces agissements contraires à une certaine éthique, à l'honneur de certaines fonctions. La correctionnalisation de l'infraction de corruption intervient finalement avec la loi du 16 mars 1943.

Puis, depuis la dernière décennie du XXème siècle, on assiste à un renforcement de la lutte contre la corruption qui devient un objectif prioritaire en raison notamment d'une forte influence internationale. Vont ainsi se succéder plusieurs lois visant à renforcer l'arsenal législatif et procédural de lutte contre les atteintes à la probité : d'abord, la loi du 3 janvier 1991 relative à la transparence et à la régularité des procédures de marchés est adoptée, qui crée une mission interministérielle d'enquête sur les marchés ; sera ensuite votée la loi Sapin I du 29 janvier 1993, mettant notamment l'accent sur transparence du financement des campagnes électorales et des marchés publics, et créant le Service central de la prévention de la corruption (SCPC) ; puis interviennent deux lois du 11 octobre 2013 relatives à la transparence de la vie publique, qui ont pour objet la lutte contre les conflits d'intérêt et la transparence démocratique, suivies de deux nouvelles lois du 6 décembre 2013 relatives à la lutte contre la fraude fiscale et la grande délinquance économique et financière, prévoyant entre autres la création du parquet national financier (PNF). Cette évolution se produit de manière progressive, mais elle manque parfois de cohérence et l'efficacité de certaines des mesures adoptées est discutée.

A titre d'illustration de ce mouvement de renforcement de la lutte contre la corruption, on observe que la loi du 6 décembre 2013 a aggravé les sanctions encourues dans le cadre de la répression de la corruption passive et active d'agent public en instituant, en plus de 10 ans d'emprisonnement, une amende pouvant aller jusqu'à 1 million d'euros, et pouvant être portée au double du produit tiré de l'infraction, ou à l'avantage tiré pour corruption active. Malgré la correctionnalisation, intervenue en 1943, le renforcement de la répression vise donc à souligner la gravité de ces infractions.

Au cours de cette période sont également instituées des peines complémentaires qui pourront s'appliquer en cas d'atteinte à la probité : inéligibilité, interdiction d'exercer une fonction publique ou l'activité dans laquelle l'infraction a été commise, confiscation, etc. On assiste donc à un renforcement de l'arsenal répressif en matière de corruption par le développement du droit pénal de fond dans ce domaine, et non pas seulement par celui des mécanismes d'enquêtes et de poursuites.

En pratique toutefois, le rapport de 2014 du SCPC indique que sur 72 condamnations pour corruption, peu de peines d'emprisonnement ferme sont prononcées (4 peines fermes, avec une moyenne de 8 mois). La plupart des sanctions d'emprisonnement prononcées sont assorties de sursis. Quant aux amendes infligées, leur montant est limité (il atteint en moyenne 7943 euros). Dans son rapport, le SCPC constate en outre la faible utilisation des peines complémentaires. Il incite d'ailleurs les autorités judiciaires à faire preuve de sévérité et à se saisir des opportunités répressives offertes par la loi.

Parmi les évolutions les plus récentes figure la loi dite Sapin II du 9 décembre 2016 relative à la transparence, à la lutte contre la corruption et à la modernisation de la vie économique. Cette loi a apporté certaines modifications de fond en matière de lutte contre la corruption en créant par exemple l'infraction de trafic d'influence d'agent public étranger, jusqu'alors absente de la législation française, ou encore en apportant des précisions à l'incrimination de favoritisme, voire en créant une nouvelle peine de mise en conformité imposant aux entreprises incriminées d'adopter des mesures pour prévenir et détecter les pratiques contraires à la probité. Il convient néanmoins de relever que les principales nouveautés instaurées par cette loi sont d'ordre procédural et mettent en exergue l'importance des moyens accordés à cette lutte. Ainsi, l'Agence nationale anti-corruption est créée, qui vient se substituer à l'ancien SCPC et dont l'un des objectifs est le renforcement de la collaboration au niveau international. La loi prévoit également la mise en place d'un dispositif de prévention de la corruption dans les grandes entreprises. Enfin, la loi du 15 septembre 2017 pour la confiance dans la vie politique a réintroduit la peine complémentaire obligatoire d'inéligibilité en cas de condamnation pour atteinte à la probité.

Il ressort de ce rapide panorama l'impression d'un renforcement certes tardif mais effectif de l'arsenal législatif français de lutte contre la corruption. On peut toutefois encore relever certaines lacunes dans l'appréhension du phénomène de la corruption par la loi, même si les efforts fournis sont à souligner.

B. La nécessité d'une action globale contre le phénomène de corruption

Il est une question qui se pose légitimement dans toute action d'un État en vue de freiner ou de faire cesser certains comportements, c'est celle de la pertinence du droit pénal comme – seul – instrument de cette action. De toute évidence, la réponse est négative. Le droit pénal est certainement nécessaire, mais insuffisant en lui-même. La critique des carences de la législation française en matière de lutte contre la corruption ne se concentre donc pas sur son aspect répressif : les auteurs ont longtemps mis l'accent sur la nécessité d'un renforcement de l'aspect préventif de cette lutte, par exemple à travers la mise en place d'orientations pratiques à destination des secteurs public et privé (éventuellement en usant de la voie règlementaire). Il importe en effet de prendre conscience que ces infractions ne sont pas le résultat de comportements isolés mais bien souvent le fruit de problèmes de gouvernance globale, non seulement dans le secteur public mais également dans le monde de l'entreprise. Le développement d'instances telles que le SCPC ou de son successeur, l'Agence nationale anti-corruption, dont l'action vise notamment à assister les services d'enquêtes, mais également à orienter les politiques menées dans ce domaine, s'inscrit ainsi dans cette logique préventive. L'idée qui guide cette action est celle de renforcer les orientations et la diffusion de bonnes pratiques, suivant le modèle britannique, pour indiquer aux entreprises et aux administrations quels sont les comportements tolérés ou admis et lesquels sont à bannir, surtout dans les cas où la limite pourrait paraître floue.

Par ailleurs, certains auteurs préconisent une approche systémique du phénomène des atteintes à la probité car celui-ci repose généralement sur un système bien rodé incluant le pacte de corruption, les agissements eux-mêmes, le blanchiment, etc. Cette approche vise également à prendre en considération le caractère international du phénomène, notamment pour ce qui est de la phase du blanchiment, comme le montrent les scandales financiers des dernières années (tels que l'affaire des Panama Papers, les Lux Leaks et bien d'autres encore, qui n'ont épargné aucun pays). Il convient dès lors d'internationaliser l'ensemble des instruments et des mécanismes de lutte contre ce type d'infractions, et non pas seulement les incriminations.

Au gré des dernières évolutions législatives, les mécanismes de prévention se sont clairement développés. On constate également le renforcement de la protection des lanceurs d'alerte et les possibilités accrues d'intervention de la société civile dans la lutte contre la corruption. Le chemin vers la fin des pratiques contraires à la probité dans tous les secteurs de nos sociétés est entamé, mais la distance à parcourir est longue, et la tâche s'apparente sans doute à celle de Sisyphe et son rocher. L'approche juridique de ce phénomène, et le droit pénal en particulier, doivent donc se renouveler sans cesse et s'adapter pour que cette lutte ne demeure pas vaine.

BIBLIOGRAPHIE

MANUELS ET ENCYCLOPEDIES JURIDIQUES

Vº Atteintes à la probité de la chose publique, Synthèse 170 et Fasc. Divers, JurisClasseur Pénal Code, LexisNexis.

Vº Corruption, Synthèse 90 et Fasc. 10 à 40, JurisClasseur Pénal des Affaires, LexisNexis.

W. JEANDIDIER, « Corruption et trafic d'influence », Répertoire de Droit pénal et de Procédure pénale, Dalloz.

V. MALABAT, Droit pénal spécial, Dalloz, Hypercours, 7ème édition, 2015, p. 530 s.

M. VÉRON, Droit pénal spécial, Sirey, Université, 16ème édition, 2017, p. 426 s.

MONOGRAPHIES, THESES ET OUVRAGES COLLECTIFS

J.-M. BRIGANT, Contribution à l'étude de la probité, Thèse, C. LAZERGES (Dir.), Université Paris 1, 2009, publiée aux Presses Universitaires d'Aix-Marseille, 2012.

P. LASCOUMES (Dir.), Favoritisme et corruption à la française : petits arrangements avec la probité, Presses de Sciences Po, 2010.

ARTICLES

T. CASSUTO, « Pour une approche étendue des systèmes corruptifs », Gaz. Pal., no112, 2012, p. 5-7.

C. CUTAJAR, « Analyse du droit positif en matière d'atteintes à la probité », AJ Pénal, 2013, p. 70-73.

E. DUPIC, « La loi Sapin 2 du 9 décembre 2016 et le dispositif français relatif à la transparence et à la lutte contre la corruption », Gaz. Pal., no44, 2016, p. 10-13.

Y. GOUTAL, « La peine complémentaire d'inéligibilité issue de la loi ordinaire du 15 septembre 2017 pour la confiance de la vie politique », AJCT, 2017, p. 606-607.

A. HAMMELLE, « Normes anti-corruption. Montrer le chemin pour prévenir la corruption internationale », JCP G, no 3, 2016, doctr. 66.

B. QUENTIN, « Lutte contre la corruption : vers une privatisation de l'action publique ? », JCP G, 2014, no18, 2014, doctr. 549.

A. ROUX, « La loi no2016-1691 du 9 décembre 2016 dite « Loi Sapin II » : une loi encore en retrait des attentes des praticiens », AJ Pénal, 2017, p. 62-63.

M. SEGONDS, « Loi visant à renforcer l'éthique sportive et les droits des sportifs », RSC, 2012, p. 901-902.

M. VÉRON, « Les manquements au devoir de probité entre la morale et l'argent », Gaz. Pal., n° 118, 2007, p. 3-6.

Corruption et pouvoir judiciaire au Brésil

Guilherme CALMON NOGUEIRA DA GAMA

Juge de 2e Instance du Tribunal Régional Fédéral de la 2e Région (RJ-ES). Titulaire d'une Maîtrise et d'un Doctorat en Droit Civil (UERJ). Professeur Titulaire de Droit Civil à l'UERJ (Licence et Master). Professeur Permanent du Programme de Master de l'Université Estácio de Sá (RJ). Professeur Titulaire de Droit Civil de l'IBMEC/RJ. Ex-conseiller du Conseil National de Justice. Membre de l'Académie Brésilienne de Droit Civil (ABDC), de l'Institut des Avocats du Brésil (IAB) et de l'Institut Brésilien du Droit des Affaires Familiales (IBDFAM). Coordinateur de Recherche de l'EMARF, l'UNESA, l'UERJ et de l'IBMEC

1. Introduction

Ces dix dernières années, le Brésil connaît une période des plus importantes de son histoire civilisatrice depuis sa découverte avec la révélation de plusieurs schémas organisés de détournements de fonds et d'exécution de méfaits par diverses autorités et fonctionnaires publics, nuisant aux biens publics et exigeant une action effective du système judiciaire dans le but d'enquêter, de poursuivre et de juger les affaires qui sont peu à peu révélées. La presse n'a jamais accordé autant d'attention aux questions concernant d'éventuels crimes contre l'Administration Publique - dans lesquels s'inscrit la corruption - étant entendu qu'à l'heure actuelle, plusieurs autorités ont été mises en examen ou répondent déjà d'accusations devant les tribunaux brésiliens. Le thème est tellement d'actualité et d'un tel intérêt qu'il a démontré non seulement des répercussions internes - dans le cadre de la magistrature et dans le Ministère Public brésilien - mais également externes, comme on l'observe dans plusieurs épisodes impliquant ladite « Opération Lava Jato »[1] concernant des questions liées au détournement de fonds de grande envergure de l'une des plus importantes sociétés

[1] PREUSSLER, Gustavo de Souza. Combate à corrupção e a flexibilização das garantias fundamentais: a operação Lava Jato como processo penal do inimigo. *Revista Brasileira de Ciências Criminais*. v. 134. São Paulo: RT, ago 2017, *passim*.

d'économie mixte et de pétrole du pays. La complexité de la macron délinquance, en termes généraux, présuppose l'action réflexive de nouveaux professionnels et intellectuels, en plus d'impliquer d'autres secteurs de la connaissance humaine et non seulement des « savoirs policiers » et des « savoirs juridiques »[2]. Des enquêtes sont en cours dans certains pays d'Amérique du Sud, en plus du Brésil, ainsi que sur d'autres continents. Ainsi, le problème lié à la corruption et au comportement du Pouvoir Judiciaire brésilien est totalement d'actualité et dépasse les limites du domaine strictement juridique.

La corruption, comme le cancer, est une pathologie considérée actuellement comme étant un mal universel[3], atteignant les structures sociales, économiques et politiques les plus diverses. La corruption est également un énorme et important obstacle à la coopération sociale et au développement d'une nation étant donné qu'elle atteint l'un des piliers de l'État Démocratique de Droit. Le phénomène sociologique de la corruption est une pathologie de la conduite humaine, que ce soit dans la sphère privée ou dans la sphère publique. Il s'agit d'une question qui démontre le manque de clarté dans la séparation de l'intérêt privé/individuel par rapport à l'intérêt public dans la conduite des personnes impliquées dans des actes de corruption. Le premier exemple historique d'un acte de corruption peut être reconnu comme étant celui du « serpent séduisant Adam en lui offrant une pomme, dans un échange symbolique du paradis pour les plaisirs encore inconnus de la chair »[4].

La facilitation de la propagation de la corruption est incontestablement liée à la faiblesse démocratique, engendrant la dégradation de l'intérêt public en faveur de la satisfaction de l'intérêt privé/égoïste. En règle générale, le fonctionnaire corrompu agit dans la perspective d'obtenir uniquement des avantages en sa faveur, sans s'inquiéter des responsabilités qu'il a envers l'intérêt public. Le paradigme le plus important du contrôle de l'Administration Publique dans l'État

---

[2] MACHADO, Bruno Amaral; ZACKSESKI, Cristina; RAUPP, Rene Mallet. A investigação e a persecução penal da corrupção e dos delitos econômicos: uma análise exploratória do sistema de justiça federal. *Revista Brasileira de Ciências Criminais.* v. 118. São Paulo: RT, jan.-fev. 2016, p. 300.

[3] GARCIA, Emerson. A corrupção: uma visão jurídico-sociológica. *Revista dos Tribunais.* v. 820. São Paulo: RT, fev.-2004, p. 440.

[4] GARCIA, Emerson. A corrupção: uma visão ..., *op. cit.*, p. 440.

Démocratique de Droit est la suprématie de la Constitution, car elle établit des valeurs, des principes et des règles considérés comme essentiels en tant que « base de droits individuels et sociaux fondamentaux, ainsi que des politiques publiques qui seront valables pour tous, sans exception »[5], dans les domaines de l'éducation, de la santé, de l'alimentation de base, du travail, d'un logement décent, du transport, des loisirs, de la sécurité, de la sécurité sociale, de la protection de la maternité, de l'enfance et de la jeunesse, de l'assistance aux démunis, parmi d'autres thèmes. Les régimes dictatoriaux et autocratiques, dépourvus de toute participation populaire effective, se révèlent propices à l'existence des plus hauts niveaux de corruption d'un pays.

Le but de ce travail est d'examiner la question de la corruption au Brésil, plus spécifiquement liée à l'action du Pouvoir Judiciaire, sous deux aspects: a) au niveau externo-institutionnel, dans le sens d'établir des processus pour résoudre le cas lié à de possibles crimes de corruption - active et passive ; b) au niveau interno-institutionnel, en ce qui concerne la création et le développement de mécanismes pour l'identification et la possible répression des actes de corruption observés dans le propre Pouvoir Judiciaire.

La corruption, dans un sens sociologique, est un trouble des conduites qui peut nuire à l'intérêt public et au bien commun, par le biais d'avantages économiques, en utilisant des stratagèmes et des procédés malveillants, engendrant des avantages à un bien petit nombre de personnes au détriment de beaucoup d'autres. Il s'agit d'un phénomène social qui doit être combattu, car il constitue un obstacle à la coopération sociale et, par conséquent, au développement d'une nation[6]. Normalement, la corruption n'est rien d'autre que la manipulation de fonds financiers qui devraient être appliqués dans la réalisation des droits fondamentaux ici visés. Certains des cas de corruption les plus graves impliquent des mesures cherchant à dominer

---

[5] PEREIRA JÚNIOR, Jessé Torres. Tensões dos agentes judiciais no controle da corrupção. *Revista de Direito Administrativo e Infraestrutura.* v. 2. São Paulo: RT, jul.-set. 2017, p. 85.

[6] ALENCAR, Carlos Higino Ribeiro de; GICO JR, Ivo. Corrupção e judiciário – a (in) eficácia do sistema judicial no combate à corrupção. In: BOTTINO, Thiago; MALAN, Diogo (Coords.). *Direito Penal e Economia.* Rio de Janeiro: Elsevier e Campus Jurídico, 2012, p. 60.

la gouvernance et la gouvernabilité dans le cadre de l'Administration Publique, dans le but de favoriser des intérêts égoïstes - et non publics (ou non républicains) - qui seraient censurés s'ils étaient soumis à l'examen de la société civile. D'où la raison pour laquelle la corruption « fraude, dans ses viscères, l'isonomie et la transparence inhérentes à l'état démocratique de droit »[7], en plus d'engendrer une violation des principes qui régissent l'action de l'Administration Publique, tels que la légalité, l'impersonnalité, la moralité, la publicité et l'efficacité (Constitution Fédérale, art. 37). En général, certaines modalités d'actes de corruption sont liées à la criminalité en col blanc, présentant certaines caractéristiques spécifiques, telles que la position sociale des personnes concernées - « statut élevé des acteurs impliqués » - des conduites pratiquées dans l'exercice de l'activité professionnelle et de connivence des fonctionnaires et des autorités publiques.

Au niveau de l'Administration Publique, la corruption se réfère généralement à l'utilisation ou à l'omission du pouvoir que la loi a accordé à l'autorité ou au fonctionnaire public dans le but de chercher à obtenir un avantage indu pour eux-mêmes ou pour des tiers, s'éloignant ainsi de la finalité publique de ce que l'on espère de leur comportement. La corruption se présente généralement sous la forme d'un détournement de pouvoir/finalité et d'enrichissement illicite du fonctionnaire[8]. Bien qu'il n'y ait pas de relation apparente de cause à effet, la faiblesse démocratique permet la propagation de la corruption, car en raison des limitations des instruments et des organismes de contrôle, de l'absence de mécanismes efficaces pour maintenir l'administration assignée à la légalité, du juge-arbitre et de la suprématie des intérêts privés, on identifie les écarts de comportement relatifs à l'utilisation inadéquate de la structure de pouvoir et de gestion d'une nation.

Dans un travail doctrinal concernant l'analyse des déclarations de Ministres de la Cour Suprême Fédérale au sujet du thème de la corruption au Brésil, les chercheurs ont noté que « les ministres du STF ne

[7] PEREIRA JÚNIOR, Jessé Torres. Tensões dos agentes judiciais ..., *op. cit.*, p. 86.
[8] GARCIA, Emerson. A corrupção: uma visão ..., *op. cit.*, p. 440.

sont plus confrontés à l'un des principaux problèmes de la lutte criminelle contre la corruption en ce qui concerne les droits de la citoyenneté »[9].

Au niveau international, sur le continent des Amériques, en 1996, la Convention Interaméricaine sur la Corruption a été approuvée, étant entendu que les États Membres se sont engagés à adopter certaines mesures, telles que par exemple, la typification de l'enrichissement illicite du fonctionnaire public en tant que crime, caractérisé par une évolution patrimoniale injustifiée. La préoccupation internationale sur la lutte contre la corruption provient d'un échange accru des transactions commerciales internationales et, par conséquent, l'augmentation des flux de capitaux et de biens entre les pays, ce qui entraîne généralement une prolifération d'actes de corruption. Certaines corporations multinationales, peu soucieuses des dommages sociaux et nationaux qui peuvent en découler, utilisent des moyens et des expédients liés à la corruption de certains fonctionnaires et autorités de certains pays pour obtenir des informations privilégiées, des licences d'importation/exportation, des licences d'exploitation, des privilèges pour l'écoulement de leur production, etc.

Dans le cas brésilien, on trouve dans le Projet de Loi du Sénat n. 236/2012 - Projet du nouveau Code Pénal - en plus de prévoir le type pénal de corruption entre individus, également l'inclusion de la responsabilité pénale de la personne morale dans les crimes contre l'Administration Publique, ainsi que le crime d'enrichissement illicite relatif au fonctionnaire dans le cas d'un délit commis contre l'Administration Publique. Ces mesures s'inscrivent dans le cadre du respect des normes conventionnelles afin de tenter de mettre en place des mécanismes plus efficaces et agiles pour prévenir et réprimer les actes de corruption.

2. Corruption dans le Pouvoir Judiciaire

Dans un premier temps, il convient d'analyser la question de la corruption au sein du Pouvoir Judiciaire. Ainsi, quelles sont les causes de l'inefficacité des mesures destinées à réprimer la corruption au sein du Pouvoir Judiciaire ? Il existe plusieurs intérêts économiques et de

---

[9] ALMEIDA, Frederico de; SILVA, Pereira David da; FABÍULA, Bernardes Barbosa; ANDRIETA, Jéssica; SOUZA, Marília Martins de; ARAÚJO, Wilder de Lazari. Corrupção, democracia e Judiciário no discurso dos Ministros do Supremo Tribunal Federal (2013-2016). *Revista Brasileira de Ciências Criminais.* v. 134. São Paulo: RT, ago. 2017, p. 72.

groupes qui exercent un pouvoir politique au Brésil et qui agissent dans le sens de promouvoir le harcèlement du magistrat afin d'obtenir un type quelconque d'avantage dans la conduite de certaines causes.

Tout magistrat est un agent politique de l'État et, par conséquent, il doit être indépendant afin de résoudre correctement les litiges spécifiques, en appliquant correctement la Loi dans le sens de juger la cause selon les preuves recueillies au cours de l'enquête, conformément à la procédure légale, le contradictoire et les droits de la défense. Il est bien connu que l'éventail de pouvoirs instrumentaux attribués par la loi au magistrat est considérable et relativement très important. Il est suffisant pour cela de citer la possibilité que le juge à d'ordonner une arrestation ou de libérer quelqu'un, de saisir ou de libérer des biens, de constituer des crédits et des dettes, d'absoudre, de condamner, de mettre fin à l'incrimination d'un accusé. Ainsi, « plus les intérêts du litige sont importants, plus la tentation est grande de harceler le juge avec des propositions qui lui permettent d'obtenir des gains, d'éviter ou de réduire des pertes, de retarder l'issue du procès[10] ».

La Loi Complémentaire n° 75 - Loi Organique de la Magistrature Nationale (LOMAN) - prévoit que le juge doit maintenir une conduite irréprochable, ne devant pas fréquenter certains endroits où sa présence pourrait diminuer la confiance dont le magistrat doit jouir, ou pourrait compromettre le prestige de la justice. Il existe des épisodes déjà identifiés dans la réalité brésilienne qui ont conduit à ne pas respecter le devoir fonctionnel imposé par la Loi Organique de la Magistrature, et qui méritent une sanction administrative, mais il existe de sérieux obstacles pour identifier la répercussion de tels actes sur le système judiciaire pénal.

Au regard du modèle d'admission dans la magistrature brésilienne - qui se fait par le biais d'un concours public d'examens et de titres -, l'identification du caractère de la personne des candidats n'est pas possible. Un examen psychotechnique est prévu - comme étape de certains concours de la magistrature brésilienne - mais il ne permet pas de déceler l'aptitude psychique. Il sert à déterminer l'aptitude à exercer la profession de magistrat.

---

[10] PEREIRA JÚNIOR, Jessé Torres. Tensões dos agentes judiciais..., *op. cit.*, p. 86.

Les magistrats, en plus des sanctions disciplinaires résultant d'une violation des règles de la LOMAN, imposées par les procédures administratives instaurées par le Parquet et les Conseils - tels que le Conseil National de Justice, le Conseil de la Justice Fédéral et le Conseil Supérieur de la Justice du Travail - sont également soumis aux règles juridiques du Code Civil et du Code Pénal quant aux conduites qui peuvent s'insérer dans le processus pénal de la corruption passive.

En 2004, sur la base de l'Amendement Constitutionnel n° 45, le Conseil National de Justice a été créé au Brésil, qui, entre autres fonctions, a également commencé à agir dans le domaine disciplinaire impliquant les magistrats, en plus de développer la planification stratégique du Pouvoir Judiciaire. En plus de douze ans d'existence depuis son installation, en juin 2015, le Conseil National de Justice a déjà instauré plusieurs procédures disciplinaires, dont certaines ont débouché sur des sanctions administratives, telles que la mise à la retraite obligatoire, impliquant également un magistrat du Tribunal Supérieur de Justice brésilien. Également le CNJ, en 2015, a approuvé l'Ordonnance n° 4, concernant la hiérarchisation du jugement de procès relatifs à la corruption et aux actes administratifs illégaux au Brésil. Ainsi, la justice fédérale a reçu la tâche de procéder au jugement de 70 % des procédures de délits administratifs, au 31 décembre 2014. Dans le cadre de la justice étatique, l'Ordonnance 4 du CNJ a imposé le jugement de 70 % des procédures pénales impliquant des crimes contre l'Administration Publique, au 31 décembre 2014.

Une autre mesure élaborée par le Conseil National de Justice a été l'élaboration du Code d'Éthique de la Magistrature en août 2008, permettant que les Parquets et les Conseils puissent considérer que certains comportements de magistrats violent les normes de conduite professionnelle et soient, donc, soumis aux sanctions imposées par la sphère administrative. Dans la justification dudit Code d'Éthique, on peut lire les expressions suivantes : le Code « est un instrument essentiel pour que les juges renforcent la confiance de la société dans leur autorité morale » et « il est fondamental que la magistrature judiciaire brésilienne cultive des principes éthiques, car il lui revient une fonction éducative et exemplaire de citoyenneté face à d'autres groupes sociaux ». Certaines règles du Code d'Éthique s'avèrent tout à fait adéquates pour souligner l'importance du comportement du magistrat dans l'environnement social. Ainsi, par exemple, « l'action du magistrat doit être transparente, en documentant ses actes, chaque fois que possible, même quand cela est prévu légalement, de manière à favoriser sa publicité, à l'exception des cas qui doivent être maintenus secrets comme cela est prévu par la loi » (art. 10) ; « il est du devoir du magistrat de rejeter les bénéfices ou les avantages d'une entité publique, d'une société privée ou d'une personne physique susceptibles de compromettre son indépendance fonctionnelle » (article 17) ; « il revient au magistrat de prendre les mesures nécessaires pour éviter que tout doute raisonnable puisse surgir sur la légitimité de ses décisions et de sa situation économique et patrimoniale » (art. 19). Ceci révèle des préceptes déontologiques de la magistrature qui servent de référence pour précisément prévenir tout écart de conduite en lien avec la corruption au sein du Pouvoir Judiciaire[11].

Cependant, malgré les mesures mises en œuvre depuis le milieu des années 2000, il subsiste encore certaines difficultés au Brésil qui empêchent que la question de la corruption soit traitée plus rapidement et plus efficacement. L'un des principaux obstacles concerne le thème de l'immunité en raison de la prérogative de fonction (ou immunité juridique) dans les procédures pénales contre les juges et d'autres magistrats, ce qui ne se produit pas en matière de manque de probité administrative. Le thème est actuellement en cours de jugement par la Cour suprême Fédérale, pour essayer de limiter les cas qui doivent être réellement objets de compétence en raison d'immunité juridique. Une autre difficulté est liée à l'aspect corporatiste dans le cadre de la magistrature, étant donné que ceux qui jugeront le magistrat sont connus de ce dernier - même parfois sont leurs amis - et, par conséquent, dans certains cas, le quorum de juges n'atteint pas le nombre suffisant pour que le dossier puisse être jugé. De plus, dans certains cas, en l'absence d'autres personnes pour témoigner sur la corruption passive pratiquée par le magistrat, la question de la difficulté de démontrer les faits et leur titularité se pose - c'est-à-dire, la preuve du crime.

En ce qui concerne ces questions, et les possibles mécanismes à utiliser pour réduire ou supprimer ces difficultés, des mesures en faveur de la transparence des informations concernant les biens du magistrat (et des personnes qui leur sont proches) et leur évolution dans le temps devraient être identifiées, dans la mesure où les organismes de contrôle exigent la fourniture de ces données. Il est conseillé

---

[11] PEREIRA JÚNIOR, Jessé Torres. Tensões dos agentes judiciais..., *op. cit.*, p. 97.

d'éviter le huis clos, y compris sur le plan administratif relatif aux procédures disciplinaires ; ceci parce que non seulement la règle est la publicité du procès, mais également la transparence et la publicité découragent le corporatisme. En cas de poursuites pénales concernant une personne bénéficiant d'une immunité juridique, le recours à une instruction doit être privilégié, comme cela est déjà le cas à la Cour Suprême Fédérale, au Tribunal Supérieur de Justice et au Conseil National de Justice.

Une autre mesure appropriée est l'encouragement à partager des informations et des données dans les instances civiles, pénales, administratives et de non probité, en utilisant des mécanismes de partage de la preuve. Le fait que les instances soient indépendantes n'empêche pas que toutes les preuves produites dans une procédure donnée puissent être empruntées par une autre procédure qui aurait comme objet les mêmes faits, impliquant les mêmes personnes. Ainsi, il est raisonnable de croire que « lorsque l'un de ces systèmes identifie un agent corrompu, celui-ci devrait être poursuivi et puni par les autres systèmes »[12], mais dans la pratique ce n'est pas ce qui se passe.

3. Action du Pouvoir Judiciaire dans les cas de corruption

En ce qui concerne les actions du Pouvoir Judiciaire relatives aux cas de corruption d'autorités et de fonctionnaires publics, l'analyse économique du Droit et le système de triple sanction du fonctionnaire public pour des actes de corruption doivent être soulignés. Dans plusieurs études concernant l'analyse économique du droit, il y a lieu de conclure que « les meilleurs résultats dans la lutte contre le crime sont obtenus grâce à une augmentation de la probabilité d'être arrêté et condamné »[13].

Le système de triple punition du fonctionnaire public pour les actes de corruption comprend la possibilité que l'agent corrompu soit confronté de manière cumulative et indépendante à des sanctions criminelles, civiles et administratives pour les actions illégales dont il serait responsable, y compris dans le domaine du manque de probité

---

[12] ALENCAR, Carlos Higino Ribeiro de; GICO JR, Ivo. Corrupção e judiciário..., *op. cit.*, p. 60.

[13] ALENCAR, Carlos Higino Ribeiro de; GICO JR, Ivo. Corrupção e judiciário..., *op. cit.*, p. 64.

administrative. Comme la même conduite peut être étudiée, indépendamment et simultanément (ou non), par trois sphères différentes, il est possible de vérifier que le système de justice au Brésil sur le thème de la corruption est efficace[14].

Dans le cadre du système de justice au Brésil, une question centrale peut se poser : existe-t-il des mécanismes suffisants et adéquats pour que le Pouvoir Judiciaire, ses juges et auxiliaires, poursuivent et jugent d'éventuels actes de corruption, conformément aux normes du système juridique, afin de se conformer aux postulats de l'État Démocratique de Droit ? Dans la réalité brésilienne, ce sont les entités de la Fédération, leurs autorités, fondations, sociétés publiques, sociétés d'économie mixte, en plus des concessionnaires et des sociétés ayant un permis d'exploitation de services publics essentiels, telles que celles qui réalisent des services de téléphonie, de distribution d'électricité, de gaz, d'eau, d'eaux usées, de transports collectifs, entre autres, qui répondent le plus à des procédures judiciaires, selon des relevés faits par les tribunaux et par le Conseil National de Justice. Et, par conséquent, pour les victimes et les accusés dans des procédures judiciaires, il importe peu que le Pouvoir Judiciaire dispose de moyens et de ressources nécessaires pour que la procédure soit traitée dans un délai raisonnable[15]. Le Conseil National de Justice, conscient de la réalité des faits, en 2014, a établi l'Objectif n° 18 de manière à ce que tous les magistrats et tribunaux aient jugé au 31 décembre 2013 toutes les procédures de manque de probité administrative et les actions criminelles liées aux crimes contre l'administration publique déposées jusqu'au 31 décembre 2011.

Deux facteurs importants influent sur le potentiel de génération de revenus illicites pour le fonctionnaire public : a) les activités d'achats publics et de passation de marchés ; b) l'exercice du pouvoir de police dans le cadre de l'Administration Publique. Au Brésil, on a observé que, dans plusieurs cas, les troubles de conduite des administrateurs publics, en particulier ceux qui commencent à tutoyer le pouvoir politique par des mandats électifs, sont des conséquences des

---

[14] ALENCAR, Carlos Higino Ribeiro de; GICO JR, Ivo. Corrupção e judiciário..., *op. cit.*, p. 67.

[15] PEREIRA JÚNIOR, Jessé Torres. Tensões dos agentes judiciais..., *op. cit.*, p. 87.

alliances qui ont précédé l'investiture du candidat à la fonction à laquelle il a concouru. Le succès de la bataille électorale est le reflet du pouvoir économique, de sorte qu'il y ait une stratégie de campagne politique visant à atteindre l'écrasante majorité de l'électorat[16]. Chaque fois, on identifie l'immoralité des financements des campagnes électorales, en particulier provenant du secteur privé, quand l'entente faite dans un but de conclusion de contrats administratifs pour la réalisation d'ouvrages ou la fourniture de services est démontrée, dès que le candidat assume le mandat électif.

Seulement un tiers des fonctionnaires publics licenciés dans la sphère administrative en vertu d'infractions fonctionnelles qui, en théorie, correspondent au type pénal de corruption passive, sont poursuivis pénalement[17]. Le relevé de données de recherche quantitative a révélé que la probabilité du fonctionnaire puni administrativement de répondre également d'une action pénale pour la pratique de crime de corruption est inférieure à 30 % du total des cas. La responsabilité du fonctionnaire public pour l'exécution des actes illicites qu'il pratique est due au non-respect du devoir d'agir en faveur de l'intérêt public, en violation du devoir de transparence et de reddition des comptes de la gestion des ressources et des biens publics. En ce qui concerne les fonctionnaires publics qui occupent généralement les postes les plus élevés dans l'Administration Publique, il y a encore un très petit nombre de cas de responsabilisation politique effective. Ainsi, en raison d'une faible possibilité d'imputation de responsabilité politique, il reste la voie de la responsabilisation juridique de la part des organismes du Pouvoir Judiciaire[18], en supposant l'instauration et le développement d'une procédure qui n'est normalement pas rapide.

Il existe, actuellement, des pratiques assez raffinées et sophistiquées - y compris avec l'utilisation de ressources technologiques - qui masquent la titularité, les méthodes, les procédures et les bénéficiaires des actes de corruption. Selon la Théorie Économique du Crime, la raison d'être du comportement criminel consiste à reconnaître que

---

[16] GARCIA, Emerson. A corrupção: uma visão ..., *op. cit.*, p. 442.

[17] ALENCAR, Carlos Higino Ribeiro de; GICO JR, Ivo. Corrupção e judiciário..., *op. cit.*, p. 72.

[18] GARCIA, Emerson. A corrupção: uma visão ..., *op. cit.*, p. 446.

la plupart des gens commettraient une infraction seulement si l'utilité espérée dans les expectatives de l'agent dépasserait l'utilité prévue de l'emploi de son temps et ses ressources dans d'autres activités, comme un travail traditionnel par exemple[19]. Dans une preuve empirique, il a été constaté que « la plus grande probabilité d'être pris en flagrant délit peut produire un effet dissuasif plus grand que l'ampleur de la punition »[20]. En appliquant un tel raisonnement aux cas de corruption impliquant des fonctionnaires publics, le coût le plus important dans le cas d'une personne voulant se corrompre réside dans la « perte potentielle de salaire, de retraite et d'autres avantages s'il était pris en flagrant délit de corruption »[21]. Le fonctionnaire corrompu, s'il subit les sanctions correspondant à l'acte pratiqué, subira non seulement les sanctions pénales et civiles liées aux sphères criminelle et civile, mais il supportera également la pénalité relative au coût en tant que fonctionnaire public, car il ne recevra plus de rémunération, de prestations de retraite et d'autres avantages, tels que la couverture de l'assurance santé.

Sur la base d'une étude empirique menée au Brésil, on considère que « le succès de l'enquête est associé à la disponibilité des ressources humaines (policiers et experts) et à la rapidité des actions de la police dans la conduite des processus d'investigation »[22]. Il y a encore un très faible pourcentage d'enquêtes lancées à partir desdites opérations menées par la Police Fédérale sur le thème relatif au crime organisé lié aux crimes contre l'Administration Publique. Comme nous l'avons déjà noté, « on ressent une absence de transparence en ce qui concerne le critère interne qui guide la prise de décision sur le sort des investigations documentées dans les enquêtes policières planifiées »[23] à partir de la réalisation desdites opérations policières.

---

19 ALENCAR, Carlos Higino Ribeiro de; GICO JR, Ivo. Corrupção e judiciário..., *op. cit.*, p. 61.

20 ALENCAR, Carlos Higino Ribeiro de; GICO JR, Ivo. Corrupção e judiciário..., *op. cit.*, p. 62.

21 ALENCAR, Carlos Higino Ribeiro de; GICO JR, Ivo. Corrupção e judiciário..., *op. cit.*, p. 62.

22 MACHADO, Bruno Amaral; ZACKSESKI, Cristina; RAUPP, Rene Mallet. A investigação ..., *op. cit.*, p. 317.

23 MACHADO, Bruno Amaral; ZACKSESKI, Cristina; RAUPP, Rene Mallet. A investigação ..., *op. cit.*, p. 319.

La corruption constitue l'un des visages du manque de probité administrative, qui, cependant, a un spectre de plus grande amplitude[24]. Le manque de probité et la corruption suivent le modèle de genre et d'espèce et, par conséquent, normalement la corruption pourra avoir des répercussions, pour le moins, dans le domaine de la juridiction civile de l'action de manque de probité administrative et de la juridiction pénale des poursuites pénales en raison du crime de corruption. « À la probité et à la transparence s'oppose la corruption »[25].

Dans le domaine économique, le fonctionnement régulier du marché exige l'existence de transparence et de stabilité, qui ne s'entendent pas avec les pratiques de corruption. Le déni de transparence et de stabilité dans les diverses activités de la vie économique décourage les investissements, mettant en péril la croissance d'une nation. « Plus l'importance des intérêts que le fonctionnaire public disposera en échange des avantages qui lui sont offerts est grande, plus le coût social de sa conduite sera élevé »[26]. De même, « plus les taux de corruption sont élevés, plus les politiques publiques de mise en œuvre des droits sociaux sont faibles »[27]. Ces aspects démontrent le coût social élevé que la corruption peut engendrer dans une nation.

4. Lutte contre la corruption

Existe-t-il un motif d'assouplissement des garanties pénales et de procédure pénale dans certains cas considérés comme plus graves - comme pour « L'Opération Lava Jato » - et de traiter la question de la lutte contre la corruption dans la perspective du Droit Pénal et de Procédure Pénale de l'Ennemi ? Gustavo Preussler, dans un travail scientifique, affirme que « le processus pénal de lutte contre la corruption se traduit, en fait, dans une procédure pénale de l'ennemi ; principalement en raison du non-respect de la garantie du juge naturellement impartial dans l'Opération Lava Jato »[28]. En réalité, il n'y a pas lieu d'accepter une telle affirmation, surtout quand on cherche à procéder à la lecture monoculaire de la garantie pénale et procédurale au Brésil, comme s'il y avait une tutelle et une protection des droits

---

[24] GARCIA, Emerson. A corrupção: uma visão ..., *op. cit.*, p. 441.
[25] GARCIA, Emerson. A corrupção: uma visão ..., *op. cit.*, p. 445.
[26] GARCIA, Emerson. A corrupção: uma visão ..., *op. cit.*, p. 448.
[27] GARCIA, Emerson. A corrupção: uma visão ..., *op. cit.*, p. 448.
[28] PREUSSLER, Gustavo de Souza. Combate à corrupção e a flexibilização ..., *op. cit.*, p. 88.

fondamentaux associés aux libertés, sans tenir compte des autres catégories de droits fondamentaux, y compris dans le domaine des droits sociaux, des droits collectifs et intérêts diffus.

Dans la Constitution Fédérale brésilienne, il n'y a pas de règle expresse qui met en corrélation le Pouvoir Judiciaire avec le thème de la lutte contre la corruption. Cependant, en instituant l'impossibilité d'un éventuel refus du contrôle judiciaire en ce qui concerne toute violation ou menace de violation de la loi (article 5, XXXV), le texte constitutionnel attribue la tâche du Pouvoir Judiciaire d'« assurer le sérieux des relations établies entre les personnes physiques ou morales, publiques ou privées, (...), les organismes et les entités étatiques, paraétatiques, de la société civile ou non gouvernementaux »[29]. Les garanties constitutionnelles liées à la présomption d'innocence de l'accusé, au juge impartial et équidistant des parties, à la due procédure légale, aux droits de la défense et au contradictoire, en règle générale, ne sont pas écartées en raison de la nécessité d'un traitement approprié à la question de la macro-criminalité organisée.

La corruption en politique est le moyen le plus rapide d'accéder au pouvoir. La question du financement des campagnes politiques est l'une des plus épineuses, vu que l'argent public est utilisé dans les activités des partis politiques avec la libération de fonds budgétaires, la signature d'accords à la veille des élections, permettant que le gestionnaire - également candidat, ou celui qui est responsable de l'indication du candidat qui lui succèdera - soit favorisé par une plus grande popularité, créant un cercle vicieux. Il est vrai que, dans le modèle actuel, on peut voir que le résultat électoral ne provient pas des caractéristiques et des profils des candidats sortant vainqueurs des scrutins.

Au Brésil, il y a toujours une forte probabilité de réalisation et de pratique d'actes de corruption parce qu'il existe toujours l'idée qu'aucune sanction pénale n'interviendra[30]. Les performances judiciaires sur le thème relatif à la corruption des fonctionnaires publics sont tellement basses qu'on en arrive à la conclusion que les activités liées à

---

[29] PEREIRA JÚNIOR, Jessé Torres. Tensões dos agentes judiciais..., *op. cit.*, p. 86.

[30] ALENCAR, Carlos Higino Ribeiro de; GICO JR, Ivo. Corrupção e judiciário..., *op. cit.*, p. 73.

la corruption doivent être hautement rentables, au regard de leur multiplication, au détriment de la société dans son ensemble. La transparence est l'un des facteurs les plus importants pour le fonctionnement de la démocratie dans une nation, permettant l'exercice du contrôle des citoyens sur les activités des dirigeants, ce qui renvoie à la notion de fondement et de légitimité de la démocratie représentative[31].

Comme on le sait, les taux actuels de corruption au Brésil sont le résultat de pratiques datant de plusieurs siècles, ayant commencé dès l'époque de la colonisation et se perpétuant durant les périodes de dictature par lesquelles la nation est passée durant son existence. « La lutte contre la corruption ne doit pas être le résultat d'une simple production normative, mais plutôt, le résultat de l'acquisition d'une conscience démocratique et d'une lente et progressive participation populaire »[32], sous la supervision des institutions publiques et semi-publiques.

L'inefficacité de l'état, dans ses diverses activités - législative, administrative/exécutive et juridictionnelle - est également un facteur important qui encourage la pratique des actes de corruption. Quelques exemples sont déjà connus à cet égard : a) décisions arbitraires résultant de la trop grande liberté des fonctionnaires publics, usurpant l'exercice du pouvoir, conduisant à la corruption et au bénéfice de tierces personnes ; b) les problèmes découlant de la désignation de personnes non qualifiées à des postes de direction, dévaluant les compétences et favorisant le prestige personnel, ce qui contribue également à la corruption ; c) le corporatisme dans certains secteurs, comme cela est le cas au sein du Pouvoir Judiciaire, du Pouvoir Législatif, rendant difficile l'investigation des actes illicites dans de tels organismes ; d) l'inefficacité des mécanismes de répression des activités illicites menées par ceux qui sont dans les échelons supérieurs du pouvoir ; e) la concentration du pouvoir de gestion ou la perception de revenus importants par certains fonctionnaires ; f) une certaine tolérance à l'égard des pratiques de corruption, en particulier dans l'appareil policier de l'État[33].

---

[31] PEREIRA JÚNIOR, Jessé Torres. Tensões dos agentes judiciais..., *op. cit.*, p. 98.

[32] GARCIA, Emerson. A corrupção: uma visão ..., *op. cit.*, p. 441.

[33] GARCIA, Emerson. A corrupção: uma visão ..., *op. cit.*, p. 443.

Étant une conséquence courante de la concentration du pouvoir, une des solutions possibles pour combattre la corruption est la décentralisation du pouvoir, comme l'indique déjà une partie de la doctrine[34]. La réduction de la structure de l'État, avec la privatisation de certains secteurs en raison de la stimulation de l'initiative privée, constitue un instrument fondamental pour l'apparition de la corruption. Il est vrai que l'intervention de l'État dans le secteur économique s'est révélée et se révèle encore importante afin de préserver l'égalité des chances et de réduire la possibilité de monopolisation de certains marchés, mais « plus l'intervention de l'État sur le marché est limitée, moins important sera le rôle joué par le fonctionnaire public », réduisant les possibilités de corruption[35].

Un autre mécanisme important de lutte contre la corruption est la perception de l'efficacité de l'imposition de sanctions pénales aux personnes corrompues. La perspective réelle que le corrompu a d'être découvert dans le cadre de la pratique d'acte de corruption, poursuivi et jugé, avec l'imposition de sanctions pénales, constitue un élément inhibant la pratique des actes de corruption. Mais, en plus d'imposer des sanctions pénales, il est important d'utiliser des mécanismes qui encouragent l'atteinte du patrimoine du corrompu. Plus les réflexes patrimoniaux que le fonctionnaire ou l'autorité publique aura à supporter seront importants, moins il sera stimulé aux pratiques de la corruption[36].

Grâce au Projet de Loi n° 4.850/2016, les dix propositions du Ministère Public de lutte contre la corruption ont été présentées, impliquant également la lutte contre l'enrichissement illicite des fonctionnaires publics. Il y a une tentative d'assouplir certaines procédures pénales, de promouvoir la répression du détournement de biens et d'accroître la qualité salutaire et l'intégrité de la dispute électorale et de l'administration publique en général[37].

5. Conclusion

---

[34] GARCIA, Emerson. A corrupção: uma visão ..., *op. cit.*, p. 445.

[35] GARCIA, Emerson. A corrupção: uma visão ..., *op. cit.*, p. 445.

[36] GARCIA, Emerson. A corrupção: uma visão ..., *op. cit.*, p. 447.

[37] PREUSSLER, Gustavo de Souza. Combate à corrupção e a flexibilização ..., *op. cit.*, p. 90.

On constate que le thème lié à la corruption et au Pouvoir Judiciaire au Brésil est encore extrêmement complexe et actuel, et mérite un approfondissement sur plusieurs fronts, comme on a pu l'observer durant le développement de ce travail. Bien qu'il soit presque impossible d'éliminer la pratique d'actes de corruption au sein de la sphère publique et du pouvoir politique, la vérité est qu'il existe des mécanismes qui peuvent être effectivement utilisés pour la réduire à des niveaux considérés comme raisonnables, en cherchant à atteindre un véritable régime démocratique.

Des questions juridiques telles que la prérogative d'immunité pour certaines autorités publiques du Pouvoir Exécutif, du Pouvoir Législatif et du Pouvoir Judiciaire, la plus grande efficacité des organismes de contrôle quant à l'exigence de transparence des actes pratiqués par les fonctionnaires et les autorités publiques, le respect effectif des principes constitutionnels qui régissent les activités de l'Administration Publique, entre autres, révèlent à quel point il est difficile de débattre et de formuler des conclusions hermétiques sur le sujet relatif à l'efficacité du système judiciaire concernant les cas impliquant d'éventuels actes de corruption. On peut trouver également d'autres mesures et d'autres instruments qui peuvent être institués de *lege ferenda* comme, par exemple, la criminalisation de l'enrichissement illicite du fonctionnaire public, la flexibilisation de certaines procédures en matière pénale qui, certainement, contribueront beaucoup à un traitement juridique plus approprié.

Ce qui est certain, c'est que la République brésilienne vit une ère des plus cruciales quant à la direction à prendre et, par conséquent, le débat sur ces questions qui impliquent, dans le fond, l'avenir d'une nation et d'un peuple dans la construction et le développement des piliers d'un authentique État Démocratique de Droit, est plus que nécessaire. Et, sur ce parcours, il ne faut pas revenir en arrière, comme l'ont montré certains résultats de jugements des cas liés à l'Opération Lava Jato au Brésil. J'espère que dans quelques années - peut-être des décennies - les gens seront capables d'identifier à quel point la période actuelle de la démocratie brésilienne est pleine de défis et que, finalement, les options politiques et institutionnelles qui sont actuellement adoptées se sont avérées correctes dans la consolidation d'un modèle adapté au développement national fondé sur l'efficacité du système judiciaire qui implique la reconnaissance et l'efficacité sociale des normes de droits fondamentaux, également fondées sur les droits sociaux et intérêts diffus.

6. Références

ALENCAR, Carlos Higino Ribeiro de; GICO JR, Ivo. Corrupção e judiciário – a (in) eficácia do sistema judicial no combate à corrupção. In: BOTTINO, Thiago; MALAN, Diogo (Coords.). Direito Penal e Economia. Rio de Janeiro: Elsevier e Campus Jurídico, 2012.

ALMEIDA, Frederico de; SILVA, Pereira David da; FABÍULA, Bernardes Barbosa; ANDRIETA, Jéssica; SOUZA, Marília Martins de; ARAÚJO, Wilder de Lazari. Corrupção, democracia e Judiciário no discurso dos Ministros do Supremo Tribunal Federal (2013-2016). Revista Brasileira de Ciências Criminais. v. 134. São Paulo: RT, ago. 2017.

GARCIA, Emerson. A corrupção: uma visão jurídico-sociológica. Revista dos Tribunais. v. 820. São Paulo: RT, fev.-2004.

MACHADO, Bruno Amaral; ZACKSESKI, Cristina; RAUPP, Rene Mallet. A investigação e a persecução penal da corrupção e dos delitos econômicos: uma análise exploratória do sistema de justiça federal. Revista Brasileira de Ciências Criminais. v. 118. São Paulo: RT, jan.-fev. 2016.

PEREIRA JÚNIOR, Jessé Torres. Tensões dos agentes judiciais no controle da corrupção. Revista de Direito Administrativo e Infraestrutura.v. 2. São Paulo: RT, jul.-set. 2017.

PREUSSLER, Gustavo de Souza. Combate à corrupção e a flexibilização das garantias fundamentais: a operação Lava Jato como processo penal do inimigo. Revista Brasileira de Ciências Criminais. v. 134. São Paulo: RT, ago 2017.

Régulation et persécution des contraventions délits et crimes de corruption. Le cas argentin

Gustavo E.L. GARIBALDI

Professeur à l'Université de Buenos Aires

I. Introduction

Je propose d'aborder la régulation et les pénalités prévues par la législation argentine pour les délits liés à la corruption. Je signalerai quels sont les comportements prévus sous menace de peine et la répartition des compétences pour leur jugement.

Je ferai référence d´abord au retard souffert par les enquêtes et la faible quantité de condamnations enregistrées par le système argentin en général et par la justice fédérale en particulier. Cette faiblesse comprend les dernières 35 années de démocratie. De façon générale, il n'a pas été enregistré de progrès significatifs.

Puis, j'insisterai sur les racines historiques et sur certaines particularités par rapport aux comportements citoyens qui peuvent être associés à la perpétration de ce genre de crimes et de délits, y compris les attitudes qui vont de la complicité avec des modalités corrompues jusqu'à la résignation face à ce qui est vécu comme une réalité immuable.

J'énumérerai quelques travaux de recherche résonnants qui ont impliqué ou impliquent les anciens Présidents de la République. Je préciserai de quelle façon certains de ces cas ont été résolus et comment d'autres ont évolué. Finalement, je formulerai mes observations sur les facteurs qui favorisent cette situation.

II. Les contraventions, délits et crimes contre l'administration publique

Il n'existe pas une régulation spécifique du délit de corruption, mais il s'agit d'un phénomène comprenant une série de contraventions, délits et crimes qui ont la caractéristique d'affecter, en particulier, le fonctionnement de l'Administration publique. Cette catégorie de délits bénéficie de certaines marques distinctives, parmi lesquelles nous pouvons faire mention de l'abus de pouvoir, la détérioration des biens publics et la recherche d'un bénéfice privé à travers ces infractions.

Les sanctions consistent en des peines de prison, dans quelques cas, imposées conjointement avec des amendes ou avec des modalités d'interdictions diverses (par exemple, pour l'exercice futur de fonctions publiques). Le fait que les fonctionnaires peuvent commettre les infractions eux-mêmes, à travers une autre personne ou par des actes simulés est aussi pris en compte.

Les infractions les plus significatives que je vais énumérer, sont les suivantes :

Le fonctionnaire qui ne justifie pas l'origine d'un enrichissement patrimonial remarquable qui a eu lieu après qu'il ait assumé le poste ou l'emploi public (art. 268, 2, CP). -2/6 ans, prison -

La personne qui est obligée de présenter une déclaration sous serment et, malicieusement, ne le fait pas ou insère des fausses données dans cette déclaration (art. 268, 3, CP). -15 jours/2 ans, prison -

Le fonctionnaire qui s'intéresse à un contrat ou une opération dans laquelle il intervient en raison de son poste (art. 265, CP). -1/6 ans, prison -

Le fonctionnaire qui abuse de son poste pour demander, exiger ou se fait payer ou donner une contribution (impôt), un droit (paiement pour des services), un cadeau ou celui qui paie plus que ce qu'il faut payer (art. 266, CP). -1/4 ans, prison -

Le même comportement permet d'augmenter la peine de prison au maximum, en cas d'intimidation ou de refus d'exécuter l'ordre légitime d'un supérieur.

Les mêmes comportements élèvent les peines de prison, si le fonctionnaire convertit ce qu'il a obtenu à son profit personnel ou pour le compte d'un tiers. -2/6 ans, prison -

Le fonctionnaire qui donne aux biens ou effets (titres de crédit) qu'il administre, une fonction différente de celle à laquelle ils sont destinés, n'encourt pas de peine de prison (art. 260, CP).

Le fonctionnaire qui soustrait les biens ou effets qu'il administre ou garde ; ou celui qui emploi pour lui-même (ou pour autrui), des travaux ou services payés par une administration publique (art. 261, CP.) -2/10 ans, prison -

Le fonctionnaire qui *reçoit* de l'argent ou toute autre chose, pour faire, retarder ou arrêter des actes relatifs à l'exercice de ses fonctions (art. 256, CP). -1/6 ans, prison -

Celui qui *demande* ou *reçoit* de l'argent ou toute autre chose, ou qui accepte une promesse pour faire valoir de façon indue son influence sur un fonctionnaire public, pour qu'il accomplisse, retarde ou n'accomplisse pas d'actes relatifs à l'exercice de ses fonctions (art. 256bis, CP). -1/6 ans, prison - La peine est portée jusqu'à 12 ans, si le comportement est dirigé contre un Juge ou Procureur (ou Défenseur public), lorsque les actes prétendus sont relatifs à l'exercice de sa fonction.

Le Juge ou Procureur (ou Défenseur public) qui reçoit de l'argent ou toute autre chose, pour prononcer, retarder ou omettre une décision relevant de sa compétence (art. 257, CP). -4/12 ans, prison -

Celui qui, dans les cas précédents, offre ou donne de l'argent ou toute autre chose aux fonctionnaires (art. 258, CP). -1/6 ou 2/6 ans, prison, selon le but poursuivi : il est plus grave de donner ou d'offrir aux magistrats susmentionnés de l'argent ou toute autre chose, si le but a une relation avec la fonction qu'ils exercent.

Celui qui offre ou donne à un fonctionnaire public d'un autre État, toute valeur ou bénéfice, en vue de prendre ou de ne pas prendre un acte relevant de ses fonctions, lié à une transaction économique ou commerciale (art. 258bis, CP). -1/6 ans, prison -[1]

Celui qui commet une fraude au détriment de l'administration publique, soit par tromperie, soit par abus de confiance (art. 174, al. 5, CP). -2/6 ans, prison -

Pour que la sévérité des peines prévues puisse être considérée, il faut tenir compte du fait que, pour les condamnations jusqu'à 3 ans, la peine privative de liberté peut être *d'exécution conditionnelle* (art. 26, CP) et qu'à partir de l'exécution de la moitié de la peine *d'exécution*

---

1 L'antécédent de cet article est l'article 8 de la Convention interaméricaine de l'OEA contre la Corruption, 29/03/1996, qui envisage la subornation transnationale.

effective, une série de mesures permet d'envisager des sorties et des libérations anticipées (Loi 24.660 et art. 13, CP).

III. Des contraventions, des délits et des crimes. Compétence ordinaire ou fédérale

Chaque province de l'Argentine prévoit le *quantum* de la peine prévue pour les infractions qui vont être traitées par la Justice correctionnelle et fait la différence avec celles qui vont être résolues par la Justice criminelle. Par exemple, tandis que pour la Province de Córdoba, la compétence correctionnelle unipersonnelle touche les délits qui sont sanctionnés d'une peine de prison jusqu'à trois ans (art. 37, CPPC), pour la Province de Buenos Aires, ledit paramètre s'élève jusqu'à six ans et au surplus, par règle générale, un seul Juge professionnel intervient dans le jugement, dans les cas où les délits ou les crimes peuvent entraîner une peine inférieure à quinze ans de prison (arts. 22 et 24, CPPBA).

La compétence est par principe locale pour connaître de cette matière. Cependant, l'art. 116, CN, fixe la compétence de la Justice fédérale -présente dans tout le pays-, pour intervenir dans une grande partie des cas où les accusés sont des fonctionnaires publics et/ou qui affectent l'administration publique nationale.

IV. Temps des procès et des condamnations par corruption

De 1983 à aujourd'hui, l'Argentine a réussi de casser un cercle vicieux de plusieurs décennies d'alternance entre des gouvernements civils et militaires. Les derniers gouvernements des forces armées, entre 1976 et 1983, ont correspondu à une dictature responsable de la disparition forcée de milliers de personnes, en plus d'avoir conduit une guerre dans l'Atlantique Sud, contre l'Angleterre. Cette circonstance a entraîné le jugement des militaires pour des crimes contre l'humanité qui avaient été commis par eux pendant leur gouvernement et a permis une laborieuse restauration et stabilisation de l'État de Droit. Malgré le succès quant au respect des institutions politiques pendant plus de trois décennies, la corruption est un problème permanent, jamais affronté avec l'impulsion nécessaire. En matière de corruption, très peu de cas ont débouché sur une condamnation effective jusqu'en septembre 2012 et la situation n'a pas changé substantiellement, au moins jusqu' à la fin du gouvernement qui a quitté le Pouvoir exécutif en décembre 2015.

Le Centre de Recherche et Prévention de la Criminalité Économique (CIPCE),[2] a élaboré un rapport sur les procès judiciaires dans les affaires de corruption. L'étude a cherché à identifier les circonstances pour lesquelles le déroulement des procès révèle un retard moyen supérieur à 10 ans.

21 cas de la juridiction fédérale ont été étudiés, pour chacun d'eux, entre 1 et 23 personnes ont été inculpées. Seulement 15 cas sont arrivés à l'étape du jugement et 9 d'entre eux, n'avaient pas eu une décision au moment du relevé. Dans 3 cas, soit un jugement oral a été réalisé soit une sentence a été obtenue à travers un accord entre la Procuration et la Défense (jugement abrégé) et dans trois autres cas, l'action pénale a été déclarée prescrite.

Parmi les motifs soulignés par le rapport pour expliquer le retard, il est possible de mentionner le manque de ressources, le manque de spécialisation ou le manque de motivation des intervenants, la complexité du cas et l'attitude des inculpés et de leurs défenses, face aux enquêtes. Sur ce point-ci, le rapport fait remarquer que les magistrats *admettent* et parfois *encouragent* les nombreuses demandes de ceux qui se plaignent d'une prétendue violation du délai raisonnable du procès.

Il y a deux aspects liés à l'organisation que je voudrais souligner.

Le premier aspect est que la désignation des Juges et Procureurs, particulièrement de ceux qui appartiennent à la juridiction fédérale, est préalable et soigneusement révisée sur le plan politique. Le Conseil de la Magistrature qui opère cette sélection a une composition de nature principalement politique et il n'est un secret pour personne, qu'une attention particulière est accordée à une certaine perméabilité du candidat.[3]

Le deuxième, porte sur le fait que le système de destitution des Juges et Procureurs est fréquemment manipulé et employé comme

---

[2] V. http://www.cipce.org.ar/articulo/tiempos-demoras-casos-corrupcion-2012 -artículos2369.pdf Le rapport a été réalisé en 2012, avec le Bureau de Coordination et Suivi des Délits contre l'Administration publique (OCDAP) et l'Association Civile pour l'Égalité et la Justice (ACIJ).

[3] La Loi 24.937 (1997) a été réformée par la Loi 26.080 (2006) qui a augmenté le contrôle politique du Conseil et après, par la Loi 26.855 (2013), partiellement déclarée inconstitutionnelle par la CSJN.

menace de destitution pour ceux qui montrent une indépendance jugée inappropriée par le pouvoir politique dominant.

Dans les Juridictions provinciales, les moyens pour l'enquête des délits complexes sont précaires et limités. La qualité du jugement dans ces tribunaux est faible et peu fiable. Dans plusieurs cas, le jugement est rendu par un juge unique, alors même qu'il s'agit de juger des délits graves. C'est le cas de la Province de Buenos Aires, où les qualificatifs de piètre qualité et de manque de fiabilité s'accentuent.

L'expérience dans la justice ordinaire provinciale, montre des ressources intenses et variées qui s'emploient à exercer de l'influence sur les décisions des enquêteurs et Magistrats. Cette situation est exacerbée quand l'instance du système vertical de contrôle des décisions est au sommet de la pyramide. Ainsi, pour des condamnations pour des délits de corruption, des retards dans la résolution des pourvois sont constatés et ils entraînent fréquemment, des déclarations de prescription. Ou bien, ils finissent par imposer des mesures alternatives, qui empêchent l'application et l'exécution effective des condamnations à des peines de prison.

Dans la juridiction fédérale, en dépit des moyens existants, la méfiance suscitée par l'intervention d'une partie importante des Juges et Procureurs est encore plus grande.

En décembre 2015, l'orientation politique du gouvernement a changé, lors de l'arrivée au pouvoir du nouveau Président de la République. En avril 2016, l'Ordre des Avocats de la Ville de Buenos Aires a demandé formellement au Conseil de la Magistrature,[4] qu'il fasse un audit sur tous les tribunaux fédéraux qui diligentent des enquêtes sur des cas de corruption, afin de tenir compte des conclusions du rapport du CIPCE. Je parle de la découverte des raisons des retards. Un autre travail de ce Centre de Recherche fait en 2014, a révélé l'existence de 15 cas qui étaient en cours de traitement depuis 20 ans, dont un seul, avait à ce moment-là, abouti à un jugement condamnatoire définitif.[5]

---

[4] Journal "*La Nación*", Politique, 19/04/2016.

[5] Avec l'Institut d'Études Comparés en Sciences Pénales et Sociales (INECIP), *in* http://www.cipce.org.ar/articulo/reforma-procesal-penal-frente-corrupcion-cipce-inecip-2014 - articulos2365.pdf, pp. 22/23.

Début juillet 2016 - alors que les enquêtes dans des cas de corruption avaient déjà pris des années - la question a été traitée durant une réunion du Président et de son Cabinet de Ministres.[6]

V. Les racines historiques de la corruption et l'anomie citoyenne

La corruption est définie comme le comportement de celui qui exerce une certaine fonction sociale qui impose des obligations pour la réalisation de certains objectifs et, au lieu de les respecter, agit pour obtenir un bénéfice pour lui-même ou pour un tiers. Elle comprend aussi le comportement du tiers, qui induit ou bénéficie de la situation.[7]

Même si le phénomène de corruption a besoin de quelqu'un qui occupe un rôle dans la structure étatique, il est certainement favorisé par les comportements illégaux développés dans le milieu privé par des avocats, médecins, entrepreneurs et toute sorte d'opérateurs et, même, par les simples citoyens.

En Argentine, l'anomalie de la corruption repose sur des racines historiques et, au surplus, est évidente dans la simple observation du comportement quotidien.

Parmi ses origines historiques, il faut mentionner le commerce illicite dans les temps de la domination espagnole et en particulier, la Contrebande à la Douane de Buenos Aires.[8] Le port de Buenos Aires était un des plus éloignés des centres de pouvoir politique et économique par rapport aux domaines espagnols en Amérique. Pendant le XVIIIe siècle, il est devenu un des ports les plus fréquentés par les flottes anglaise et portugaise, lesquelles introduisaient leurs marchandises sans respecter les prohibitions imposées par la Couronne et la législation castillane. C´était par le port de Buenos Aires, que l'échange de marchandises européennes et la vente illicite de produits agricoles offerts par Buenos Aires avaient lieu. Ainsi, des esclaves, de l'eau-de-vie, du sucre, des toiles et des tissus entraient dans la ville par le biais du commerce illégal.[9]

---

[6] Journal "*La Nación*", Politique, 30/06/2016.

[7] Cf. Nino, Carlos S., *Un País al Margen de la Ley*, p. 112, Emecé, Buenos Aires, 1992.

[8] Vid. Schmit, R., "Política mercantil, flujos mercantiles y negocios: Buenos Aires y Montevideo frente al comercio exterior rioplatense en el siglo XIX », Madrid, CSIC, 1999.

[9] Cf. Olivero, S., "El comercio ilícito en el Río de la Plata: el pago de la costa en el Siglo XVIII", pp. 60-61, Universidad de Sevilla, Temas Americanistas, número 18-2005. V. https://institucional.us.es/tamericanistas/uploads/revista/18/OLIVERO.pdf

Ce rappel nous permet de comprendre que le commerce illicite et la contrebande étaient bien connus à Buenos Aires à l'époque de la colonisation. Plus de deux siècles après, le comportement des fonctionnaires publics qui accordent des faveurs en échange de récompenses - qui sans doute, constituent des comportements illégaux - ne scandalisent pas le public argentin. Parmi plusieurs exemples, je peux faire référence à l'octroi des permis de construire de bâtiments d´une certaine hauteur en violation du Code de la construction ; aux paiements à des douaniers dans les aéroports internationaux afin d'introduire des biens qui ne peuvent pas entrer librement ; au remboursement aux fonctionnaires publics d'un pourcentage de l'argent payé aux prestataires privés de services médicaux pour maintenir leur condition de prestataires.[10] Quelques exemples sont très actuels, tels que la concession de travaux publics avec des suppléments de prix[11] ; l'omission de l'Agence étatique de collecte d'impôts de poursuivre ceux qui retiennent ou investissent illégalement des millions de pesos dans des transactions avec des tiers, parce qu'ils ont des contacts avec le gouvernement ; la connivence avec la fraude de l'agence responsable de l'assurance retraite ; l'exploitation frauduleuse des profits de la télédiffusion du football par la chaîne publique ; le détournement des fonds publics des Universités nationales avec une gestion autonome, afin d'éviter des contrôles étatiques. Dans plusieurs cas, le fait est aggravé parce que l'obtention d'un bénéfice illégal est accréditée par l'association des fonctionnaires qui, avec des groupes corporatifs, se débrouillent pour réintroduire le profit obtenu dans le circuit légal de l'argent. D'autres fois, il ne s'agit que de prête-noms, employés sans pudeur par ceux qui disposent du pouvoir, faisant confiance à leur capacité d'assurer l'impunité.

Fréquemment, certains comportements illégaux, ne sont même pas perçus clairement comme tels par ceux qui ne respectent pas les lois au quotidien. La raison est que l'attachement de la citoyenneté à la légalité est plutôt faible. Il suffit d'observer le comportement de ceux qui conduisent des véhicules et celui des piétons. Le respect des normes est fort limité. Dans les intersections de n'importe quelle rue

---

[10] Exemples mentionnés par Isuani, Ernesto A., *Anomia social y Anemia Estatal, Sobre la integración social en la Argentina*, p. 2, 1992, à http://www.academia.edu/7564728/

[11] Il est symptomatique de constater des dépassements de prix dans les travaux publics, considérés comme scandaleux durant la période 2004/2015. Il s'agit d'une admission implicite des valeurs « historiques » qui semblent être considérées comme tolérables.

sans feux de circulation, le conflit qui peut être généré par la priorité de passage est résolu « à l'argentine », mais pas sur la base des lois ou des règlements. Un autre bon exemple, que l'on peut observer où j'habite. La mairie avait apposé un poteau avec une affiche qui disait « Interdiction de jeter des ordures, Mairie de Tigre ». Quelqu'un à couvert avec de la peinture noire les mots « Interdiction de » et, audessous de l'affiche, plusieurs personnes jettent des ordures.

L'offre de paiement de marchandises ou de services pour éviter de payer des impôts, la proposition ou l'acceptation d'une proposition de donner de l'argent par la police routière, pour des infractions mineures, le jeu ou la vente illégale, sont des situations qui n'attirent pas beaucoup l'attention.

La faible valeur assignée à la vérité est consubstantielle de la corruption. Voilà pourquoi le fait de mentir dans des déclarations sous serment ou même dans des témoignages judiciaires, qui exposent les gens à des poursuites pénales pour couvrir des mensonges qui sont très souvent liées à des actes corrompus, n'est pas rigoureusement considérée.

N'importe quel essai de tolérance zéro à la corruption, générerait des problèmes sur bien des fronts et ainsi, par action ou par omission, le traitement de l'affaire est souvent flexibilisé. Le Gouvernement évalue s'il convient de ne pas appliquer la « loi du repenti » pour les cas de corruption, afin d'avancer dans le traitement d'autres affaires qui l'intéressent, tels que la réforme du système de retraite, la loi sur le blanchiment de capitaux et les accords pour la nomination des juges de la Cour suprême au sein du Senat.[12] Il est clair que ces affaires ne pourraient pas être traitées, à moins qu'une réforme, capable d'accomplir quelques avancées par rapport à la corruption, soit impulsée.

Finalement il est possible de penser que, parfois, les gens se résignent tout simplement à ce qu'ils vivent comme une réalité. L'employé d'une entreprise qui facture au-dessous du prix de vente, à peu de choix. Soit il sous-facture soit il doit essayer de trouver un autre emploi. Le client détenu auquel son avocat lui conseille de donner de l'argent à la police ou à l'autorité pénitentiaire pour améliorer ses conditions de détention n'a pas beaucoup le choix. Normalement, il va

---

[12] Cf. Alconada Mon, H., La Nación, 06/06/2016.

estimer que, s'il ne paie pas, quelque chose de pire que la situation qui lui arrive peut avoir lieu.

VI. Quelques cas résonnants

L'Argentine a élu six Présidents de la République depuis 1983. Cinq d'entre eux ont été liés d'une manière ou d'une autre, avec des affaires judiciaires concernant de possibles actes de corruption.

Le CIPCE, dans son étude de 2014, fournit des informations que je reprends.[13]

a) Dans le dossier 326, du Tribunal oral pénal économique n° 3, « Sarlenga, Luis E. A. et autres s/ contrebande d'armes et du matériel de guerre », l'ancien Président Carlos S. Menem et dix-sept anciens fonctionnaires ont été accusés.

L'objet de l'enquête était la contrebande d'armes à l'Équateur et la Croatie entre 1991 et 1995. Ces pays ne pouvaient pas recevoir du matériel de guerre parce qu'ils étaient respectivement en conflit avec le Pérou et la Serbie. La vente aurait été faite par le biais des *décrets secrets* du Pouvoir exécutif, qui autorisaient l'exportation du matériel au Panama et au Venezuela. En 2011, les accusés ont été acquittés ; le Ministère public et la partie civile ont fait appel. 18 ans sont passés jusqu'en 2013, depuis le commencement de l'affaire en 1995. En mars 2013, la Chambre de Cassation a révoqué les acquittements et a condamné les accusés pour contrebande aggravée. L'ancien Président a été celui auquel la peine la plus grave a été imposée, à savoir 7 ans de prison. Les défenses ont fait appel de cette décision.

b) Dans le dossier 1934, du Tribunal oral criminel et correctionnel fédéral n°4, « Menem, Carlos Saúl s/ infraction arts. 268 (3), 248 et 293, Code pénal », l'ancien Président Menem a été accusé.

Plusieurs omissions dans sa déclaration sous serment de l'année 2000 étaient recherchées. Les omissions comprenaient des propriétés, avions, parts dans des entreprises et deux comptes bancaires à l'extérieur, avec des sommes proches des sept millions de dollars. Plus de 11 ans sont passés depuis le début de l'affaire en 2002, et Menem a été acquitté par prescription de l'action en septembre 2013.

---

[13] Cit. http://www.cipce.org.ar/articulo/reforma-procesal-penal-frente-corrupcion-cipce-inecip-2014-articulos2365.pdf

c) Dans le dossier 1706, du Tribunal oral criminel et correctionnel fédéral n° 4, « Granillo Ocampo, Raúl et autres s/ malversation de fonds publics », l'ancien Président Menem, deux de ses Ministres, une Secrétaire d'État et près de trente anciens fonctionnaires ont été accusés.

L'enquête concernait le paiement de « salaires parallèles » aux fonctionnaires publics, avec des fonds obtenus sur assignations faites par des lois secrètes à certaines agences de l'État, telles que les dépenses de sécurité et d'intelligence de l'État. En 2014, 10 ans sont passés depuis le début de l'affaire et 25 ans à compter du moment où les primes ont commencé à être payés, en 1989. Un juge d'instruction a prononcé des acquittements. La Chambre d'appel a ordonné 24 poursuites et quelques saisies qui ont été annulées en 2013 par la Chambre nationale de Cassation pénal, Salle II.

En 2017, Carlos S. Menem était un Sénateur de la République, au Congrès national.

d) Dans le dossier 857/07, du Tribunal oral criminel et correctionnel fédéral n° 3, « Cantarero, Emilio Marcelo et autres s/ corruption », l'ancien Président Fernando de la Rua et sept fonctionnaires publics ont été accusés.

L'enquête concernait le paiement de pots-de-vin à des Sénateurs entre mars et avril 2000, et moyennant lequel, les fonctionnaires du Pouvoir exécutif national auraient réussi à adopter la loi 25.250, connue comme la loi de flexibilisation du travail. En décembre 2013, 13 ans après le début de l'affaire, un Tribunal oral a acquitté les huit accusés, car les faits n'étaient pas prouvés.

Je vais arrêter d'énumérer des cas ponctuels, afin d'expliquer ce qui suit.

L'ancien Président de la République Nestor Kirchner a gouverné pendant quatre ans, entre 2003 et 2007. Il est décédé en 2010, quand son épouse, Cristina Fernández, était la Présidente de la Nation. Elle a gouverné entre 2007 et 2015 et elle a gardé plusieurs Ministres et Hauts Fonctionnaires ayant exercé des fonctions antérieures : par exemple, le Ministre en charge des Œuvres et Services publics pendant douze ans.

Le deuxième rapport du CIPCE que j'ai cité, mettait l'accent en 2014, sur le fait que des fonctionnaires de Cristina Kirchner ont fait l'objet d'enquêtes dans plusieurs procès. Des groupes économiques et corporatifs apparemment proches du Gouvernement des deux Présidents ont été inquiétés, parmi lesquels le nom Lázaro Báez apparaissait. Ce dernier était un multimillionnaire à la fin de l'année 2015, qui avait été employé bancaire de la Province d'origine du couple Kirchner. Leurs entreprises ont été bénéficiaires pendant les douze années après 2003, avec une grande partie de l'œuvre publique nationale qui dépendait du Ministère en charge des Œuvres et Services publics, dont le titulaire avait été maintenu pendant les trois périodes présidentielles.

Le rapport fait mention de cas à fort impact public : celui d'une ancienne Ministre de l'Économie de la présidence de Cristina Kirchner, qui a fini par être condamnée[14] et des cas dans lesquels le Vice-président de la période 2012/2015 a été l'objet d'enquêtes,[15] ainsi que le titulaire de l'Agence étatique de collecte d'impôts (AFIP)[16] pendant son Gouvernement. Le rapport n'analyse pas ces deux derniers cas avec la même rigueur que d'autres plus anciens, parce qu'il s'agit d'enquêtes qui n'avaient pas progressé au moment où l'étude a eu lieu. Ces procédures ont suivi un lent cheminement jusqu'au changement de Gouvernement. En juillet 2016, ledit entrepreneur, avec deux Secrétaires d'État -un d'œuvre publique[17] du Gouvernement de Cristina Fernández et un autre de Transport du Gouvernement de Nestor Kirchner- étaient détenus. Et, en novembre 2017, l'ancien Vice-président et l'ancien Ministre des Œuvres, ont été aussi placés en détention.

Sur cette période, je vais juste faire mention de deux derniers cas.

Un Procureur fédéral a été suspendu de ses fonctions et a fait l'objet d'un procès politique en décembre 2013, en raison de la demande

---

[14] L'enquête a eu lieu à compter de la découverte d'argent caché dans les toilettes de son bureau au Ministère, dont l'origine n'a pas pu être justifiée.

[15] L'acquisition d'une entreprise en faillite à travers une Société, pendant la période où le Vice-président était Ministre de l'Économie (du Président Néstor Kirchner), afin de signer des contrats relatifs à l'impression de billets et à la documentation officielle avec l'État national.

[16] La protection sélective de l'AFIP, des entreprises liées aux fonctionnaires, parmi lesquels se trouve ledit ancien banquier de la Province de Santa Cruz était l'objet des enquêtes.

[17] L'enquête a eu lieu à partir de l'intervention policière du matin du 14/06/2016 dans un endroit lié à l'Église catholique, où l'ancien Secrétaire d'État José López, a été intercepté avec plusieurs sacs qui contenaient près de 9.000.000 USD, et qui étaient entrés avec l'aide des religieuses.

que la Défense de l'entrepreneur Lázaro Báez, qui faisait l'objet d'une enquête ouverte par ce Procureur, avait formulée à la Procuration générale de la Nation.

Un autre Procureur fédéral a été trouvé mort chez lui à la Ville de Buenos Aires, le 18/01/2015. Il avait dénoncé l'ancienne Présidente Cristina Fernández et l'intervention de son Gouvernement dans l'attentat subi, à Buenos Aires, par la mutuelle juive AMIA en 1999. Le Procureur était cité à comparaitre le lendemain pour donner des explications au Congrès national. Il n'a pas encore été constaté s'il s'est suicidé ou si une autre personne a participé à sa mort.

Le Président actuel de la République, est l'objet d'une enquête parce qu'il a été parmi les dirigeants de deux firmes établies dans des paradis fiscaux. Le nombre décisif de citoyens qui ont emmené Mauricio Macri à la Présidence, étaient probablement porteurs d'espoir de lutte contre la corruption.

VII. Observations

Pour les cas de corruption - infractions commises par des fonctionnaires publics, avec des participants qui ne sont pas des fonctionnaires - la législation argentine prévoit des sanctions qui, en termes généraux, ne dépassent pas celles du vol précédé, accompagné ou suivi de violences sur autrui ou d'un acte de destruction, dégradation ou détérioration (6 ans de prison). Ainsi, l'enrichissement illicite, les négociations incompatibles avec la fonction publique, le trafic d'influence simple, la corruption active et passive, la corruption transnationale, la fraude contre l'administration publique ne sont pas plus fermement sanctionnés.

Ce niveau de peine maximale est seulement atteint, dans les cas d'exactions illégales ou de perception de présents, quand le fonctionnaire corrompu, prend ce qu'il a obtenu à son profit personnel ou pour le compte d'un tiers.

Dans certains cas, la peine ne dépasse pas celle prévue pour le vol simple (2 ans de prison), comme dans l'omission malicieuse de présenter une déclaration sous serment ou de fournir de fausses données. Il s'agit d'une réaction vraiment démonstrative de la valeur attribuée en Argentine à la déclaration de la vérité dans ce contexte.

Le fonctionnaire qui gère des biens d'une façon discrétionnaire, n'encourt pas de peine de prison, même au cas où il endommage ou entrave le service auquel ils étaient destinés. C´est une autre réaction illustrative du manque de gravité attribuée à cette infraction.

Quelques délits prévoient des peines maximales plus élevées, mais ont des minimums suffisamment bas pour éviter l'exécution de la peine d'emprisonnement. C'est le cas pour la malversation de fonds publics, les travaux ou services payés par l'administration publique effectués à des fins personnels et le trafic d'influences envers un Magistrat, pour des prétentions relatives à sa fonction.

Le risque d'exécuter une peine de prison de la part d'un infracteur et d'enregistrement des condamnations au casier judiciaire, est limité (c'est le cas de tous les fonctionnaires qui ont cette caractéristique) aux cas de délits graves, sauf quelques cas particuliers. En outre, elle est limitée à un seul crime parmi ceux exposés : la réception d'argent par un Magistrat, pour prononcer, retarder ou omettre, une décision relevant de sa compétence. Une infraction qui peut seulement être commise par une seule catégorie de personnes.

Dans un autre sens, rares sont les cas où les Tribunaux recourent au délit de participation à une association de malfaiteurs (art. 210, CP). Ce délit prévoit des peines de 3 à 10 ans de prison pour ceux qui font partie d'une association ou bande de trois personnes ou plus, et qui est destinée à commettre des délits ou crimes. La peine minimale est de 5 ans pour les chefs ou organisateurs. Il s'agit d'une infraction qui a suscité une discussion doctrinale importante, de sa constitutionnalité jusqu'aux conditions pour sa mise en œuvre.[18]

Des raisons d'ordre procédurales, expliquent dans une certaine mesure le retard dans la progression des affaires.[19] Sans doute, l'oralité de toutes les étapes du procès, les procès devant jury, la révision intégrale du système de recours et la réorganisation du système de poursuites pénales par les Procureurs, améliorera dans une certaine mesure l'état des choses. Cependant, dans les Provinces qui ont mis

---

[18] Il faut mentionner le critère de la CSJN, qui n'a pas seulement ratifié la législation mais l'a aussi traitée comme un crime contre l'humanité. Voir : c. « Stancanelli, Néstor et autres », 20/11/2001, LL 2001-F, 834 ; c. « Salamoni, Jorge et autres », 18/12/2002, AR/JUR/6921/2002 ; c. « Arancibia Clavel, Enrique », 24/08/2004, AR/JUR/1667/2004.

[19] Articulos2365.pdf cités, analysent quelques raisons -pp. 22/25- et proposent les points centraux d'une réponse plus efficace -pp. 35/48-.

en œuvre des réformes intégrales, les progrès n'ont pas été substantiels. À ce sujet, il faut remarquer que la législation sur les recours, a été erratique et déficitaire.[20] Néanmoins, le problème central est, à mon avis, le manque d'indépendance du Pouvoir judiciaire en général et de la juridiction fédérale en particulier. Il s'agit d'une question qui ne pourra pas être modifiée, sans des changements dans la composition et les règlements des Conseils de la Magistrature chargés de la sélection et destitution des Juges et Procureurs.

La question culturelle, évidemment ne sera pas modifiée grâce à une réforme législative. Cependant, le fait de renforcer l'indépendance de la justice, de promulguer une législation procédurale et matérielle adéquate, de démontrer une volonté politique de combattre la corruption et spécialement, de poursuivre - en respectant la constitution et la loi - les fonctionnaires corrompus pendant qu'ils sont en fonction, afin de les destituer, est la seule manière de montrer un chemin au reste de la citoyenneté.

---

[20] Dans la Province de Buenos Aires, où un nouveau Code de Procédure pénale plutôt accusatoire s'applique avec une Loi du Ministère public conforme au Code, des progrès substantiels n'ont pas été réussis en matière de répression des délits de corruption. Le système de recours, pour sa part, s'est adapté au schéma hiérarchique de Juges existant et a ajouté encore une hiérarchie, au lieu de légiférer sur le système préférable pour l'avenir.

La corruption : réponses internationales et européennes à un phénomène nécessitant une politique criminelle intégrale

Prof. Dr. Dres h.c. José Luis DE LA CUESTA ARZAMENDI*

Président honoraire de l'Association Internationale de Droit Pénal
Directeur de l'Institut Basque de Criminologie (UPV/EHU)

Introduction

Marginalisé pendant longtemps, car assimilé à des faits "sporadiques", oubliant qu'on se trouve devant des « pratiques » qui troublent le fonctionnement des administrations et des individus ou entreprises ayant relation avec elles,[1] ce n'est que récemment que le phénomène de la corruption est devenu un problème politique, économique et social de premier ordre, dont la prévention et le traitement sont de plus en plus difficiles et complexes en raison de sa « dimension internationale »[2]. En effet, dans un contexte mondialisé[3] le développement des communications et la concentration des centres de décisions offrent de grandes opportunités aux activités d'influence illégitime sur les responsables politiques, économiques, sociaux..., en particulier, pour les groupes organisés puissants (et/ou actifs aux réseaux criminels). « Maladie mortelle des démocraties »,[4]

---

* Groupe de recherche GICCAS (IT-585-13) et UFI 11/05 (UPV/EHU)

[1] QUINTERO OLIVARES, G., "Problemas de la dimensión internacional de la lucha contra la corrupción", en Álvarez García *et al.* (coords.), *Libro homenaje al profesor Luis Rodríguez Ramos*, Tirant lo Blanch, Valencia, 2013, p.1085.

[2] QUINTERO OLIVARES, G., *ibidem*, pp.1083 ss.

[3] DE LA CUESTA ARZAMENDI J.L., "Mundialización y Justicia Penal", en C. Furtado Maia Neto (org.), *Direitos Humanos e Ciencias Penais. Em homenagem ao Ministro Felix Fischer do Superior Tribunal de Justiça – ST, Revista jurídica UDC*, 1, 2004, pp.139 ss.

[4] SZABO D., « La corruption : aspects socio-culturels et études comparées des stratégies de prévention et de répression », *Annales Internationales de Criminologie*, 39, 1-2, 2001,

en raison de sa nature de « problème majeur (...) qui menace gravement la prééminence du droit »,[5] la « grande corruption »[6] – laquelle, « comme un tsunami emporte tout ce qu'elle trouve dans son chemin » –[7] ne connaît plus de limites géographiques, politiques, culturelles. Et on sait bien à l'heure actuelle qu'aucun régime ne peut se considérer immunisé contre la corruption, dont les effets nuisibles – directs et indirects –[8] se traduisent dans des coûts politiques[9] et, plus particulièrement, pour la libre concurrence,[10] l'effectivité des droits économiques et sociaux, et la stabilité socio-économique,[11] ce qui amène à la considérer comme « l'ennemi naturel du développement économique et de l'activité des entreprises ».[12]

---

p.43. Voir, également, les contributions au volume *La corruption, maladie de la démocratie, Esprit*, n° 402, février 2014.

[5] Résolution 1943 (2013) de l'Assemblée Parlementaire du Conseil de l'Europe, 26 juin 2013 (pt.1). Voir également Recommandation 2019 (2013) ; et M. REPS, *La corruption : une menace à la prééminence du droit*, Commission des questions juridiques et des droits de l'homme, Assemblée parlementaire. Conseil de l'Europe, Doc.13228, 10 juin 2013.

[6] HAVA GARCÍA, E., "Gran corrupción: estrategias para evitar su impunidad internacional", *Revista Nuevo Foro Penal*, vol.12, nº 87, 2016, pp. 60 ss.

[7] ACALE SÁNCHEZ, M., "La lucha contra la corrupción en el ámbito supranacional y su incidencia en el Código penal español", *Diritto Penale Contemporaneo*, 3-4, 2014, p. 49.

[8] IGLESIAS RÍO, M.A. / MEDINA ARNAIZ, T., "Herramientas preventivas en la lucha contra la corrupción en el ámbito de la Unión Europea", *Revista penal*, 14, 2004, pp. 54 ss. En tout cas, BROOKS nous rappelle comment des auteurs ont questionné que la corruption soit toujours mauvaise (*Criminology of corruption. Theoretical approach*, Palgrave McMillan, London, 2016, pp. 56 ss.) et dans le même sens souligne BASSIOUNI la résistance traditionnelle de certains gouvernements face à la pénalisation de ces conduites car elle pourrait nuire à leurs intérêts ou ceux de leurs industries (*Introduction to International Criminal law: second revised edition*, Martinus Mijhoff, Leiden, 2013, p.216). Pour une évaluation plus récente sur des données concernant 106 pays, D'AGOSTINO, G. / DUNNE, J.P. / PIERONI, L., "Government Spending, Corruption and Economic Growth", *World Development*, vol. 84, August 2016, pp. 190 ss.

[9] DEMETRIO CRESPO, E., "La corrupción como freno decisivo a la consolidación del Estado de Derecho: respuesta penal", en *El estado de derecho latinoamericano: integración económica y seguridad jurídica en Iberoamérica*, Universidad de Salamanca, 2003, pp. 47 ss.

[10] JAPIASSÚ, C.E.A., "A corrupção em uma perspectiva internacional", *Revista Brasileira de Ciências Criminais*, 64, 2007, p.30.

[11] JIMÉNEZ GARCÍA, F., *La prevención y la lucha contra el blanqueo de capitales y la corrupción. Interacciones evolutivas en un Derecho internacional global*, Comares, Granada, 2015, pp.102 ss.

[12] QUINTERO OLIVARES, G., "Problemas...", *cit.*, p.1088.

Phénomène occulte et caractérisé de façon croissante par la « sophistication » des moyens employés et la capacité de profiter des opportunités offertes par le « cyberspace »,[13] la connaissance de l'incidence et l'extension de la grande et la petite corruption constitue « une tâche herculéenne ».[14] Il faut relever l'effort de certaines organisations internationales, et spécifiquement de *Transparency International*. Celle-ci nous offre depuis 1995[15] des éléments importants pour évaluer l'évolution de la corruption dans le monde ; et à travers son *Corruption Perception Index* constate le poids formidable des pratiques corruptives au niveau mondial : les deux tiers des pays étudiés se situent dans la moitié inférieure de l'échelle utilisée.

Perception de la Corruption. Index 2017[16]

[13] MONGILLO, V., *La corruzione tra sfera interna e dimensione internazionale. Effetti, potenzialità e limiti di un diritto penale 'multilivello dallo Stato-nazione alla globalizzazione,* Edizioni Scientifiche Italiane, Napoli, 2012, pp. 4 et s.

[14] BROOKS, G., *Criminology..., cit.*, p.44.

[15] https://www.transparency.org/research/cpi/overview

[16] https://www.transparency.org/news/feature/corruption_perceptions_index_2017

Certes, l'Index présente des limites :[17] il s'occupe de mesurer la perception de la corruption, et à partir des études en matière d'insécurité et sur la peur du crime, on sait bien comment la perception et la gravité objective d'un phénomène ne sont pas des données nécessairement coïncidentes.[18] On observe même un effet paradoxal : bien que le renseignement adéquat de l'opinion publique soit décisif si l'on veut assurer une prévention et des poursuites appropriées de la corruption, la préoccupation sur l'incidence de la corruption est intensifiée par la plus grande transparence et l'information publique sur les cas de corruption ; particulièrement dans un contexte de sensationnalisme médiatique et de profond discrédit de la politique.

Une affaire interne de chaque État ?

Pendant des longues décades, le fait de considérer la corruption comme une affaire interne de chaque État[19] faisait que la plupart des Etats punissaient seulement la corruption affectant leurs fonctionnaires nationaux. Ils regardaient de l'autre côté si leurs citoyens ou les entreprises la pratiquaient au-delà de leurs propres frontières ou à l'égard des fonctionnaires publics étrangers. Certains pays reconnaissaient même des avantages fiscaux en raison des montants des « pots-de-vin » payés à l'étranger en vue de gagner des concours publics ou pour aboutir aux plus convenables transactions,[20] considérant la corruption comme un coût nécessaire.

L'approbation pionnière[21] par les États-Unis d'Amérique de la *Foreign Corrupt Practices Act* de 1977, poursuivant criminellement la corruption des fonctionnaires publics des gouvernements étrangers provenant des entreprises ou citoyens américains, a commencé à changer cet état de choses, car les États-Unis ont mis simultanément

---

[17] BROOKS, G., *Criminology..., cit.*, pp.45 ss.

[18] DE LA CUESTA ARZAMENDI, J.L., "La corrupción ante el Derecho y la Justicia, *Diario La Ley*, nº 8153, 20 septembre 2013, Año XXXIV (LA LEY 5149/2013), pp. 1 ss.

[19] QUINTERO OLIVARES, G., "La evolución...", *cit.*, pp.19.

[20] MONGILLO, V., *La corruzione..., cit.*, p.525; aussi, BENITO SÁNCHEZ, C.D., "Notas sobre la corrupción transnacional. Sus efectos y su combate", en Fabián Caparrós / Pérez Cepeda (coords.): *Estudios sobre corrupción,* Ratio Legis, Salamanca, 2010, p. 241.

[21] MONGILLO, V., *La corruzione..., cit.*, p.355.

en route une politique destinée à promouvoir la punition de ces conduites par les législations des autres États.[22] Au sein de cette démarche, après 20 ans de *soft law* et *soft enforcement*,[23] se produit un important « changement de paradigme »[24] et l'OCDE – laquelle avait déjà publié en 1996 ses recommandations sur les déductions fiscales des pots-de-vin payés à des fonctionnaires étrangers – a approuvé en 1997 la *Convention sur la lutte contre la corruption d'agents publics étrangers dans les transactions commerciales internationale*, ayant pour but l'amélioration du développement et de la confiance aux marchés.[25] Signée à Paris le 17 décembre 1997, la Convention oblige les Etats Parties à pénaliser la corruption des fonctionnaires publics étrangers ou internationaux au sein des relations commerciales internationales. La Convention part d'une définition autonome d'agent public étranger (art. 1.4), non dépendante de la législation interne de l'État concerné, et inclusive de toute personne nommée ou élue pour n'importe quelle position législative, administrative ou judiciaire dans un pays étranger, ainsi que des personnes au service des entreprises ou des agences publiques. Néanmoins, et contrairement à la *Foreign Corrupt Practices Act*, ce concept ne couvre pas les partis politiques ou les candidats à des positions publiques dans un pays étranger.[26] L'intérêt étant centré sur la corruption transnationale, la Convention a en tout cas souligné la nécessité de garantir la transparence et des conditions contractuelles objectives et prédictibles dans tous les pays. Complétée en 2009 par deux *Recommandations*, l'une sur les mesures fiscales (25 mai) et

---

[22] On a même parlé d'une « américanisation » du Droit Pénal, NIETO MARTÍN, A., "La corrupción en el comercio internacional (o de cómo la americanización del derecho penal puede tener de vez en cuando algún efecto positivo)", *Revista Penal*, 12, 2003, pp.5 ss ; RECCHIA, N., "Internationale Bestechung als Beispiel einer "Amerikanisierung" des Wirtschaftsstrafrechts via internationale Organisationen", *Diritto Penale Contemporaneo,* 8 octobre 2013 (https://www.penalecontemporaneo.it/upload/13811780441381177898RECCHIA%202013a.pdf).

[23] Dont l'importance ne doit pas être ignorée en tant que sources fréquentes du droit international coutumier. JIMÉNEZ GARCÍA, F., *La prevención..., cit.*, pp.22 ss.

[24] ROCA AGAPITO, L., "La influencia de la Unión Europea en la lucha contra la corrupción pública", en *La adecuación del Derecho penal español al ordenamiento de la Unión Europea. La política criminal europea*, Tirant, Valencia, 2009, p.763.

[25] TORRES FERNÁNDEZ, E., "Marco normativo internacional contra la corrupción", en L.Morillas Cueva (dir.), *Urbanismo y corrupción política (Una visión penal, civil y administrativa)*, Dykinson, Madrid, 2013, p.172.

[26] BENITO SÁNCHEZ, C.D., "Notas...", *cit.*, p.250

l'autre visant à renforcer la lutte contre la *corruption* d'agents publics étrangers dans les transactions commerciales internationales (26 novembre),[27] malgré ses effets limités dans la pratique, il faut reconnaître l'importance de la Convention comme inspiration des instruments ultérieurs,[28] provenant des organisations régionales et internationales[29]. Celles-ci étaient préoccupées par les troubles causés aux relations internationales par la fuite des auteurs vers des pays accueillants qui refusaient de les extrader vers leurs pays d'origine, ce qui était considéré comme inacceptable dans un monde de plus en plus transnational. La « globalisation de la nécessité de contrôler de la corruption »[30] est devenue évidente en raison de l'incidence croissante de la corruption dans le domaine transnational, en étroite liaison avec la délinquance économique, et en particulier la délinquance organisée, favorisée par la mondialisation de l'économie, la suppression des contrôles et des frontières dans certaines régions du monde, et l'augmentation du commerce international et des investissements des États à l'étranger.

Les Nations Unies

Au sein des Nations Unies, en plus du Programme Global contre la corruption, la Convention contre la criminalité transnationale organisée (Palerme, Italie, 2000) a permis d'effectuer certains pas en ce qui concerne l'incrimination de la corruption (art. 8), l'adoption de mesures législatives, administratives et autres « pour promouvoir l'intégrité » et « en matière de prévention, de détection et de répression de la corruption des agents publics y compris en leur donnant une indépendance suffisante pour empêcher toute influence inappropriée sur leurs actions » (art. 9).[31]

---

[27] MONGILLO, V., *La corruzione..., cit.*, pp.553 s.

[28] BENITO SÁNCHEZ, C.D., "Notas...", *cit.*, p.245.

[29] DE LA CUESTA ARZAMENDI, J.L., "Iniciativas internacionales contra la corrupción", en *Eguzkilore: Cuaderno del Instituto Vasco de Criminología*, nº 17, 2003, pp. 5 ss; TORRES FERNÁNDEZ, E., "Algunos apuntes sobre el marco normativo internacional contra la corrupción", en J. Ropero Carrasco (dir.), *Estudios de Criminología: Criminología y Derecho penal ante los nuevos fenómenos delictivos. Primera Jornadas de Criminología de las Universidades de Madrid,* Universidad Rey Juan Carlos, Madrid, 2015, pp.5 ss.

[30] ACALE SÁNCHEZ, M., "La lucha...", *cit.*, p.31.

[31] Voir aussi art. 10 (responsabilité des personnes morales) et art. 23 (incrimination de l'entrave au bon fonctionnement de la justice).

Il a fallu attendre un peu plus pour accueillir le premier instrument universel contraignant contre la corruption : la Convention des Nations Unies contre la Corruption, adoptée par l'Assemblée générale des Nations Unies (Rés. 58/4) et signée à Merida (Yucatan, Mexique) le 9 décembre 2003. Texte de nature omni-compréhensive, ayant pour but de traiter d'une façon « intégrale et systématique de tous les aspects »,[32] la Convention inclut une large liste de conduites délictueuses : corruption d'agents publics nationaux (art. 15), étrangers et fonctionnaires d'organisations internationales publiques (art. 16), soustraction, détournement ou autre usage illicite de biens par un agent public (art. 17), trafic d'influence (art. 18), abus de fonctions (art. 19), enrichissement illicite (art. 20), corruption dans le secteur privé (art. 21), soustractions de biens dans le secteur privé (art. 22), blanchiment du produit du crime (art.23), recel (art. 24), entrave au bon fonctionnement de la justice (art 25). Elle prévoit aussi la possible responsabilité des personnes morales (art. 26) et procure, entre autres, un traitement adéquat des questions fréquemment suscitées du point de vue de la preuve, telles que l'intention et les autres éléments subjectifs (art. 28), la participation et la tentative (art. 27), la prescription (art. 29), les poursuites judiciaires, jugement et sanctions (art. 30), le gel, la saisie et la confiscation (art. 31).

La Convention établit des mesures de protection des témoins et experts, ainsi que des victimes de la corruption – trop souvent qualifiée d'infraction « sans victime » –[33] (et leur compensation) ; elle inclu une longue liste de mécanismes de coopération internationale tant en relation avec l'extradition, le transfèrement des personnes condamnées et l'entraide judiciaire, qu'en ce qui concerne la coopération policière – enquêtes conjointes, en particulier si la corruption a une nature internationale, assistance technique, formation, analyse et échange d'information... –, et en vue de la prévention et du combat contre le transfert de fonds d'origine illicite de produits de la corruption : elle cherche clairement à surmonter les obstacles traditionnels

---

[32] TORRES FERNÁNDEZ, E., "Algunos apuntes...", *cit.*, p.10.

[33] V. pour une apporche critique, LÓPEZ DE ZUBIRÍA DÍAZ, S., "Problemas criminológicos en el tratamiento de la corrupción. El desdibujamiento del perfil de las víctimas" en F. Jiménez García (dir.), *Blanqueo de capitales y corrupción. Interacciones para su erradicación desde el Derecho Internacional y los sistemas nacionales,* Thomson Reuters Aranzadi, Cizur Menor, 2017, pp.356 ss.

posés par le secret bancaire et pour l'application des techniques internationalement acceptées dans la lutte contre le trafic de drogues et le crime organisé, telles que les agents infiltrés, la surveillance électronique, les livraisons contrôlées...

Objet du Chapitre II de la Convention (arts.5-14), les politiques et pratiques préventives, s'inscrivent dans la ligne de respect du principe international clé de la « due diligence »[34] tant dans le secteur public (à travers les codes de conduite, la bonne gestion et contrôle des finances et des marchés publics, garantissant l'accès du public à l'information), que dans le secteur privé, assurant la participation de la société et le développement de mesures contre le blanchiment d'argent. En outre, suivant le chemin ouvert par les recommandations du GAFI, la Convention promeut l'adoption de mesures à l'égard des « personnes appelées à occuper des postes publics considérés comme particulièrement exposées à la corruption », dont la sélection, formation (et, le cas échéant, rotation sur les postes) doit faire l'objet de « procédures appropriées » (art. 7, 1 b). L'adoption de mesures proportionnelles à la sensibilité du risque est également prévue en ce qui concerne les « personnes politiquement exposées »,[35] particulièrement en matière de prévention et détection des transferts du produit du crime (art. 52).

Initiatives régionales : la Convention interaméricaine contre la corruption

Avant la Convention de Mérida, certaines initiatives régionales s'étaient déjà concrétisées.

Faisant abstraction des instruments européens – lesquels occuperont l'attention des paragraphes qui suivent –, l'Organisation des Etats Américains avait adopté en 1996 la *Convention interaméricaine contre la corruption* (Caracas, 29 mars 1996), contenant une importante liste de mesures préventives de nature extrapénale (des normes de conduite pour les fonctionnaires, déclarations patrimoniales, des systèmes de contrat des biens et des services, un système fiscal approprié, des contrôles comptables...: art. III). Le centre principal d'intérêt était, en tout cas, la définition uniforme des actes de corruption et l'établissement de critères en vue de la poursuite des faits au sein de

[34] JIMÉNEZ GARCÍA, F., *La prevención..., cit.*, pp. 198 ss.
[35] JIMÉNEZ GARCÍA, F., *ibidem*, pp. 262 ss.

l'administration publique. Par conséquent, la Convention ne s'occupe pas de la corruption dans le secteur privé. Et, en ce qui concerne la prévention et sanction – outre l'incrimination harmonisée des actes de corruption punissables (art. VI) et de la corruption transnationale (art. VIII) – elle promeut l'incrimination par les législations nationales de l'« enrichissement illicite » des fonctionnaires : c'est-à-dire, l'augmentation patrimoniale significative sans possibilité de justification raisonnable par les revenus légitimes provenant de l'exercice des fonctions (art. IX) ; une infraction reprise en 2003 par l'article 20 de la Convention des Nations Unies contre la corruption.

Instruments européens

Parmi les initiatives régionales, à côté de la *Convention interaméricaine*, de la *Convention de l'Union Africaine sur la prévention et la lutte contre la corruption* (juillet 2003) l'on trouve d'autres initiatives en Asie et au Pacifique. Mais ce sont en tout cas les instruments européens (tant du Conseil de l'Europe que de l'Union européenne) qui méritent une attention particulière.

- Conseil de l'Europe

Au sein du Conseil de l'Europe, un Groupe Multidisciplinaire sur la Corruption a été créé en 1994, et en 1999 (Rés. (98) 7 du Comité de Ministres) le Groupe GRECO est né en tant qu'organe spécialisé pour soutenir les efforts des États dans le « respect des normes anticorruption de l'organisation ».[36] Travaillant surtout à travers l'élaboration de rapports d'évaluation des législations, des systèmes institutionnels et des pratiques, la mission du GRECO est d'identifier les lacunes, de proposer les réformes opportunes, et d'appuyer leur mise en œuvre sous la stricte observance des autres Etats membres (*peer pressure*).

1. D'autre part, outre les recommandations et résolutions du Comité de Ministres du Conseil de l'Europe, lesquelles suscitent en général un grand intérêt, on trouve d'autres textes concernant les règles et les principes de la lutte contre la corruption et les codes de conduite des fonctionnaires publics : comme la Rés. 24 (97) portant vingt principes directeurs pour la lutte contre la corruption, les Recommandations nº R (2000) 10 sur les codes de conduite pour les agents publics, nº R (2003) 4 sur les règles communes contre la corruption dans le financement des partis politiques et des campagnes

---

[36] https://www.coe.int/fr/web/greco/about-greco/what-is-greco

électorales, nº R (2014) 7 sur la protection des lanceurs d'alerte et nº R (2017) 2 relative à la réglementation juridique des activités de lobbying dans le contexte de la prise de décisions publiques.

2. Le Conseil de l'Europe compte deux Conventions en matière de corruption approuvées en 1999 : la Convention civile sur la corruption (STE 174) et la Convention pénale sur la corruption (STE 173) (et son Protocole additionnel, STE 191).

a) La *Convention civile sur la corruption* a comme destinataires les victimes des actes de corruption, en prônant des recours efficaces en faveur des personnes ayant subi des conséquences négatives des actes de corruption, en vue d'assurer la réparation. La responsabilité de l'Etat pour les actes de corruption commis par des agents publics, est déclarée, ainsi que la protection des personnes qui dénoncent des faits de corruption (en particulier, les employés). En plus des mesures à prendre au niveau national, la Convention s'occupe de la coopération internationale. Le GRECO est chargé de veiller au respect par les Etats des normes de la Convention.

b) La *Convention pénale contre la corruption*, dont la mise en œuvre doit être également suivie par le GRECO, se présente comme un texte organique destiné à « coordonner la définition et l'incrimination d'une vaste gamme de faits de corruption *lato sensu* », et à « améliorer la coopération internationale » au state des poursuites.[37] La Convention part d'un concept large d'« agent public », que l'article 1 interprète par « référence à la définition de "fonctionnaire", "officier public", "maire", "ministre" ou "juge" dans le droit national de l'Etat dans lequel la personne en question exerce cette fonction et telle qu'elle est appliquée dans son droit pénal » ; le Protocole de 2003 ayant, de sa part, ajouté les personnes intervenant dans la résolution amicale de conflits (arbitres, jurés). Ambitieuse, la Convention contient un ensemble de mesures à appliquer principalement par les États en relation avec les actes de corruption, visant non seulement la corruption active et passive des agents publics – nationaux (arts. 2 et 3), étrangers (art.5), parlementaires nationaux (art. 4), étrangers (art. 6), membres d'assemblées parlementaires internationales (art. 10), fonctionnaires internationaux (art. 9), juges nationaux, étrangers et internationaux, et agents des cours internationales (art. 11) –, mais aussi la corruption active et passive dans le secteur privé (arts. 7 et 8),

[37] MONGILLO, V., *La corruzione..., cit.,* p.488.

le trafic d'influence (art. 12), le blanchiment du produit des délits de corruption (art. 13) et, même, des infractions comptables (art 14) pouvant empêcher ou mettre en difficulté les contrôles et favoriser l'influence illégitime sur ceux qui prennent des décisions.

Les États sont censés incriminer d'une façon appropriée (harmonisée) toutes ces conduites (et les actes de complicité). Ils doivent également appliquer des sanctions et des mesures efficaces et dissuasives (incluant la privation de liberté permettant l'extradition) et faciliter la responsabilisation des personnes morales, passibles de sanctions – « de nature pénale ou non pénale » (art. 19.2) – en raison des infractions « commises pour leur compte par toute personne physique, agissant soit individuellement, soit en tant que membre d'un organe de la personne morale, qui exerce un pouvoir de direction en son sein », ou en « absence de surveillance ou de contrôle » (art. 18).

La Convention comprend des règles en matière de compétence juridictionnelle (art 17), promeut la spécialisation des personnes, entités et autorités compétentes dans la lutte contre la corruption – lesquelles doivent bénéficier de « l'indépendance nécessaire » (art. 20) – et ordonne aux Etats d'adopter des mesures pour assurer l'investigation, la collecte des preuves et la confiscation des produits, ainsi que la protection des collaborateurs de la justice et des témoins (art.22), facilitant la coopération au niveau international dans la lutte contre la corruption (art. 25 ss.) et, en particulier, l'entraide (art. 26) et l'extradition (art. 27).

3. En 2014, une Convention spécifique concernant la manipulation des compétitions sportives a été adoptée par le Conseil de l'Europe, constituant le premier instrument international sur la corruption dans le sport.[38] La Convention du Conseil de l'Europe, du 18 septembre 2014 (STCE n°215), a pour but (art. 1) « de combattre la manipulation de compétitions sportives, afin de protéger l'intégrité du sport et l'éthique sportive, dans le respect du principe de l'autonomie du sport ». Conformément à l'article 15, chaque Etat Partie est censé « veille(r) à ce que son droit interne permette de sanctionner pénalement la manipulation de compétitions sportives, dès lors que les faits comprennent des éléments de contrainte, de corruption ou de fraude

[38] TORRES FERNÁNDEZ, M.E., "Reflexiones sobre la corrupción en las competiciones deportivas. A propósito del delito del artículo 286 bis 4 del Código Penal", en F. Jiménez Garcia (dir.), *Blanqueo..., cit.*, pp.285 ss.

tels que définis par son droit interne ». La poursuite pénale du « blanchiment du produit des infractions pénales relatives à la manipulation de compétitions sportives » est pareillement envisagée (art. 16), ainsi que la responsabilité des personnes morales (art.18).

- Union Européenne

Conformément à l'article 83 du Traité constitutif, la corruption constitue en Europe un des « euro-crimes », c'est-à-dire, un « des domaines de criminalité particulièrement grave revêtant une dimension transfrontière » demandant le plus haut niveau d'harmonisation/approximation des incriminations et sanctions pénales.[39]

1. Au sein de l'Union les instruments législatifs contre la corruption se sont initialement développés en relation avec la lutte contre la fraude communautaire.[40] La *Convention relative à la protection des intérêts financiers des Communautés européennes* du 26 juillet 1995 (publiée au Journal Officiel C 316, 27.11.1995 et complétée par le Protocole du 27 septembre 1996), s'est occupée de l'application du principe d'assimilation par les Etats membres des actes de corruption impliquant des fonctionnaires nationaux ou communautaires pouvant porter atteinte aux intérêts financiers des Communautés européennes. Principe fondamental du Droit européen, le principe d'assimilation ordonne, dans le domaine pénal, que les faits de corruption impliquant des fonctionnaires des Communautés européennes, etc., soient punis par les Etats au même niveau que les actes de corruption impliquant leurs propres fonctionnaires. En 1997 un second Protocole a été adopté en vue d'améliorer l'efficacité de la protection pénale des intérêts financiers des Communautés s'appuyant sur un concept large de corruption, avec des références au blanchiment et à la responsabilité des personnes morales.[41]

Le 26 mai 1997 un nouveau texte, plus spécifique, est né : la Convention établie sur la base de l'article K.3 paragraphe 2 point c) du traité sur l'Union européenne relative à la lutte contre la corruption impliquant des fonctionnaires des Communautés européennes ou des

---

[39] DE LA CUESTA ARZAMENDI, J.L., "El proceso de integración penal europea", en *Nuevas Fronteras del Derecho Penal,* Ediciones Olejnik, Santiago de Chile, 2017, pp.171 s.

[40] VERMEULEN, G., "European Union: The Fight against International Corruption — Modelling the Member States' National Laws through Multilateral Anti-Corruption Instruments?", *Journal of Money Laundering Control,* vol. 1, 1, 1997, pp.79 ss.

[41] La Convention et son premier Protocole sont entrés en vigueur le 17 octobre 2002 et le Second Protocole le 19 mai 2009.

fonctionnaires des États membres de l'Union européenne (Journal officiel n° C 195 du 25/06/1997). La Convention, entrée en vigueur le 28 septembre 2005, a fait l'objet d'importantes critiques en raison de son cercle restrictif et subjectif d'application : les fonctionnaires européens ou des Etats membres de l'Union. Néanmoins elle présente des aspects intéressants : à côté du principe d'assimilation, déjà expliqué, la Convention inclut dans la définition de corruption l'exigence de violation spécifique d'un devoir officiel (ce qui n'est pas le cas dans d'autres instruments internationaux, comme la Convention du Conseil de l'Europe), et s'occupe de la responsabilité des chefs d'entreprise et/ou de la personne morale (bien que celle-ci ne doit pas être nécessairement de nature pénale, particulièrement pour les systèmes n'admettant pas la responsabilité pénale des personnes morales), ainsi que d'établir des critères clairs de poursuite des faits de corruption.

2. Les activités législatives de l'Union Européenne ne se sont pas limitées à la corruption dans le secteur public :[42] la corruption (active et passive) dans le secteur privé a fait également l'objet de réglementation européenne, d'abord à travers une *Action Commune* (98/742/JAI), du 22 décembre 1998, et ensuite par la *Décision-cadre (2003/568/JAI) du Conseil du 22 juillet 2003 relative à la lutte contre la corruption dans le secteur privé* (JO L 192 du 31.7.2003). Le but est d'assurer l'incrimination par les Etats membres des comportements intentionnels de corruption (exiger un avantage en vue de l'accomplissement ou l'abstention d'accomplir un acte) en violation des obligations légales ou des devoirs professionnels hors du secteur public (aussi au sein des entités à but lucratif ou non lucratif), la Décision-cadre ordonne aux Etats la sanction des comportements punissables par la voie de « sanctions pénales efficaces, proportionnées et dissuasives » comportant pour les personnes physiques « une peine maximale d'au moins 1 à 3 ans d'emprisonnement » et, le cas échéant, la déchéance temporaire du droit d'exercer l'activité professionnelle (ou autre similaire) (art. 4). En ce qui concerne les personnes morales, en plus des amendes (de nature pénale ou administrative), d'autres sanctions sont pareillement prévues, telles que l'exclusion du bénéfice d'un avantage ou d'une aide publique, des mesures d'interdiction temporaires ou permanentes d'exercer une activité commerciale, le

---

[42] ROCA AGAPITO, L., "La influencia…", *cit.*, pp.776 ss.

placement sous surveillance judiciaire, ou la mesure judiciaire de dissolution (art. 6).

3. En 2014 le premier *Rapport anticorruption de l'UE*[43] a été publié. Après un aperçu général de la situation, soulignant les disparités législatives et le niveau d'application de la réglementation européenne dans les différents Etats membres, le Rapport met l'accent sur les vulnérabilités et les points faibles, en particulier en ce qui concerne les marchés publics. Quant à la perception de la corruption par les citoyens européens, le Rapport signale que 76 % des Etats considèrent qu'il existe un problème généralisé de corruption dans leurs pays respectifs. Les conclusions principales du Rapport insistent sur la dimension politique et le besoin d'amélioration des mécanismes de contrôle, la prévention et la répression, ainsi que sur l'attention spécifique demandée par certains domaines : la petite corruption, les risques de corruption aux niveaux régional et local, les secteurs vulnérables – comme le secteur immobilier, la santé,[44] l'administration fiscale –, l'intégrité et la transparence du secteur financier, la corruption transnationale, les entreprises publiques, les liens entre la corruption et la criminalité organisée. Parmi les recommandations principales se détachent : la priorité des politiques de lutte contre la corruption, la responsabilisation du personnel politique et des élus, l'adoption des règles strictes de financement des partis politiques, l'établissement de mécanismes de promotion de l'intégrité du secteur public, et des mesures de prévention et contrôle (non-répressifs) efficaces. En ce qui concerne la répression, outre les réformes législatives et l'application des sanctions pénales (bien que leurs effets dissuasifs s'avèrent toujours limités), selon le Rapport il faut travailler avec les agences anticorruptions spécialisées (respectueuses des bonnes pratiques), et au renforcement des capacités (et de la coordination) des services de police, du ministère public et du pouvoir judiciaire et leur pleine intégrité.

---

[43] RAPPORT DE LA COMMISSION AU CONSEIL ET AU PARLEMENT EUROPÉEN, *Rapport anticorruption de l'UE* /* COM/2014/038 final */ http://eur-lex.europa.eu/legal-content/FR/TXT/?uri=celex:52014DC0038

[44] Pour une actualisation (2017) du Rapport de 2013 sur la corruption au domaine de la santé, https://ec.europa.eu/home-affairs/sites/homeaffairs/files/20170928_study_on_healthcare_corruption_en.pdf

4. Enfin, la coopération renforcée en vue de la création du Parquet européen, conformément à la prévision de l'article 86 du Traité, a fait l'objet du *Règlement (UE) 2017/1939 du Conseil* du 12 octobre 2017 (JOUE L 283/1, 31 octobre 2017), lequel reconnaît sa compétence concernant les infractions pénales portant atteinte aux intérêts financiers de l'Union et celles qui leur sont indissociablement liées.[45] Et, partie essentielle du cadre législatif pour le Procureur européen, la nouvelle *Directive (UE) 2017/1371 du Parlement européen et du Conseil du 5 juillet 2017 relative à la lutte contre la fraude portant atteinte aux intérêts financiers de l'Union au moyen du droit pénal* (JO L 198 du 28.7.2017) est appelée à remplacer, à partir du 6 juillet 2019, la Convention relative à la protection des intérêts financiers des Communautés européennes du 26 juillet 1995 (et ses protocoles). Elle pose une base commune pour l'investigation et la poursuite des infractions pénales au sein de l'UE : définitions communes des délits, règles d'harmonisation des poursuites et pour les périodes minimales de prescription et autres délais, sanctions minimales communes (avec des peines de prison pour les infractions les plus sérieuses). En tant que « menace particulièrement grave pour les intérêts financiers de l'Union pouvant, dans de nombreux cas, être également liée à un comportement frauduleux » (Considérant 8), l'article 4 de la nouvelle Directive inclut la corruption (passive et active) entre les « autres infractions pénales liées portant atteinte aux intérêts financiers de l'Union », telles que le blanchiment de capitaux[46] et le détournement intentionnel. Par conséquent, sont pleinement applicables à la corruption les dispositions générales du titre III, concernant l'incitation, complicité et tentative, la responsabilité des personnes morales, les circonstances aggravantes, les sanctions applicables à l'encontre des personnes physiques et des personnes morales, le gel et confiscation, la compétence, délais de prescription, etc. ; ainsi que les règles relatives à la coopération entre les États membres et la Commission

---

[45] VERVAELE, J., "The European Public Prosecutor's Office (EPPO): Introductory Remarks", en Geelhoed / Erkelens / Mei (eds.), *Shifting Perspectives on the European Public Prosecutor's Office*. T.M.C. Asser Press, The Hague, 2018, pp. 11 ss.

[46] Au 19 décembre 2017 le Conseil de l'Union européenne a annoncé l'accord sur le texte de la cinquième Directive de l'Union concernant la prévention du blanchiment (http://data.consilium.europa.eu/doc/document/ST-15849-2017-INIT/en/pdf). Et à compter de la troisième Directive, les "personnes politiquement exposées", dont la notion s'est vue élargie par la Quatrième Directive, doivent faire l'objet d'un suivi particulier.

(OLAF)[47] et d'autres institutions, organes et organismes de l'Union (art. 15).

Une infraction devenue un phénomène criminel

L'aperçu des réponses internationales et européennes à la corruption permet de constater une première conclusion de la plus grande transcendance pour l'approche pénale et, surtout, du point de vue de la politique criminelle : l'élargissement progressif du champ d'application d'une infraction singulière devenue un phénomène délictueux, et dont la considération isolée n'est plus acceptable[48]. D'aucuns demandent même la « redéfinition »[49] d'une expression provenant de la criminologie dont la caractérisation est délicate[50] et le contenu « polysémique »,[51] aggravé en raison des nouveaux domaines d'application et intérêts à protéger.[52]

1. Si traditionnellement la corruption était une affaire concernant seulement les fonctionnaires nationaux, l'expansion du concept de corruption s'est d'abord traduite dans l'amplification du cercle des sujets punissables pour atteindre tous ceux développant des fonctions publiques (administratives, politiques, parlementaires, judiciaires...) tant au niveau national qu'à l'étranger ou au sein des organisations internationales ; l'inclusion des participants (en qualité d'arbitres, jurés...) aux procédures de médiation, arbitrage et, en général, de résolution amicale de conflits, constitue un nouveau pas dans cette évolution expansionniste.

Or, depuis plus de vingt ans les institutions internationales et régionales ont commencé à réclamer aux États l'extension des incriminations concernant la corruption à des actes de corruption

---

[47] L'Office européen de lutte antifraude (OLAF) est le principal organe de l'UE chargé de travailler sur la politique antifraude pour la Commission européenne, enquêter sur les fraudes contre le Budget de l'UE, ainsi que sur les cas de corruption https://ec.europa.eu/anti-fraud/home_fr

[48] DE LA CUESTA ARZAMENDI, J.L. / BLANCO CORDERO, I., "Corrupción", en J. Boix Reig (dir.), *Diccionario de Derecho penal económico*, Iustel, Madrid, 2ª ed. 2017, pp. 219 ss.

[49] TORRES FERNÁNDEZ, E., "Algunos apuntes...", *cit.*, p.6

[50] FERRÉ OLIVÉ, J.C., "Corrupción y delitos contra la Administración Pública", en *Fraude y corrupción en la administración pública. Delitos financieros, fraude y corrupción* en Europa, vol. III, Universidad de Salamanca, 2002, p. 14.

[51] JAPIASSÚ, C.E.A., "A corrupção...", *cit.*, p.36.

[52] DE LA MATA BARRANCO, N.J., "¿Qué interés lesionan las conductas de corrupción ?", *Eguzkilore*, 23, 2009, pp. 245 ss.

entre particuliers,[53] considérant que les abus de pouvoir détectés dans les affaires ou au sein des relations économiques d'ordre privé, revêtaient une interférence intolérable et une distorsion dans les devoirs élémentaires de loyauté exigibles au niveau de l'entreprise ou dans les marchés. Ils ne devaient donc pas échapper à l'intérêt de la politique pénale. Le débat autour de la valeur juridique à protéger à travers les incriminations de corruption au secteur privé continue cependant à être ouvert et oscille entre la protection du devoir de loyauté envers le patron ou employeur et la garantie de la libre compétence :[54] certains pays, comme la France et l'Autriche ont mis historiquement l'accent sur la tutelle de la hiérarchie au sein de l'entreprise et veulent éviter que les employés, ayant une certaine capacité de décision, puissent faire l'objet d'influences traduisant des éléments ou des intérêts autres que ceux de l'entreprise (de leur employeur) ; par contre, en Allemagne, l'attention va plutôt vers la libre compétence, laquelle peut se voir négativement influencée si l'on introduit dans les décisions des éléments étrangers au libre jeu dans la fixation des prix des produits et des services. L'importance du fait de suivre l'une ou l'autre option est grande, car de ceci dépend notamment la punissabilité de la réception d'un avantage connu et accepté par l'employeur, mais contraire aux règles de la compétence...

Le débat sur la valeur à protéger à travers l'incrimination de la corruption s'étend également à la corruption dans le secteur public, dont la sanction pénale a traditionnellement cherché, simplement, de répondre au non-respect du devoir de fidélité ou de loyauté de la part du fonctionnaire envers l'institution à laquelle il appartenait. Aujourd'hui, néanmoins, on considère que la corruption des fonctionnaires porte atteinte directe à l'Administration, à son prestige et à son intégrité, fondement de la confiance des citoyens, et par conséquent la fonction publique elle-même est devenue la valeur à protéger : en particulier, son exercice correct, de façon indépendante

---

[53] Critique la dénomination « corruption entre particuliers », VENTURA PÜSCHEL, A., "Sobre la tipificación de la mal llamada "corrupción entre particulares" (o de cómo la pretendida política criminal común de la Unión Europea entiende la competencia en el mercado", en *La adecuación..., cit.*, pp. 487 ss.

[54] DE LA CUESTA ARZAMENDI, J.L. / BLANCO CORDERO, I., "La criminalizzazione della corruzione nel settore privato: aspetti sovranazionali e di diritto comparato", en *La corruzione tra privati. Esperienze comparatistiche e prospettive di riforma (a cura di R.Acquaroli e L.Foffani),* Milano, 2003, pp. 43 ss.

et impartiale. La caractérisation extensive de la corruption - phénomène criminel embrassant une constellation d'incriminations, parmi lesquelles on peut distinguer des délits nucléaires et des infractions collatérales - est cohérente avec cette nouvelle définition de la valeur à protéger par l'incrimination et la sanction de la corruption au secteur public[55]. On peut citer parmi les exemples des premières violations les plus sérieuses des devoirs d'impartialité de la part des fonctionnaires : la concussion, le pantouflage, le favoritisme... Au surplus sont considérées comme des infractions collatérales de la corruption publique, l'abus de pouvoir, la malversation et certaines conduites faussaires. On peut parler également d'autres délits apparentés ou périphériques, dont la poursuite est essentielle en tant que digue de barrage de la corruption : l'abus de confiance, les infractions comptables, l'entrave à la justice, et notamment, le blanchiment.

Enfin, à côté de la corruption dans le secteur public et dans le secteur privé, la Criminologie souligne pareillement l'incidence des comportements corrupteurs dans certains domaines professionnels (auditeurs, contrôleurs des comptes, agences de qualification...), en particulier quand on attend de ceux-ci une intervention impartiale, ainsi que la corruption dans le sport, où le risque des agissements déloyaux est très élevé en raison des paris et des grosses quantités d'argent impliquées.

2. L'expansion du concept de corruption est accompagnée d'une augmentation de l'inquiétude citoyenne par rapport à l'incidence et l'extension d'un phénomène devenu un « sujet central de la vie collective »[56] et dont l'effet de victimisation collective est diffuse et se mélange avec l'individuel[57]. La corruption apparaît très dangereuse de plusieurs points de vue notamment en raison de sa connexion avec la délinquance économique et le crime organisé, dont les initiatives de corruption en vue de pénétrer et influencer le pouvoir politique et l'économie publique se multiplient partout portant atteinte à la transparence, à la stabilité et à la bonne gouvernance des états (et des marchés nationaux et internationaux).

---

[55] QUERALT, J.J., "Reflexiones marginales sobre la corrupción", *Revista Crítica Penal y Poder* 2012, nº 2, pp. 22 s.
[56] QUINTERO OLIVARES, G., "La evolución...", *cit.*, pp.17 s.
[57] LÓPEZ DE ZUBIRÍA DÍAZ, S., "Problemas criminológicos...", *cit.*, pp. 356 ss.

La lutte contre le phénomène de la corruption rencontre, en tout cas, des difficultés en raison des caractéristiques mêmes des manifestations actuelles de ce phénomène criminel (occultation, sophistication des mécanismes, internationalisation…). Et, par conséquent, les demandes de réformes ne se limitent pas aux aspects pénaux matériels - redéfinition des incriminations, sanctions appropriées et proportionnelles, responsabilisation des personnes morales, etc. - ; elles insistent particulièrement, comme l'on a déjà vu, sur la spécialisation des instances intervenantes et l'admission des techniques spécifiques d'investigation (en vue de faciliter la preuve de l'intention, des éléments subjectifs, de la tentative et de la participation), l'extension des systèmes de protection des témoins et de collaborateurs avec la justice, et notamment la promotion de la coopération internationale judiciaire (extradition et entraide) et policière (investigations jointes, formation et assistance technique, ramassage, analyse et échange d'information).[58]

Fort de l'expérience d'autres domaines, un effort singulier se déploie pour empêcher toute opportunité de tirer profit des fonds provenant de la corruption, pour combattre à travers la levée du secret bancaire et l'application des techniques internationales autorisées contre le trafic de drogues, la délinquance organisée (infiltration policière, livraisons contrôlées ou surveillées…). Il est également rendu effectif par la mise en place de stratégies de nature plutôt indirecte : outre la voie fiscale, l'élargissement des possibilités de gel, de saisie et de confiscation des fonds et du champ d'application du blanchiment.[59] L'introduction de la nouvelle incrimination visant l'enrichissement illicite est réclamée par de multiples acteurs, malgré les problèmes

---

[58] Voir les résolutions de la Deuxième Section du XVII Congrès International de Droit Pénal (Beijing, Chine 2004) sur la *Corruption et infractions assimilées dans les transactions commerciales internationales,* J.L.de la Cuesta / I.Blanco Cordero (éds.), Résolutions des Congrès de l'Association Internationale de Droit Pénal (1926 – 2014). *Revue Internationale de Droit Pénal*, vol. 86, 2015, vol. 1-2, pp. 190 ss. Aussi, JAPIASSU, C.E.A, "A corrupção …", *cit.*, pp. 49 ss.

[59] BLANCO CORDERO, I., "Estrategia penal contra las ganancias de la corrupción: blanqueo de capitales, delito fiscal y enriquecimiento ilícito", *in* F. Jiménez García (dir.), *Blanqueo…, cit.,* pp. 27 ss.

suscités par le renversement de la charge de la preuve[60] et du point de vue du respect des droits de l'homme.[61]

Un programme intégral de politique criminelle contre la corruption

Cela fait déjà longtemps que la Criminologie enseigne que, même s'il est absolument nécessaire, le meilleur système pénal et de procédure s'avère tout à fait insuffisant pour endiguer les phénomènes criminels caractérisés par la complexité, la pénétration sociale, les difficultés d'investigation... De tels phénomènes exigent de l'intervention publique le développement d'une politique pénale rationnelle,[62] insérée dans un cadre plus large de politique criminelle. Celle-ci ne peut pas faire face aux problèmes criminels seulement par la répression ou en se prévalant simplement de l'effet dissuasif général de la menace pénale ; par contre, une véritable politique criminelle, digne de ce nom, doit définir ses lignes d'intervention à partir des conclusions des études criminologiques et tenir compte de la réalité et des divers profils et manifestations dans chacun des trois niveaux traditionnels d'interprétation criminologique[63] - la criminalité (le phénomène), le criminel (l'auteur du délit) et le crime (l'acte délictueux) -, complétées par les apports victimologiques et provenant de l'analyse des processus de criminalisation et de réaction sociale et leurs effets.

L'urgence d'une action en vue d'établir une prévention adéquate est de plus en plus soulignée à propos de la corruption dans le secteur public, où l'on met l'accent depuis longtemps sur l'importance du « chemin lent » :[64] assurance d'une culture de bonne gouvernance, transparence, intégrité, honnêteté ; adoption des codes de conduite et des règles concernant les conflits d'intérêts ; sélection et rémunération du personnel ; définition des signals d'alerte ; contrôles stricts internes et externes ; suivi intensif des personnes politiquement exposées ; promotion des dénonciations (incluant la protection des dénonciateurs et des lanceurs d'alertes -*whistleblowers*) ; établissement d'instances spécialisées (ombudsmans, commissions

---

[60] ACALE SÁNCHEZ, M., "La lucha...", *cit.*, p.35

[61] BLANCO CORDERO, I., "Estrategia penal...", *cit.*, pp. 45 ss.

[62] DÍEZ RIPOLLÉS, J.L., *La racionalidad de las leyes penales. Práctica y teoría*, Madrid, 2003.

[63] PINATEL, J., *Criminologie*, 2ème éd., Dalloz, Paris, 1970, 1974, pp. 69 ss.

[64] JIMÉNEZ ASENSIO, R., *Cómo prevenir la corrupción: integridad y transparencia*, Catarata, Madrid, 2017, pp. 77 ss.

anticorruption) impartiales et indépendantes de l'Administration publique...[65]

Une approche intégrale devrait bien sûr inspirer ces démarches et, en particulier, les campagnes de sensibilisation générale et au niveau éducatif : l'indispensable culture sociale de "tolérance 0" contre la corruption et la fraude ne sera jamais crédible si elle se limite à la corruption au secteur public et ignore la corruption dans les affaires, dans le sport ou, en général, au secteur privé.

Les mêmes raisons commandent l'adoption des *Programmes de prévention et lutte contre la corruption*. Ces programmes de politique criminelle, élaborés par le Gouvernement, devraient être approuvés, de préférence, par un acte législatif du Parlement afin de donner la plus haute visibilité à l'indispensable volonté politique,[66] au compromis social et public déclarant la priorité de la lutte contre la corruption. Face à la dispersion inévitable des politiques sectorielles traditionnelles, l'inspiration et vocation d'intégralité de ces programmes permettraient de faciliter la définition des buts et des objectifs communs, ainsi que l'équilibre entre les différentes lignes préventives et d'intervention, en réduisant les déficits persistants d'application des politiques et des mesures,[67] et en assurant une action plus complète, efficace et coordonnée des instances intervenantes.

La finalité de cette contribution n'est pas d'entrer dans une description détaillée du contenu d'un Programme de prévention et lutte contre la corruption, lequel devrait bien sûr s'occuper du « chemin rapide »[68] (la répression pénale), mais surtout s'efforcer sérieusement d'ériger des cadres d'intégrité institutionnels et sociaux, à travers la promotion d'une bonne gouvernance, de la transparence et de la conduite éthique des services publics et corporatifs, tant dans la vie politique (et en général au secteur public) que dans le secteur privé, les sports etc., prêtant une attention accentuée aux domaines particuliers de risque, dans la ligne du *Rapport anticorruption de l'UE* de 2014. L'articulation de voies de responsabilisation politique, raisonnables et proportionnelles (et en même temps respectueuses de la présomption

---

[65] JIMÉNEZ ASENSIO, R., *ibidem*, pp. 181 ss.

[66] SANZ MULAS, N., "Criminalidad de los poderosos e impunidad: la evidente falta de voluntad política en la lucha contra la corrupción", en *Blanqueo de capitales..., cit.*, pp. 197 ss.

[67] BROOKS souligne que depuis les années 90 la plupart des efforts anti-corruption se sont couronnés par l'échec, *Criminology..., cit.*, p. 6.

[68] JIMÉNEZ ASENSIO, R., *Cómo prevenir..., cit.*, p. 58.

d'innocence) devrait pareillement constituer un contenu fondamental de tout Programme de politique criminelle contre la corruption.

Au plan pénal, instrument par sa propre nature d'*ultima ratio*, en plus de la spécialisation des agences et services compétents (et de la nécessaire promotion de la coopération internationale), l'expérience montre l'intérêt de la mise en oeuvre, déjà évoquée, d'autres mesures favorisant les poursuites et la récupération d'actifs (au niveau interne et international).[69] En même temps, et en raison de l'expansion du phénomène, l'approbation d'un Programme intégral serait une bonne occasion pour réfléchir à l'opportunité d'une meilleure délimitation conceptuelle du phénomène de la corruption[70] et, très spécifiquement, d'incriminer de façon unitaire les conduites nucléaires,[71] indépendamment du domaine concerné (secteur public, secteur privé, sport, santé...). Ceci permettrait de renforcer l'unité du message, dans la ligne de la *Bribery Act* britannique,[72] et d'éviter des confusions non-souhaitables et très répandues, comme l'identification comme corruption non seulement de tout abus de pouvoir en vue d'obtenir un bénéfice indu,[73] mais de n'importe quel délit contre l'Administration publique.

En connexion avec les stratégies anticorruption contre les personnes morales et les organisations -et leur responsabilité (éventuellement pénale)-, le Programme devrait également souligner l'importance des mécanismes d'autorégulation, éléments essentiels

---

[69] LIGETI, K. / SIMONATO, M., *Chasing Criminal Money : Challenges and Perspectives On Asset Recovery in the EU*, Hart Publishing, London, 2017.

[70] GARCÍA SÁNCHEZ, B., "¿Es posible y necesario un concepto unitario de corrupción? Persecución de los delitos de corrupción en los últimos años", en F. Jiménez García (dir.), *Blanqueo de capitales, cit.*, pp. 227 ss.

[71] DE LA MATA BARRANCO souligne l'impossibilité du point de vue criminologique de l'inclusion dans une même incrimination de toutes les modalités de corruption, une option non-souhaitable en politique criminelle. "La lucha contra la corrupción política", *Revista Electrónica de Ciencia Penal y Criminología*, 2016, p. 6. Voir aussi ACALE SÁNCHEZ, M., "La lucha...", *cit.*, p. 27.

[72] Celle-ci, incriminant à travers un seul *corpus* normatif toutes les infractions de corruption en renforçant l'aspect « organique et systématique » a également voulu « couvrir les lacunes préexistantes ». MONGILLO, V., *La corruzione..., cit.*, p.410. Voir aussi, SANTANA VEGA, D.M., "La Ley Antisoborno del Reino Unido (Bribery Act, 2010)", en *Cuadernos de Política Criminal*, 111, 2013, pp. 237 ss.

[73] ROIG TORRES, M., "Una aproximación al concepto de "corrupción". Las recientes leyes de reforma del Código penal alemán sobre la materia", *Libertas. Revista de la Fundación Internacional de Ciencias Penales*, nº 6, 2017, p. 300.

de la « privatisation »[74] de la lutte contre la corruption, et dont l'extension à l'administration publique est de plus en plus réclamée ;[75] s'inspirant de la Sect. 7 de la *Bribery Act,*[76] on pourrait aussi envisager leur renforcement par des incriminations similaires à l'infraction spécifique d'omission ou exécution défaillante des programmes anticorruption, susceptibles de donner lieu à une responsabilité corporative.[77]

Enfin, les demandes d'assimilation de la grande corruption -en tant que violation des droits de l'homme- à un crime international,[78] objet même de la compétence d'une Cour Pénale Internationale,[79] s'amplifient. Or, les difficultés pour aboutir à un tel résultat étant multiples, les propositions d'insertion des indicateurs non-équivoques de grande corruption parmi les critères à considérer, en particulier au sein de la Cour Pénale Internationale, dans la phase d'investigation et de jugement des crimes internationaux,[80] en vue de l'admission des cas et/ou pour l'individualisation de la peine, mériteraient d'être sérieusement étudiées.

---

[74] NIETO MARTÍN, A., "La privatización de la lucha contra la corrupción", en Arroyo Zapatero / Nieto Martín, *El Derecho Penal económico en la era* Compliance, Tirant, Valencia, 2013, pp.191 ss.

[75] Sceptique, QUINTERO OLIVARES, G., "La evolución...", *cit.*, pp.43 ss.

[76] MONGILLO, V., *La corruzione..., cit.*, pp.431 ss. Voir néanmoins SANTANA VEGA, considérant que ceci est "un des aspects les plus polémiques et critiquables" de la loi britannique. "La Ley Antisoborno", *cit.*, p. 266.

[77] NIETO MARTÍN, A., "La privatización...", *cit.*, pp.208 ss.

[78] BOERSMA, M., *Corruption: a violation of human rights and a crime under international law?*, Intersentia, Antwerp, 2012.

[79] BAH, S., *L'effectivité des conventions anti-corruption internationales : vers une cour pénale internationale en criminalité économique pour punir le vol d'état*, Schulthess, Genève, 2014 ; BLOOM, B., "Criminalizing Kleptocracy? The ICC As a Viable Tool in the Fight Against High Corruption", *American University International Law Review*, vol.29, nº 3 (2014), pp.627 ss.

[80] HAVA GARCÍA, E., "Gran corrupción", *cit.*, pp.76 ss.

La « convention judiciaire d'intérêt public » au service de la compétitivité internationale de la justice française

Pauline Le MONNIER de GOUVILLE

Maître de conférences à l'Université Paris II Panthéon-Assas(France)

Directrice des études de l'Institut d'Etudes Judiciaires Pierre Raynaud

Introduction

Avec la loi n° 2016-1691 du 9 décembre 2016, relative à la transparence, à la lutte contre la corruption et à la modernisation de la vie économique, un pas déterminant était franchi dans la lutte contre la délinquance financière, les avancées réalisées ayant pu être qualifiées de « *capitales* » par la représentation nationale[1]. Parmi les 169 articles que comprend la loi dite « Sapin 2 », les dispositions contre la corruption sont en effet présentées comme l'objectif principal de cette réforme[2].

Parce que la corruption est une entrave au développement économique, qui nuit à la concurrence et à la réputation des entreprises françaises, le Gouvernement choisit, en 2016, d'encadrer ce risque, par le double biais de moyens préventifs et répressifs. Le système institué, d'abord, repose sur la création de l'Agence française anticorruption (AFA) dédiée à la prévention et à la détection des faits de corruption en France et à l'étranger, ainsi que sur la prévision de plusieurs obligations de prévention auxquelles sont désormais assujetties un certain nombre de sociétés privées et d'établissements

---

[1] V. Rapp. AN, n°s 3785 et 3786, 14e lég., par Denaja S., p. 11.

[2] *Ibid*, spéc. p. 164.

publics[3]. Du point de vue de la répression, ensuite, la loi crée une peine complémentaire de mise en conformité, inspirée du *monitoring* américain, et instaure une forme de *Deferred prosecution agreement* à la française[4], la convention judiciaire d'intérêt public (ci-après CJIP).

« Ovni juridique non identifié »[5], la convention judiciaire d'intérêt public vise à permettre une réponse judiciaire rapide aux faits de corruption en incitant les entreprises à collaborer avec les autorités judiciaires. Le procureur de la République pourra en effet proposer aux personnes morales mises en cause pour faits de corruption, de trafic d'influence ou de blanchiment de fraude fiscale, de mettre fin aux poursuites contre le versement d'une amende civile, le dédommagement des victimes et l'engagement de mettre en œuvre un plan de prévention de la corruption. Le procédé se rapproche, à certains égards, de certains dispositifs existants - tels que la transaction ou la composition pénales[6] -, le résultat, inédit pour un délit de droit commun de plus d'un an emprisonnement, tenant toutefois à l'absence de déclaration ou de reconnaissance de culpabilité de la part de la personne morale et, donc, d'inscription de la mesure au casier judiciaire[7].

Il faut y voir là une déclinaison des modes anglo-saxons de justice négociée, ne trouvant jusqu'alors aucun équivalent dans la procédure

---

[3] Parmi les nombreuses références, v. not. : .D. Dedieu et D. Gallois-Cochet, « Obligations et responsabilité des dirigeants dans les cadre des exigences de complainte en droit français », *Bull. Joly Soc.* 2018, n° 3, 173 ; K. Haeri, « Loi Sapin II : dispositions relatives à la lutte contre la corruption ; Note sous Loi numéro 2016-1691 du 9 décembre 2016 relative à la transparence, à la lutte contre la corruption et à la modernisation de la vie économique, Journal officiel numéro 0287 du 10 décembre 2016 », *Rev. Lamy Dr. Aff.* 2017, n° 122 ; J.-M. Brigant, « La loi relative à la transparence, à la lutte contre la corruption et à la modernisation de la vie économique. À propos de la loi n° 2016-1691 du 9 décembre 2016 », *JCP* G 2017, act. 3.

[4] Rapp. AN, n°s 3785 et 3786, préc., spéc. p. 157 ; Rapp. Sénat, n° 712, par F. Pillet, t. 1, spéc. p. 87. V. sur cette procédure, A. Mignon-Colombet et F. Buthiau, « Le Deferred Prosecution Agreement américain, une forme inédite de justice négociée. Punir, surveiller, prévenir ? », *JCP* G 2013, 621.

[5] M. Segonds, « Corruption - Les apports de la loi du 9 décembre 2016 à l'anticorruption », *Dr. pén.* 2017, n° 2, ét. 4.

[6] C. proc. pén, art. 41-1-1 et 41–2.

[7] Sur ce point, v. E. Dezeuze et G. Pellegrin, « Loi Sapin 2 - Extension du domaine de la transaction pénale : la convention judiciaire d'intérêt public À propos de la loi n° 2016-1691 du 9 décembre 2016 », *JCP* G 2017, 64.

pénale française[8]. En réalité, une telle évolution s'imposait, au regard de plusieurs considérations. En premier lieu, nul ne conteste la défaillance des autorités françaises dans la lutte contre les infractions de corruption. Les poursuites engagées en la matière à l'égard des personnes morales n'ont jusqu'alors jamais abouti, à l'exception d'une condamnation symbolique du Groupe Total, prononcée par la cour d'appel de Paris en février 2016[9]. Aucune condamnation pénale de personnes morales du chef de corruption d'agents publics étrangers, donc, n'ayant été prononcée, des reproches ont pu être adressés par des organisations internationales, telles que l'OCDE et son groupe de travail chargé du suivi de la mise en œuvre de la Convention sur la lutte contre la corruption d'agents publics étrangers[10], ou l'Organisation Non Gouvernementale *Transparency international*[11]. En second lieu, une évolution s'imposait d'autant plus qu'à défaut de procédures françaises existantes, des entreprises françaises faisaient l'objet de poursuites pour des faits de corruption d'agents publics étrangers par la justice pénale américaine[12] - que l'on songe notamment à une amende record de 772 millions de dollars versée par Alstom, en 2014, au département de la Justice américaine (*Department of Justice*)[13] ; ou encore aux amendes versées par Total Sa France, en mai 2013 à hauteur de 398 millions de dollars ; par Technip et associés au sein de

---

[8] Ce que beaucoup regrettaient. V., par ex., A. Garapon, P. Servan-Schreiber (dir.), *Deals de justice*, PUF, 2013. Pour aller plus loin, v. A. Mignon-Colombet, « La justice négociée en France : un modèle en construction pour les entreprises », *in La compliance : un monde nouveau ? Aspect d'une mutation d'un droit*, A. Gaudemet (dir.), éd. Panthéon-Assas, 2016, p. 65.

[9] Paris, 26 févr. 2016, n° 13/09208, note J. Lelieur, *D.* 2016, 1240.

[10] Conv. OCDE sur la lutte contre la corruption d'agents publics étrangers dans la transaction commerciale internationale, adoptée à l'Organisation de Coopération et Développement Économique,17 décembre1997, ratifiée par la France en 1999, http://www.oecd.org/fr/daf/anti-corruption/ConvCombatBribery_FR.pdf. V. égal. le *Rapport de l'OCDE sur la corruption transnationale*, 2014, p. 32 (analyse des pays dans lesquels les faits de corruption sont sanctionnés) et le *Rapport de phase 3 sur la mise en œuvre par la France de la convention de l'OCDE sur la lutte contre la corruption*, oct. 2012, spéc. p. 73. Sur ces questions, v. D. Rebut, « Les entreprises au service de la lutte contre la corruption : commentaire des mesures anticorruption de la loi Sapin 2 », *Bull. Joly Bourse* 2017, n° 1, p. 48 ; A. Mignon-Colombet et S. Hannedouche-Leric, « Loi Sapin 2 - Le nouveau dispositif anti-corruption de la loi Sapin 2 : quelles avancées et quelles zones d'ombre ? », *JCP* G 2017, 128 ; A. Mignon-Colombet, « L'anticorruption est-elle l'avenir du monde ? Libres propos », *JCP* G 2014, 1298.

[11] Transparency International France, communiqué du 5 nov. 2013.

[12] V. Rapport AN, n°s 3785 et 3786, préc., spéc. p. 148 et 158.

[13] V. A. Mignon-Colombet et S. Hannedouche-Leric, *op. cit.*

joints ventures, en juin 2010, à hauteur de 338 millions de dollars pour Technip et de 917 millions de dollars pour les associés[14]. Les entreprises se trouvent ainsi particulièrement exposées à l'emprise de législations étrangères, notamment américaines[15], britanniques[16] ou hollandaises[17], d'autres mécanismes similaires existant, encore, en Israël, au Brésil, au Canada ou au Danemark[18] au point tel qu'émerge une véritable concurrence internationale dans la répression des actes de corruption[19]. Or, ces amendes sont perçues comme un affront à la santé économique de la France et représentent, corrélativement, une perte pour le Trésor public national[20]. En définitive, le retard accumulé par la France paralyse les entreprises et la justice, valant à notre pays le 23ème rang dans le classement de *Transparency International* en matière de corruption[21], tandis que ce type de délinquance constitue l'un des principaux risques géopolitiques pour la gouvernance mondiale[22].

C'est dans un tel contexte que la loi Sapin intervient et entend faire oeuvre de pragmatisme à la fois judiciaire et politico-diplomatique, en mettant la France au niveau des standards internationaux. Le parcours d'adoption de la loi, en réalité, se révèle chaotique[23]. Le texte

---

[14] Rapport du Service central de prévention de la corruption, 2014.

[15] V. Rapp. AN, n° 4082, 14e lég., par K. Berger et P. Lellouche, *Rapport d'information sur l'extraterritorialité de certaines lois des États-Unis*.

[16] D. Dardy et O. Das, « UKBA, entrée en vigueur le 1er juillet 2011, D. Dardy et O. Das, 3 questions : la nouvelle loi britannique anti-corruption », *JCP* E 2011, 481.

[17] Commission des lois constitutionnelles, de la législation et de l'administration générale de la république, 24 mai 2016, compte-rendu n° 83.

[18] Sur ce point, v. C. Ghrénassia, K. El Gohari, « La convention judiciaire d'intérêt public : en attendant la transaction pénale », *Rev. Lamy Dr. Aff.* 2017, n° 125 ; S. Bonifassi et G. Massoulier, « La nouvelle procédure de Convention judiciaire d'intérêt public », www.cohengresser.com.

[19] V. É. Vergès, « La procédure pénale hybride », *RSC* 2017, 579 ; M.-E. Boursier, « Lutte contre la corruption - L'impact de la loi n° 2016-1691 du 9 décembre 2016 relative à la transparence, à la lutte contre la corruption et à la modernisation de la vie économique sur la corruption dans le secteur bancaire et financier : de la sécurisation à l'innovation », *RD bancaire et bourse* 2016, n° 6, ét. 32.

[20] V. l'intervention de M. Lellouche, dans le Rapport de S. Denaja, n° 3785 et 3786, préc., p. 150. En ce sens, v. É. Vergès, *op. cit.*

[21] O. Dufour, « Quel avenir pour la convention judiciaire d'intérêt public ? », *LPA* 2016, n° 222, 7.

[22] Sur ce point, v. E. Dezeuze et G. Pellegrin, *op. cit.*

[23] Pour un rappel détaillé de l'élaboration de la loi, v. E. Dezeuze et G. Pellegrin, *op. cit.*

se heurta notamment à un refus du Conseil d' État[24], celui-ci reprochant à la procédure initialement prévue l'absence de débat public, le fait pour la victime de ne pouvoir obtenir une indemnisation que devant une juridiction civile, ou encore l'existence de procédures distinctes pour les personnes physiques et morales. Le Conseil d'État avait alors considéré qu'un tel dispositif ne permettait pas « *à la justice pénale d'assurer pleinement sa mission, qui est de concourir à la restauration de la paix publique et à la prévention de la récidive* ». Finalement, la CJIP sera réintroduite par voie d'amendement en première lecture à l'Assemblée nationale[25], puis la loi validée par le Conseil constitutionnel dans sa décision du 8 décembre 2016[26].

L'article 41-1-2 du Code de procédure pénale est ainsi créé, intégré à la section relative aux attributions du procureur de la république et aux termes duquel : « *I. - Tant que l'action publique n'a pas été mise en mouvement, le procureur de la République peut proposer à une personne morale mise en cause pour un ou plusieurs délits* [de corruption, trafic d'influence], *pour le blanchiment des infractions* [de fraude fiscale], *ainsi que pour des infractions connexes, à l'exclusion de* [la fraude fiscale], *de conclure une convention judiciaire d'intérêt public imposant une ou plusieurs des obligations suivantes : 1° Verser une amende d'intérêt public au Trésor public* [...] *dans la limite de 30 % du chiffre d'affaires moyen annuel.* [...] ; *2° Se soumettre, pour une durée maximale de trois ans et sous le contrôle de l'Agence française anticorruption, à un programme de mise en conformité* ». En offrant aux autorités de poursuite la possibilité de sanctionner une personne morale sans la condamner, puis de la contraindre à un programme de mise en conformité, la CJIP s'inscrit dans un mouvement de normalisation du comportement des entreprises et de passage à une société de contrôle[27]. Par-delà les objectifs poursuivis, la question est dès lors

[24] CE, *Avis consultatif n° 391.262 du 30 mars 2016 sur le projet de loi relatif à la transparence, à la lutte contre la corruption et à la modernisation de la vie économique*, spéc. p. 12.
[25] AN, relatif à la transparence, à la lutte contre la corruption et à la modernisation de la vie économique (n° 3623), amendement n° CL 331.
[26] Cons. const., déc. n° 2016-741 DC, 8 déc. 2016.
[27] En ce sens, v. C. Ghrénassia, K. El Gohari, *op. cit.* ; G. Deleuze, *Pourparlers. 1972-1990*, éd. Minuit, p. 236 et s. ; M. Foucault, *Naissance de la Biopolitique. Cours au Collège de France 1978-1979*, Citant Polanyi, p. 179.

celle de savoir si nos institutions et acteurs - avocats, magistrats - sauront s'adapter à ce nouveau paradigme et à la montée en puissance d'un phénomène consensualiste[28], analysé par certains comme la manifestation d'une contractualisation du droit pénal[29] et de la privatisation du procès pénal[30].

En l'état, la création de la convention judiciaire d'intérêt public révèle la détermination des pouvoirs publics à ancrer la France dans un droit global pour une meilleure régulation internationale des poursuites. Il s'agit bien, selon le Procureur National Financier, Mme É. Houlette, de permettre une « *compétition internationale du droit au nom de la souveraineté nationale* »[31]. L'objectif est double : renforcer, avant tout, l'efficacité de la lutte contre la corruption en France (I) ; éviter, dans le même temps, la concurrence des autorités étrangères en protégeant les entreprises françaises des risques encourus dans d'autres États (II).

I. Lutter contre la corruption en France

En acceptant d'introduire, dans notre système pénal, un tel mécanisme transactionnel, le législateur prend acte de la réalité internationale et de la nécessité de doter les autorités de poursuite françaises d'instruments efficaces et crédibles. La CJIP entend offrir une réponse pénale rapide et certaine dans le cadre de la poursuite d'infractions de délinquance financière (A), en permettant un certain type de sanctions avantageuses pour chacune des parties (B).

A. L'efficacité des poursuites

Grâce à la convention judiciaire d'intérêt public, les autorités de poursuite se dotent d'un nouvel outil de réponse pénale, évitant de laisser impunis des faits de corruption et permettant à la personne morale de mettre rapidement un terme à la poursuite dont elle est l'objet. Le procédé s'envisage juridiquement comme une alternative aux poursuites qui vise, dans une logique contractuelle assumée (1), à satisfaire les exigences d'une justice rapide et économique (2).

---

[28] Décrit notamment par M. É. Vergès, *in op. cit.*

[29] F. Alt-Maes, « La contractualisation du droit pénal. Mythe ou réalité ? », *RSC* 2002, 501.

[30] X. Pin, « La privatisation du procès pénal », *RSC* 2002, 245.

[31] Propos recueillis à l'occasion de la Table ronde, « Premières applications de la loi Sapin 2 », A. Gaudemet (dir.), Université Paris 2 Panthéon-Assas, 13 juin 2018.

1° la dimension contractuelle

Mode alternatif de règlement des conflits, la convention judiciaire d'intérêt public est une alternative pouvant être proposée par le procureur de la République - procureur national financier, notamment - avant la mise en mouvement de l'action publique ou, dans le cadre d'une information judiciaire à la suite de la mise en examen de la personne morale, à la condition, dans cette hypothèse, que celle-ci reconnaisse les faits et accepte la qualification pénale. Si, de prime abord, la procédure semble se confondre avec les autres alternatives aux poursuites existant en procédure pénale - telles que la composition pénale -, elle s'en éloigne à raison même de son appellation. Dénommé « convention judiciaire d'intérêt public », le mécanisme se distingue en effet en ce qu'il suppose l'intervention d'un juge et conduit à la conclusion d'un contrat avec le parquet[32], ce qui n'est pas sans rappeler la procédure de composition administrative devant l'Autorité des Marchés financiers[33]. Le législateur ne nie pas, du reste, la nature contractuelle de cet accord, au regard de la terminologie employée. L'empreinte civiliste est en effet saillante : le procureur « *propose* » à la personne morale, auteure du « *manquement* », de « *conclure une convention* », laquelle, par un « *accord* » engendre des « *obligations* ». La proposition de convention est jointe à la requête, qui contient « *un exposé précis des faits ainsi que la qualification juridique susceptible de leur être appliquée* »[34]. La proposition est facultative, conformément au principe de l'opportunité des poursuites, et ne peut se réaliser qu'entre deux parties : le Procureur de la République, d'une part, une personne morale mise en cause[35], d'autre part. Les représentants légaux de la personne morale sont informés, dès la proposition

---

[32] En ce sens, v. not. V. Dezeuze É. et Pellegrin G., *op. cit.* ; D. Rebut, *op. cit.* ; M. Segonds, *op. cit.* ; E. Vergès, *op. cit.* ; A. Mignon Colombet, « La convention judiciaire d'intérêt public : vers une justice de coopération ? », *AJ pén.* 2017, 68.

[33] C. mon fin., art. L 621-14-1.

[34] V. Décret n° 2017-660 du 27 avril 2017 relatif à la convention judiciaire d'intérêt public et au cautionnement judiciaire, *J. O.* du 29 avr. 2017.

[35] Les personnes physiques sont exclues de l'institution, eu égard à la gravité des faits concernés (V. Rapp. Sénat n° 712, précit., p. 88). Aux termes de l'article 41-1-2, al. 5, du Code de procédure pénale, « l*es représentants légaux de la personne morale mise en cause demeurent responsables en tant que personnes physiques* ».

du parquet, de la possibilité de se faire assister d'un avocat avant de donner leur accord à la proposition de convention. Le procureur doit en outre avertir la victime de sa décision de proposer une telle convention afin de lui permettre de transmettre les éléments établissant la réalité et l'étendue de son préjudice[36].

Dans ce cadre, le juge judiciaire joue un rôle prépondérant. Les versions successives du projet de la loi Sapin 2 faisaient initialement état d'une « convention de compensation d'intérêt public », inspirée du modèle du *déferred prosecution agreement américain* et limitant le contrôle du juge[37]. Or, ce dernier a progressivement vu son rôle s'accroître, de deux manières. D'abord, le procureur doit saisir le président du tribunal de grande instance aux fins de validation de la convention judiciaire d'intérêt public après que la personne mise en cause a donné son accord. Le terme de « validation » est délibérément préféré à celui d'homologation[38], comme pour mieux exprimer le fait que l'ordonnance du président ne rend pas exécutoires les mesures figurant dans la convention judiciaire d'intérêt public - le schéma s'approche, à cet égard, de celui de la composition pénale[39] pour se distinguer de la transaction, dont l'ordonnance qui la suit, d'homologation, rend exécutoire l'amende prévue[40]. À la différence de la composition pénale et de la comparution sur reconnaissance de culpabilité, toutefois, le président du tribunal saisi aux fins de validation a l'obligation de « *vérifier le bien-fondé du recours à cette procédure, la régularité de son déroulement, la conformité du montant de l'amende aux limites prévues* [...] *et la proportionnalité des mesures prévues aux avantages tirés des manquements* »[41]. D'après les travaux parlementaires de la loi Sapin 2, il s'agit pour le président du tribunal « *de s'assurer que la procédure retenue est la plus conforme à l'intérêt public, par rapport à la voix pénale normale* »[42] et de préserver, ici, les entreprises d'une « justice de connivence » - bien que les motifs ainsi requis n'éclairent

---

[36] La convention doit en effet prévoir l'indemnisation de la victime lorsque celle-ci est identifiée. Cette indemnisation doit être prévue dans un délai qui ne peut pas être supérieur à un an (C. proc. pén., art. 41-1-2, al. 5).

[37] Sur ce point, v. A. Mignon-Colombet et S. Hannedouche-Leric, *op. cit.*

[38] Rapp. AN, n°s 3785 et 3786, précit., spéc. p. 156.

[39] C. proc. pén., art. 41-2.

[40] C. proc. pén., art. 41-1-1.

[41] C. proc. pén., art. 41-1-2, al. 7.

[42] V. Rapp. Sénat n° 712, précit. p. 90.

en réalité guère quant à la délimitation de critères et comportent leur part de subjectivité[43]. La validation intervient dans le cadre d'une audience publique et contradictoire puisqu'elle donne lieu à l'audition de la personne mise en cause et de la victime assistées, le cas échéant, de leurs avocats.

L'autre manifestation du rôle du juge, ensuite, tient à la possibilité pour le juge d'instruction, au cours ou à l'issue de l'information judiciaire, de décider de transmettre la procédure au procureur de la République aux fins de mise en oeuvre d'une CIJP[44], à la condition que la personne morale, mise en examen, reconnaisse les faits et accepte la qualification pénale retenue. La logique achève de faire échapper le mécanisme aux principes classiques de procédure pénale puisque celui de l'indisponibilité de l'action publique est ici atteint : le régime permet en effet d'autoriser la conclusion d'une convention alors même que la procédure pénale est, par hypothèse, déjà avancée et que l'action publique a été mise en mouvement. Le dispositif, à cet égard, rappelle celui de la comparution sur reconnaissance préalable de culpabilité[45], à la différence près que la CJIP, elle, ne peut être mise en oeuvre devant une juridiction de jugement. La CJIP, du reste, peut dans ce cadre s'analyser moins comme une alternative aux poursuites que comme une alternative au renvoi.

Le contrôle renforcé du juge judiciaire se distingue en définitive comme l'une des caractéristiques majeures de la CJIP, nécessaire à la rencontre des consentements et conforme, à cet égard, à la logique du *deferred prosecution agreement britannique*. Une fois l'accord donné et validé, la personne dispose d'un droit de « *rétractation* »[46] ; l'action publique est alors mise en mouvement. L'autonomie de la volonté prime, une nouvelle fois, dans un esprit conforme à celui, consensualiste, du droit civil, avec une force presque similaire dès lors que l'exécution de la convention éteint l'action publique - le rapprochement peut être ici fait avec l'autorité de la chose jugée de la

---

[43] En ce sens, v. D. Rebut, *op. cit.* La première CJIP, signée en France le 14 nov. 2017, n'échappe d'ailleurs pas à ces critiques (TGI, ord. 14 nov. 2017, v. *infra*, note 138).
[44] C. proc. pén., art. 180-2.
[45] C. proc. pén., art. 495-7 s.
[46] Dans un délai de dix jours.

transaction civile[47]. La prescription de l'action publique est suspendue durant l'exécution de la convention et celle-ci ne fait toutefois pas échec au droit des personnes ayant subi un préjudice, sauf l'État, de poursuivre sa réparation devant les juridictions civiles. L'inexécution de l'accord, en revanche, emporte la mise en mouvement de l'action publique sauf élément nouveau, solution déjà prévue pour la transaction et la composition pénale[48]. Le refus de la validation par le président du tribunal de grande instance, quant à lui, est insusceptible de recours, ce qui rappelle, à certains égards, les règles prévues en matière d'arbitrage international[49] ; le dossier sera en ce cas renvoyé au parquet aux fins de poursuite. Lorsque l'échec de la procédure ne résulte pas du non-respect des obligations ordonnées (soit que le juge ait refusé de valider la convention, soit que la personne morale ait exercé son droit de rétractation), notons que le procureur ne saurait faire état, devant la juridiction d'instruction ou de jugement, « *des déclarations faites ou des documents remis par la personne morale* » au cours du processus engagé préalablement : il en va du respect du droit de ne pas s'auto-incriminer.

2° La dimension économique

Bien plus qu'un simple mécanisme procédural, la convention judiciaire d'intérêt public vise par ailleurs à résoudre un conflit portant sur la violation d'une norme pénale en s'inscrivant pleinement, pour cela, dans un mouvement d'économie de la justice déjà porté par l'introduction, en France, de divers mécanismes de transactions pénales[50] - que l'on songe à la transaction relative aux contraventions de police municipale commises au préjudice des biens de la commune pouvant être proposée par le maire au contrevenant moyennant la prise en charge de ce préjudice[51] ; ou encore à la possibilité, plus récente, pour les officiers de police judiciaire de transiger avec les auteurs sur la

---

[47] En ce sens, v. E. Vergès, *op. cit.* Précisons que cette autorité a été modifiée par la loi n°2016-1547 du 18 nov. 2016, de modernisation de la justice du XXIe siècle. L'art. 2052 du Code civil prévoit désormais que « *la transaction fait obstacle à l'introduction ou à la poursuite entre les parties d'une action en justice ayant le même objet* ».

[48] C. proc. pén., art. 41-1-1 et 41-2.

[49] En ce sens, v. A. Hukkelaas et M.-A. Nicolas, « Convention judiciaire d'intérêt public - La convention judiciaire d'intérêt public Quelle compatibilité entre intérêt public de la Société et intérêt privé des sociétés ? », *Cah. Dr. Entrepr.* 2017, n° 2, dossier 9.

[50] V. J.-B. Perrier, *La transaction en matière pénale*, LGDJ, coll. Bibl. sc. crim., 2014.

[51] L. n° 2006-396, 31 mars 2006, art. 51, *J.O* du 2 avr. 2006, p. 4950.

poursuite de certains délits et contraventions prévus par le Code pénal[52]. Le nouveau dispositif, quant à lui, offre à la personne morale la possibilité de résoudre rapidement un conflit la plaçant en situation délicate. Rapidement en effet, dès lors que la CJIP permet de réduire les délais liés à l'encombrement des prétoires et aux voies de recours. Tout est ainsi prévu pour garantir l'efficacité maximale des poursuites à un moindre coût - bien qu'aucun délai ne soit imposé, ni pour la conclusion de la CJIP[53], ni pour la décision de validation de la convention par le président du tribunal de grande instance.

La CJIP présente ainsi l'avantage d'une certaine célérité par rapport aux voies procédurales classiques et le dispositif trouve légitimement sa place au sein des modes alternatifs de réponse pénale prévus par le Code de procédure pénale, dans une logique de « management » de l'action publique[54]. En pratique, mettre en oeuvre une telle convention avant même que l'action publique ne soit engagée signifie qu'une réponse pénale à la délinquance s'offre sans avoir à se préoccuper de la solidité du dossier et ce, alors même que les éléments de preuve rassemblés n'auraient sans doute pas suffi à convaincre une juridiction de jugement si celle-ci avait été saisie. La dynamique recherchée est celle de la négociation et de l'appréciation par chacune des parties, en amont, des risques pénaux encourus et des chances de voir réussir ou échouer leur action. L'heure est au calcul, à l'évaluation. D'un côté, la personne morale devra estimer ses risques de condamnation pénale mais également les conséquences que pourrait avoir, à son égard, un procès en bonne et due forme (au regard de son image, de sa réputation, du coût engendré). Les acteurs économiques sont ainsi prêts à accepter une sanction rapide plutôt que de subir les aléas d'une procédure longue, à l'issue incertaine. De l'autre côté, le Ministère public doit s'assurer que la procédure se révèle avantageuse, prenant en considération le coût des investigations qu'il souhaite réaliser et les moyens matériels et humains mis à sa disposition. La CJIP représente ainsi pour les parties un intérêt

---

[52] C. proc. pén., art. 41-1-1, créé par la loi n° 2014-896 du 15 août 2014.

[53] Sauf dans le cadre d'une information judiciaire : s'agissant de la CJIP, proposée dans le cadre d'une information judiciaire, l'article 22 de la loi Sapin 2, créant l'article 180-2 du Code pénal, prévoit qu'un accord doit avoir été trouvé dans un délai de 3 mois à compter de la transmission de la procédure au procureur de la République.

[54] Pour une analyse économique de la CJIP, v. . É. Vergès, *op. cit.*

économique supérieur à ce qu'engendrerait l'ouverture d'un procès, à rebours de la conception traditionnelle de l'action publique.

Dans cette logique, l'avocat, quant à lui, devient un agent économique à part entière, dont le rôle et la responsabilité dans sa mission de défense s'orientent désormais vers une justice prédictive afin d'évaluer l'opportunité, pour son client, d'une voie de jugement ordinaire ou non et de privilégier la meilleure solution pour lui[55]. Ce nouveau paradigme de la défense, du reste, s'accorde avec le mouvement plus général de la justice française, comme en témoigne, par exemple, la création d'une base de données des décisions de juridictions françaises accessibles à tous les justiciables[56] et le développement de logiciels de justice prédictive[57]. Agent d'anticipation, l'avocat se distingue en outre comme négociateur avec le Ministère public, l'enjeu étant bien de trouver un consensus sur la nature et le *quantum* de la sanction proposée. C'est encore l'avocat, enfin, qui doit guider la conception et la mise en oeuvre, par les entreprises qu'il conseille, des programmes de mise en conformité, notamment d'un dispositif d'alerte efficace.

La convention judiciaire d'intérêt publique participe en définitive d'une mutation profonde de la justice pénale, tournée vers la négociation et le renforcement du principe du contradictoire au stade de l'enquête[58] ; une justice guidée, résolument, par des impératifs à la fois d'économie et d'efficacité de la réponse pénale. Il en va de même s'agissant des sanctions proposées.

B. L'efficacité des sanctions

L'efficacité, à ce titre, est double : d'abord parce que l'État tire profit de ladite convention (1) ; ensuite parce que la personne morale, objet de la poursuite, gagne également à collaborer avec les autorités (2).

---

[55] En ce sens, v. B. Quentin, « Révolution. - L'avènement d'une justice répressive « négociée » en matière financière », *JCP* G 2017, 156.

[56] L. n° 2016-1321, 7 oct. 2016, art. 21, *J.O.* du 8 oct. 2016, texte n°1.

[57] Sur ce point, v. not. A. Garapon, « Les enjeux de la justice prédictive », *JCP* G 2017, 31 ; C. Ghrénassia et K. El Gohari, *op. cit.*

[58] Pour aller plus loin, v. E. Daoud et A. Jacquin, « L'effectivité du principe du contradictoire », *AJ pén.* 2016, 112.

1° L'avantage retiré par l'État

Au-delà de l'exemplarité de la justice pénale[59] que permet, par le biais d'une réponse pénale rapide et efficace, la convention judiciaire d'intérêt public, le procédé procure à l'État un avantage principalement financier. L'accord convenu peut en effet donner lieu à deux types de sanctions. La première d'entre elles est pécuniaire et consiste en une amende au Trésor public à l'appellation inédite, « d'intérêt public » - préférée à celle d' « amende pénale d'intérêt public », initialement envisagée par l'Assemblée nationale, ou d'« amende de transaction » préconisée par le Sénat -, comme pour mieux souligner l'autonomie de la sanction et en dénier la nature d'amende pénale[60]. Selon la loi, le montant est en effet déconnecté de celui de l'amende correspondante prévue par le Code pénal[61], puisque l'amende est fixée « *de manière proportionnée aux avantages tirés des manquements constatés, dans la limite de 30 % du chiffre d'affaires moyen annuel calculé sur les trois derniers chiffres d'affaires annuels connus à la date du constat de ces manquements* »[62] - critère également contrôlé par le juge lors de l'audience de validation. La référence à la proportionnalité et aux avantages tirés des manquements constatés n'est pas inédite et rappelle, à cet égard, le dispositif prévu dans le cadre des sanctions pénales encourues en matière de pratiques commerciales interdites ou réglementées[63], des sanctions pécuniaires prononcées par l'Autorité des marchés financiers[64], ou encore de l'amende civile encourue en matière de pratiques restrictives de concurrence[65]. Le Conseil constitutionnel avait d'ailleurs eu l'occasion d'en approuver la validité dans l'hypothèse d'une sanction pénale[66]. S'agissant de la CJIP, les avantages tirés des manquements constatés se composent non seulement des gains monétaires de l'entreprise,

---

[59] J.-B. Perrier, « Transaction pénale et corruption : entre pragmatisme et dogmatisme », *D.* 2016, 1318.

[60] En ce sens, v. M. Segonds, *op. cit.* et D. Rebut, *op. cit.*

[61] La corruption active d'agent public, en l'état du droit positif, est punie d'une amende de 5 millions d'euros s'agissant d'une personne morale (soit le quintuple de l'amende prévue pour les personnes physiques par l'article 433-1 du Code pénal).

[62] Le versement de l'amende peut être échelonné sur une année.

[63] V. par ex., C. consomm., art. L132-1 à L132-28.

[64] C. mon. fin., art. L. 621-15, III, ter.

[65] C. com., art. L. 442-6.

[66] Cons. const., déc. n° 2014-690 DC, 13 mars 2014, consid. 77 et s.

mais aussi de ses gains réputationnels temporaires. La dimension punitive de la sanction proposée est latente : il s'agit bien de faire payer à la personne morale un montant supérieur au bénéfice retiré de l'infraction. Ce bénéfice représentant une base de calcul de l'amende, le montant de celle-ci risque cependant de varier selon le degré de coopération de l'entreprise et des efforts entrepris pour aider le Parquet National Financer à la poursuite des individus, du délai dans lesquels les faits ont été révélés, et du sérieux de l'enquête interne. Le Vice Procureur National Financier, en ce sens, laisse entrevoir l'existence d'un coefficient multiplicateur de pénalité, en fonction du concours de l'entreprise au déroulement de l'enquête[67]. Le critère ultime de modulation de l'amende semble notamment être celui de l'auto-dénonciation, dans l'idéal intervenue avant même que ne s'ouvre l'enquête pénale - bien que la loi ne comporte pas expressément de mécanisme de « *self-disclosure* », à l'instar de ce qui peut exister au Royaume-Uni[68] ou aux États-Unis[69].

En tout état de cause, le montant de la sanction demeure certainement plus avantageux pour l'État que celui auquel exposent les peines prévues par le Code pénal. Les sanctions négociées peuvent en effet prévoir un montant très élevé, chiffré en milliards d'euros là où une amende pénale se limite à des centaines de milliers d'euros. Lors des débats précédant la loi Sapin 2, l'objectif était délibérément affiché « *d'obtenir des sanctions beaucoup plus lourdes que celles que notre droit prévoit actuellement* »[70]. En prévoyant une amende proportionnée à l'avantage tiré du manquement, le législateur permet en

---

[67] Conf., 27 mars 2017, « Quelle coopération entre les procureurs et les entreprises après la loi Sapin 2 », Cercle France-Amérique, déclarations d'Éric Russo, Vice Procureur National Financier. Sur ce point, v. C. Ayela, J.-P. Guiné, J. Kalfon, « Les effets de la Convention judiciaire d'intérêt public sur la responsabilité pénale des entreprises et des dirigeants », *Rev. Lamy Dr. Aff.* 2017, n° 132.

[68] Pour une étude de la procédure applicable au Royaume-Uni, v. G.-L. Harang et T. Webb, « Royaume-Uni et France : étude comparative des lois anti-corruption ; Note sous Loi numéro 2016-1691 du 9 décembre 2016, loi relative à la transparence, à la lutte contre la corruption et à la modernisation de la vie économique et UK Bribery Act 2010 », *Rev. Lamy Dr. Aff.* 2017, n° 130, p. 32.

[69] Sur ce point, v. C. Ayela, J.-P. Guiné, J. Kalfon, *op. cit.*

[70] Ainsi des propos tenus par la Madame la députée S. Mazetier, *in Libération*, « La convention judiciaire d'intérêt public, mesure de pragmatisme ou symbole d'une justice à deux vitesses », 9 juin 2016.

définitive d'imposer à la personne morale une contribution d'un montant proportionné aux avantages indus et aux moyens de l'entreprise, dans une dimension résolument punitive.

À cette sanction punitive, il convient d'ajouter celle, réparatrice, de l'indemnisation de la victime. Le législateur prévoit en effet que la convention doit fixer le cas échéant, et sauf si la personne morale mise en cause justifie la réparation du préjudice causé par l'infraction, le montant et les modalités de la réparation des dommages, dans un délai qui ne peut être supérieur à un an[71]. Si la victime ne peut intervenir au cours de la procédure de convention judiciaire d'intérêt public - la solution inverse aurait conduit à d'importants blocages -, elle n'en joue pas moins un rôle décisif dans la fixation de l'amende. Encore faut-il, pour cela, pouvoir l'identifier. Or, d'une part, la tâche n'est pas toujours aisée en matière de délinquance financière ; d'autre part, qu'entendre par « victime d'acte de corruption ou trafic d'influence » ? S'en tenir aux critères, étendus, de la constitution de partie civile peut laisser à penser que toute association anticorruption aurait vocation à agir, en réclamant la sanction la plus lourde possible. Pour être pleinement efficace, la procédure devrait également préserver la personne morale de toute diffusion d'information transmise au parquet afin d'éviter le risque que la victime ne s'en serve, par la suite, dans la vie des affaires.

L'autre avantage de l'État, ensuite, tient à la politique de prévention contre la corruption que permet de développer, à terme, la CJIP. Le second type de sanction résulte en effet de la possibilité d'imposer un programme de mise en conformité, pour une durée maximale de trois ans, sous le contrôle de l'Agence française anticorruption, service placé sous la tutelle des ministères du Budget et de la Justice[72]. Ce programme, qui s'inspire du *monitoring* américain, vise à s'assurer de la mise en oeuvre, au sein de l'entreprise, de différents dispositifs, tels que, notamment, une cartographie des risques, un code de conduite,

[71] C. proc. pén., art. 41-1-2, I, al. 3.

[72] C. proc. pén., 41-1-1, 2°. En cela, il se démarque du monitorship américain dont il est prévu qu'il soit contrôlé par « un tiers indépendant et non un employé ou un agent de la société ou du Gouvernement » : V. C. S. Morford, Acting Deputy Attorney General, Memorandum to the Heads of Department Components and US Attorneys on Selection and Use of Monitors in DPAs and NPAs with Corporations, 7 mars 2008. Sur ce point, v. A. Mignon-Colombet et F. Buthiau, « Le Deferred Prosecution Agreement américain, une forme inédite de justice négociée », précit.

un mécanisme d'alerte, des procédures d'évaluation des situations des partenaires de l'entreprise, des formations à l'égard des cadres et personnels exposés aux risques de corruption, ou encore un régime disciplinaire contre les salariés de la personne morale en cas de violation du code de conduite de la personne morale[73]. Dans ce cadre, les agents de l'Agence française anticorruption peuvent se faire assister d' « *experts* » et/ou « *de personnes ou autorités qualifiées* »[74] dans la réalisation d'analyses juridiques, financières, fiscales et comptables. Les frais occasionnés sont en ce cas, à l'instar de ceux du *monitoring* aux États-Unis, pris en charge par la société mise en cause, dans la limite d'un plafond fixé par la convention[75]. L'on regrettera, sur ce point, que la loi Sapin 2 décorrèle les obligations de conformité, dites de *compliance*, de la responsabilité pénale de l'entreprise, en ne permettant pas de tenir compte de la préexistence éventuelle d'un tel programme de conformité, dont les obligations ont été considérablement alourdies par le législateur. Aux États-Unis[76], en Suisse[77] ou encore au Royaume-Uni[78], le législateur appréhende l'ancienneté et la rigueur des programmes de *compliance* des entreprises dans la poursuite de faits de corruption, sous forme de circonstances atténuantes ou aggravantes. Or, autant le législateur français prévoit la possibilité pour l'AFA d'infliger des sanctions pécuniaires aux entreprises qui n'auraient pas respecté la mise en place des dispositifs requis[79], ainsi qu'une peine de mise en conformité à l'issue d'une instance pénale[80], autant rien n'est dit sur la prise en compte du programme de prévention développé par l'entreprise, comme élément d'atténuation ou d'aggravation dans la fixation de l'amende d'intérêt public. Il aurait pourtant été opportun de s'inspirer du modèle applicable devant l'Autorité de la concurrence, dont les membres s'attellent à évaluer l'effectivité d'un programme de réduction des risques de non-conformité en vue de fixer le montant de la sanction. Cette Autorité va d'ailleurs plus loin en réduisant de 5 % à 15 % le montant de l'amende lorsque l'entreprise mise en cause s'engage d'elle-même en cours

---

[73] C. pén., art. 131-39-2.

[74] V. L. n° 2016-1691, 9 déc. 2916, art. 22, instituant l'article 41-1-2, I, 2° du Code pénal.

[75] *Ibid.*

[76] Par le biais des *US Federal sentencing Guidelines.*

[77] C. pén. suisse, art. 102.

[78] *UK Bribery Act* ; v. G.-L. Harang et T. Webb, *op. cit.*

[79] L. n° 2016-1691, précit., art. 17.

[80] *Ibid*, art. 43.

d'instance à mettre en œuvre un tel programme[81]. Quoi qu'il en soit, le programme de mise en conformité doit être perçu comme l'opportunité pour les entreprises de faire évoluer les pratiques et les mentalités de manière pérenne, au service du respect des politiques et des procédures de *compliance*.

2° L'avantage retiré par la personne morale

Au regard du coût élevé du processus décrit, la question se pose de l'intérêt pour la personne morale d'accepter la procédure de convention judiciaire d'intérêt public. Le seul élément de cohérence de cet accord avec la sévérité du dispositif évoqué tient à l'absence de reconnaissance et de déclaration de culpabilité de l'entreprise. L'article 41-1-2 précise en effet que l'ordonnance de validation de la convention n'emporte pas déclaration de culpabilité et n'a ni la nature ni les effets d'un jugement de condamnation. Dans cet esprit, la CJIP n'est pas inscrite au bulletin n°1 du casier judiciaire et, en cela, se distingue de la composition pénale - la solution, au demeurant, correspond avec la nature juridique de convention ainsi donnée à la procédure. Il s'agit, par ce biais, d'inviter les entreprises à coopérer de façon à trouver l'issue la plus favorable pour tous. En évitant à la personne morale une déclaration de sa culpabilité, la convention judiciaire d'intérêt public préserve ses intérêts et empêche une exclusion des marchés publics internationaux, notamment américains, ce qui ressort d'ailleurs clairement des motifs avancés par la représentation nationale[82].

L'autre avantage résulte, pour l'entreprise, de la discrétion supposée de la procédure. Alors que la CJIP emprunte, à de nombreux égards, des éléments de droit civil, l'on retrouve ici les caractéristiques de la procédure pénale et l'influence du principe de loyauté de la preuve. D'abord, les éléments échangés entre le procureur et la société mise en cause doivent en effet rester secrets, au nom du principe du secret de l'enquête et de l'instruction[83]. Ensuite, lorsque le président du tribunal de grande instance refuse de valider la convention ou que la personne morale exerce son droit de rétractation, « *le procureur de la République ne peut faire état devant la juridiction d'instruction ou de jugement des déclarations faites ou des documents remis par la*

---

[81] V. C. Ayela, J.-P. Guiné, J. Kalfon, *op. cit.*

[82] Rapp. AN, n°s 3785 et 3786, préc., spéc. p. 155.

[83] C. proc. pén., art. 11.

personne morale au cours de la procédure »[84] de conclusion de la CJIP. Il s'agit de respecter le principe de loyauté de la procédure et le droit de ne pas s'auto-incriminer. Soulignons toutefois que, paradoxalement, rien n'est prévu dans l'hypothèse où l'action publique serait déclenchée à la suite d'un manquement de la société dans la mise en oeuvre de la CJIP. Enfin, en ayant recours à une telle convention, la personne morale évite les vicissitudes que la médiatisation d'un procès la mettant en cause pourrait engendrer.

Cela étant précisé, la discrétion de la procédure est à relativiser, pour plusieurs raisons. Avant tout, l'examen judiciaire de la CJIP donne lieu à une audience publique au cours de laquelle la personne morale mise en cause et, le cas échéant, la victime, sont auditionnées[85]. Ensuite, et surtout, l'ordonnance de validation de la convention fait l'objet d'une publication sur le site de l'Agence française anticorruption - incluant le montant de l'amende et la convention elle-même - ainsi que d'un communiqué de presse du procureur de la République[86]. Un parallèle, à ce titre, peut être établi avec le dispositif américain, pour lequel les accords négociés donnent lieu à publication sur le site du *Department of Justice* (DoJ) et/ou de la *Securities and Exchang*.

L'ensemble de ces éléments atteste en définitive de la volonté de lutter efficacement contre la délinquance économique en liant, pour cela, éléments de droit civil et de droit pénal dans une logique à la fois consensuelle et punitive : d'un côté, la convention emprunte, à de multiples égards, la logique civiliste contractuelle ; de l'autre, tous les principes directeurs de la procédure pénale se trouvent garantis (droits de la défense, de ne pas s'auto-incriminer, publicité de l'audience et de la décision de validation, protection de la victime). D'aucuns ont ainsi pu souligner avec justesse la nature « hybride » du procédé[87], sans nul équivalent en procédure pénale française.

S'il s'agit, résolument, de renforcer par ce biais la lutte contre la corruption en France, l'objectif poursuivi simultanément réside dans

---

[84] C. proc. pén. art. 41-1-2, III.
[85] C. proc. pén., art. 41-1-2, II.
[86] Selon D. Rebut, *in op. cit.*, il est possible de s'interroger sur la raison d'être de cette publication en cas de convention judiciaire d'intérêt public portant sur un blanchiment de fraude fiscale, et sur le point de savoir si le site internet de l'AFA peut ainsi publier une CJIP relative à un délit qui ne relève pas de la corruption.
[87] É. Vergès, *op. cit.*

la protection des entreprises et de la justice française vis-à-vis des autorités de poursuite étrangères.

II. Éviter la concurrence des autorités étrangères

Le mécanisme transactionnel ainsi créé s'inscrit dans le paysage procédural français comme mode inédit d'exercice de la souveraineté nationale, sans toutefois que l'ensemble des dispositions ne soit toujours ajusté, ni parfaitement maîtrisé. L'analyse approfondie du dispositif révèle en effet quelques incohérences et l'entreprise malaisée du législateur vis-à-vis d'un mécanisme éloigné de la justice traditionnelle. Quoi qu'il en soit, le souci de préserver tout à la fois les entreprises et la justice française de la concurrence étrangère se manifeste par des prévisions de droit interne (A) mais également externes, en lien avec les autorités des autres États (B).

A. Les manifestations internes

La compétitivité de la France et sa souveraineté nationale se manifestent à deux égards, ayant pour point commun le souhait de voir appliquer largement le dispositif de convention judiciaire d'intérêt public : pour ce faire, le législateur choisit d'étendre le domaine de la CJIP (1), mais également les règles de compétence territoriale et extraterritoriale (2).

1° L'extension du domaine de la CJIP

Plusieurs arguments, à ce stade, peuvent être avancés.

D'abord, l'article 41-1-2 du Code de procédure pénale a vocation à s'appliquer à toute personne morale de droit privé, y-compris celles qui ne seraient pas assujetties aux obligations de lutte anticorruption prévues par la loi Sapin 2 dans le cadre de programme de *compliance*[88]. Il suffit ainsi que la société fasse l'objet d'une enquête pénale portant sur un ou plusieurs délits d'atteinte à la probité et les délits connexes visés par ledit article[89] pour qu'elle puisse se voir proposer la mise en oeuvre d'une convention judiciaire d'intérêt public.

---

[88] Ces obligations sont prévues par l'article 17, II, de la loi précitée du 9 décembre 2016.

[89] C'est-à-dire : C. pén., art. 433-1, 435-3, 435-4, 435-9, 435-10, 445-1, 445-1-1, 445-2 et 445-2-1, 434-9, al. 8, 434-9-1, al. 2.

Ensuite, le législateur choisit de ne pas réserver ce dispositif à la seule lutte contre la corruption transnationale, mais de l'étendre à la corruption active et au trafic d'influence actif[90], au trafic d'influence en vue d'influencer un agent public[91], à la corruption active et au trafic d'influence actif de magistrat national[92], à la corruption et au trafic d'influence dans le secteur privé[93], à la corruption et au trafic d'influence dans le domaine sportif[94]. Plus surprenant, la convention judiciaire d'intérêt public peut également être proposée dans le cadre d'une enquête relative à l'infraction de blanchiment de fraude fiscale et aux infractions qui leur sont connexes[95]. Au-delà du fait que le lien entre cette incrimination et la corruption n'est pas nécessairement évident, l'on verra à travers cette extension le souhait du législateur de permettre désormais au Ministère public - notamment le Procureur national financier -, de s'arroger à des fins répressives le pouvoir de transiger en la matière[96]. Par ricochet, l'auteur de la fraude fiscale pourrait tout aussi bien faire l'objet d'une CIJP puisqu'au regard de la jurisprudence française, le blanchiment est applicable à l'auteur de l'infraction d'origine[97]. Au regard de l'évolution engagée, la question se pose, à terme, de savoir si le procédé ainsi créé n'aurait pas vocation à s'étendre, encore, à d'autres infractions de droit pénal des affaires.

Enfin, la dernière manifestation de la volonté d'étendre la mise en oeuvre de la convention judiciaire d'intérêt public tient à la passerelle procédurale créée par le législateur au profit du juge d'instruction, lequel, s'il est saisi, peut engager un tel dispositif en transmettant à cette fin le dossier au procureur de la République[98]. Dans ce cadre, l'instruction est « suspendue » à l'égard de la personne morale visée, étant observé que les mesures de contrôle judiciaire la concernant sont

---

[90] C. pén., art. 433-1.

[91] C. pén., art. 433-2.

[92] C. pén., art. 434-9 et 434-9-1.

[93] C. pén., art. 445-1 et 445-2.

[94] C. pén., art. 445-1-1 et 445-2-1.

[95] CGI, art. 1741 et 1743. La CJIP ne s'applique pas, en revanche, à la fraude elle-même. L'absence d'application à la fraude fiscale s'explique par le régime répressif de ce délit qui requiert une plainte préalable de l'administration fiscale (Rapp. AN, n° 4045 et 4046, 14e lég. par Denaja S., spéc. p. 79). Certains auteurs ont ainsi pu juger incohérente la liste des infractions visées : v. not. M. Segonds, *op. cit.*

[96] En ce sens, v. D. Rebut, *op. cit.*

[97] Cass. crim., 14 janv. 2004, n° 03-81165, Bull. crim. n° 12, note C. Cutajar, *D.* 2004, p. 1377 ; note H. Matsopoulou, *JCP* G 2004, II, 10881. V. également Cass. crim., 20 février 2008, n° 07-82.977 ; Cass. crim., 14 juin 2017, n° 16-84921.

[98] C. proc. pén., art. 180-2.

maintenues jusqu'à la validation de la convention. À défaut d'accord ou d'exécution dans les trois mois, le procureur de la République transmet la procédure au juge d'instruction, accompagnée de réquisitions aux fins de reprise de l'information. Une telle extension, au-delà de l'enquête policière, appelle plusieurs remarques et une attention particulière. Si l'ouverture de la CJIP à un stade avancé de la procédure et dans une hypothèse où, par définition, l'action publique a été mise en mouvement, procède d'une volonté de couvrir le spectre de la majeure partie du contentieux (la délinquance financière, complexe, faisant souvent l'objet d'une information judiciaire), il est en effet permis d'émettre quelques réserves quant à la parfaite cohérence de la logique poursuivie. D'abord, l'article 180-2 du Code de procédure pénale est réservé à une personne mise en examen à l'encontre de laquelle, donc, il existe des indices graves ou concordants de culpabilité. Dans ces conditions, la personne morale placée sous le statut de témoin assisté ne saurait prétendre à la mise en oeuvre du dispositif, sans pour autant qu'une quelconque justification puisse à ce stade être avancée. Ensuite et surtout, la singularité du dispositif mis en oeuvre dans le cadre d'une instruction résulte de ce que la personne morale mise en examen, cette fois, « *reconnaît les faits* » et « *accepte la qualification pénale retenue* ». À l'évidence, la procédure ne présente alors pas, ou plus, le même intérêt pour les entreprises que dans le cadre d'une enquête policière et s'éloigne de l'esprit initial du dispositif, celui d'un accord conclu entre parties dans leurs intérêts respectifs, hors de toute reconnaissance de responsabilité pénale. Particularité significative, la formulation du texte se calque sur le régime applicable dans le cadre de la procédure de comparution sur reconnaissance préalable de culpabilité[99] qui est, elle, une voie de jugement. Les questions soulevées sont alors nombreuses. En soi, prévoir expressément une reconnaissance de culpabilité dans le cadre d'une instruction judiciaire ne pose pas de difficulté majeure d'articulation avec le dispositif prévu en enquête policière, dès lors que toute convention judiciaire d'intérêt public comporte un exposé des faits et suppose, dans la mesure où elle est acceptée par la personne morale, que celle-ci ne s'oppose pas, implicitement, à leur qualification. La contradiction surgit cependant dès lors que l'on garde en tête les précautions prises par le législateur afin de garantir à la personne morale

---

[99] C. proc. pén., art. 180-1.

que l'ordonnance de validation n'a ni la nature de déclaration de culpabilité, ni celle d'un jugement de condamnation.

En pratique, plusieurs incertitudes émaillent le dispositif prévu. Comment, notamment, formaliser puis consigner, dans le dossier d'instruction, l'acceptation de la qualification des faits par la personne morale ? Comment, encore, articuler cette reconnaissance formelle des faits avec l'interdiction prévue pour le procureur, en cas d'échec de la convention qui ne serait pas due à la société elle-même (c'est-à-dire en cas de refus de validation de l'ordonnance par le président, ou de l'exercice, par la personne morale, de son droit de rétractation), d'exploiter les « *déclarations faites ou des documents remis par la personne morale au cours de la procédure* »[100] ? En pareille hypothèse, l'acceptation de la part de la société, avec reconnaissance des faits, sera-t-elle conservée dans le dossier ? Ou doit-on considérer que cette acception ne vaut que dans le cadre de la conclusion d'une CIJP[101] ? Le droit de se taire et de ne pas s'auto-incriminer, pourtant protégé par l'article 6 de la Convention européenne de sauvegarde des droits de l'Homme et des libertés fondamentales et consacré, en France, par les lois des 14 avril 2011 et 27 mai 2014[102], semble ici mis à mal et l'on ne saurait qu'insister sur la nécessité, pour les entreprises, de prendre la mesure des risques encourus et des avantages somme toute relatifs de la procédure, dès lors qu'elles acceptent en effet d'endosser la responsabilité des faits reprochés. En définitive, de deux choses l'une : soit l'on considère que toute convention judiciaire d'intérêt public, intrinsèquement, vaut reconnaissance des faits - pourquoi, alors, ne pas en faire expressément mention en tout cadre procédural, à l'instar de ce qui existe aux États-Unis[103], au Royaume-Uni[104] ou même, en France, dans le cadre de la composition pénale[105] ? Mais l'on peine alors, en ce cas, à mesurer la crédibilité des précautions textuelles visant à dénier toute nature de déclaration de culpabilité ou de

---

[100] C. proc. pén., art. 41-1-2, III.

[101] Pour une discussion sur ce point, v. A. Hukkelaas et M.-A. Nicolas, *op. cit.*

[102] L. n° 2011-392 du 14 avr. 2011, *J.O.* du 15 avr. 2011, p. 6610 ; L. n° 2014-535, 27 mai 2014, *J.O.* du 28 mai 2014, p. 8864.

[103] V. A. Mignon Colombet et F. Buthiau, *op. cit.* Cette mention constitue,en général, l'Annexe A des DPAs américains.

[104] V. Crime and Courts Act 2013, Schedule 17 : http:/www.legislation.gov.uk/ukpga/2013/22/schedule/17/enacted.

[105] C. proc. pén., art. 41-2.

jugement à ladite convention. Soit l'on persiste à concevoir que le dispositif affranchit la personne morale de toute culpabilité et, alors, la mention prévue de « *reconnaissance des faits* » et de l'acceptation de leur qualification n'a plus lieu d'être, sauf à éluder toute cohérence d'esprit poursuivie par le législateur à travers la mise en place de la CJIP. En tout état de cause, l'on ne peut que regretter la distorsion existant entre l'enquête et l'instruction, étant observé que supprimer la référence à l'acceptation des faits, en matière d'instruction, ne serait pas incompatible avec le constat de l'existence d'indices graves ou concordants de culpabilité - la personne mise en examen demeurant présumée innocente[106]. S'il faut s'en convaincre, l'exigence de l'impartialité du magistrat - juge d'instruction ou procureur -, et les engagements internationaux de la France en la matière[107] achèveront de conforter l'idée selon laquelle la contradiction soulignée et la confusion des rôles, visiblement assumées par le législateur, nuisent en définitive à la conformité du système retenu. Par cette seule référence à l'acceptation des faits, le législateur neutralise malheureusement le bénéfice recherché de la CJIP.

Quoi qu'il en soit, l'ouverture de la CJIP à l'instruction préparatoire participe assurément de la volonté du législateur d'apporter la plus large réponse pénale possible aux infractions de délinquance financière en évitant l'absence totale de répression et la concurrence d'autorités étrangères, jusqu'alors enclines à poursuivre les entreprises françaises.

2° L'extension de la compétence territoriale et extra-territoriale française

L'autre angle d'approche de nature à garantir l'action des autorités françaises dans la lutte contre la corruption tient à l'extension de la compétence territoriale et extra-territoriale française. Plusieurs évolutions, à ce titre, sont à relever.

D'abord, le législateur choisit finalement, en 2016, de supprimer, en matière de corruption et de trafic d'influence[108], la condition jusqu'alors prévue par l'article 113-5 du Code pénal tenant à l'exigence

---

[106] C. proc. pén., art. préliminaire.

[107] V. not. l'article 6§1 de la Convention de sauvegarde des droits de l'homme et des libertés fondamentales.

[108] C. pén, art. 435-1 à 435-4 et 435-7 à 435-10.

d'une décision définitive de la juridiction étrangère pour rendre la loi pénale française applicable[109] - suppression déjà débattue, en vain, lors de l'adoption de la loi n° 2007-1598 du 13 novembre 2007.

Ensuite et surtout, le législateur prévoit désormais que « *la loi pénale française est applicable en toutes circonstances, par dérogation au deuxième alinéa de l'article 113-6, et l'article 113-8 n'est pas applicable* »[110] dans le cas où les infractions de corruption et de trafic d'influence[111] seraient commises à l'étranger par un Français. La difficulté est ainsi résolue de ne pouvoir, auparavant, engager une procédure pénale lorsque n'étaient satisfaites ni la condition de réciprocité d'incrimination, prévue par l'article 113-6 du Code pénal, ni davantage celle d'une requête du parquet, précédée d'une plainte de la victime ou d'une dénonciation officielle par l'autorité du pays où le fait a été commis. L'évolution est d'autant plus significative que cette extension concerne non seulement l'infraction visée commise à l'étranger par un Français, mais également celle réalisée par une personne résidant habituellement sur le territoire français ou exerçant tout ou partie de son activité économique sur le territoire français. L'objectif est clair : il s'agit, selon les travaux parlementaires, de « *permettre aux autorités judiciaires françaises de poursuivre des entreprises étrangères s'étant rendues coupables, à l'étranger, de faits de corruption d'agent public ou de magistrat, avec la même facilité que le département de la justice américaine peut le faire à l'égard d'entreprises françaises, par exemple* »[112].

Outre les prévisions de droit interne de nature à privilégier le plus largement possible l'action de la justice française, le dispositif prévu vise, encore, à s'affranchir des procédures existant concurremment à l'étranger.

B. Les manifestations externes

L'objectif non dissimulé de la convention judiciaire d'intérêt public consiste à éviter que l'entreprise mise en cause ne soit, en parallèle, poursuivie à l'étranger (1). À défaut d'y parvenir, l'une des directions à emprunter en vue de protéger les entreprises française reste sans

---

[109] C. pén., art. 435-6, al. 2 et 435-11-2.

[110] C. pén., art. 435-6-2 et 435-11-2.

[111] Infractions prévues aux articles 435-1 à 435-4 et aux articles 435-7 à 435-10 du Code pénal.

[112] V. Rapp. AN, n°s 3785 et 3786, précit., p. 145.

doute la recherche de montants raisonnables dans le versement des amendes à l'étranger (2).

1° Écarter les poursuites à l'étranger

Parce qu'il n'existait jusqu'alors aucune procédure dédiée en France, les entreprises nationales ont été, à diverses reprises, la cible de procédures engagées par les autorités américaines, à l'issue particulièrement sévère. Une étude réalisée par le Service central de prévention de la corruption et portant sur les principaux accords transactionnels conclus par des entreprises françaises avec les autorités américaines montre que les amendes consenties par les entreprises de 2008 à 2014 vont de 95 millions à 800 millions de dollars[113]. C'est donc pour éviter le risque d'une procédure à l'étranger que le législateur, soutenu en ce sens par les entreprises elles-mêmes, choisit de renforcer l'arsenal répressif en France. Il s'est agi, à travers la création de la CJIP, de mettre un terme à ce que certains ont pu qualifier de « *véritable impérialisme juridique* » des États-Unis dans la lutte anticorruption, permis grâce au rayonnement du *Deferred protection agreement* et à l'application étendue des règles de compétences extraterritoriales[114]. Lors des débats parlementaires précédant l'adoption de la loi Sapin 2, le rapporteur de la commission des lois du Sénat estimait ainsi « *vraisemblable que les autorités étrangères, en particulier américaines, qui sanctionnent aujourd'hui lourdement des entreprises françaises* [...] *s'abstiennent de le faire ou le fassent avec plus de modération au vu de l'efficacité de la répression par les juridictions françaises susceptible de résulter de ce nouveau dispositif* », tout en admettant que « *l'existence et l'utilisation de ce nouveau dispositif transactionnel n'auront pas, en droit, pour effet d'empêcher les autorités américaines de poursuivre* »[115].

L'objectif, donc, est de protéger les entreprises françaises tout particulièrement de l'extraterritorialité de la justice américaine et des poursuites que celle-ci peut engager du chef de corruption contre des entreprises étrangères. Le fait, pour ces dernières, d'avoir procédé à des transactions en dollars ou utilisé le système bancaire américain

---

[113] Rapport AN, n°s 3785 et 3786, précit., p. 158.

[114] *Ibid.*, p. 157. V. l'intervention de P. Lellouche, *in ibid*, p. 149. V. également M. Segonds, *op. cit.*

[115] V. Rapp. Sénat, n° 712, précit., p. 88.

suffit en effet à les assujettir à la justice des États-Unis. Or, le DPA pose difficulté au regard non seulement du montant excessif des amendes infligées[116], mais, encore, des informations sensibles susceptibles d'être révélées. Le rapport *Lellouche*, précédant l'adoption de la loi Sapin 2, pointait à cet égard du doigt l'instrumentalisation américaine de la lutte contre la corruption à des fins économiques[117]. Notamment, toutes les entreprises, à l'exception de Total, ayant conclu une transaction avec le *Department of Justice* américain sont ainsi, depuis, passées sous pavillon étranger[118].

Fort de ce constat et de ces difficultés, la question se pose néanmoins de savoir si la création de la CJIP, en tant que procédure équivalente à celle existant aux États-Unis, suffit à enrayer la concurrence, et à protéger notamment les entreprises françaises de l'action du DoJ. L'effet de la convention judiciaire d'intérêt public s'attachant, non au contrat, mais à son exécution, il faut en effet tempérer l'autorité de la chose jugée dès lors qu'en l'état, rien ne garantit que la convention exclue, en parallèle, d'une condamnation ou d'une procédure équivalente à l'étranger. En apparence, la réponse à cette question peut être apportée en deux temps et plusieurs éléments laissent ainsi à penser que la conclusion d'une CJIP pourrait être relativement protectrice des intérêts de l'entreprise. Le premier d'entre eux réside dans l'application du principe de concertation, exprimé à l'article 4.3 de la Convention de l'OCDE sur la lutte contre la corruption d'agents publics étrangers dans les transactions commerciales internationales[119]. Selon ce principe, les États se concertent lorsqu'une infraction transnationale relève de la compétence de plusieurs parties à la Convention afin de déterminer celui qui est le mieux placé pour exercer les poursuites à l'encontre de l'entreprise en cause, ou assumer les négociations aux fins de transaction. Il s'agit d'éviter l'effet de double condamnation. La portée de ce principe doit toutefois être relativisée, puisque ladite Convention, qui n'a pas d'effet contraignant, n'a été signée que par 41 pays. En outre, le mécanisme qu'elle propose n'a pas la force de l'autorité de la chose jugée. L'exigence de concertation, et son effectivité, surtout, dépendront de la capacité de

---

116 Comme, par exemple, la somme, évoquée en introduction de cette étude, de 772 millions de dollars qu'a dû verser Alstom en 2014.

117 V. Rapp. AN, n° 4082, 14e lég., par K. Berger et P. Lellouche, précit., spéc. p. 18.

118 V. C. Ayela, J.-P. Guiné, J. Kalfon, *op. cit.*

119. Conv. OCDE sur la lutte contre la corruption d'agents publics étrangers dans les transactions commerciales internationales, 17 déc. 1997, précit. .

la France à convaincre ses partenaires et de la crédibilité de son dispositif - ce que seule la pratique pourra confirmer.

Le second élément de réponse, ensuite, réside, en théorie, dans l'application du principe *non bis in idem*, exprimé notamment par l'article 14.7 du Pacte international sur les droits civils et politiques du 16 décembre 1966 et qui interdit de poursuivre ou de punir une entreprise deux fois pour les mêmes faits[120]. Or, la difficulté provient de ce que ce principe ne reçoit pas, en pratique, d'application au niveau international et que les autorités étrangères se montrent parfois rétives à sa mise en oeuvre. S'agissant des États-Unis, par exemple, la jurisprudence dominante[121] considère que la clause de la « *double sovereignity* »[122], qui repose sur la souveraineté de chaque État fédéré, doit l'emporter sur celle du « *double jeopardy* »[123] prévue par le cinquième amendement de la Constitution et permet ainsi à deux États de poursuivre ce qui, selon leurs droits respectifs, constitue une infraction. Or, pour certains auteurs, cette exclusion du principe *non bis in idem*, aux États-Unis, aurait précisément vocation à s'étendre à l'ordre international[124].

En réalité, plus que les deux fondements évoqués et dont l'application n'est toujours pas, en l'état, garantie, ce sont surtout les pratiques qu'il s'agit de faire évoluer si l'on souhaite donner à la CJIP une pleine portée. Certaines affaires récentes, au demeurant, attestent de la volonté de différents États de coopérer, en cherchant à harmoniser les diverses voies de poursuites. Plusieurs orientations

---

[120] V. également, Convention d'application de l'Accord de Schengen, 14 juin 1985, art. 51.

[121] V. not., U.S. Supreme Court, Chua Han Mow v. U.S, 730 F.2d 1308, 1313 (9th Cir. 1984) ; U.S v.Richardson, 580 F.2d 946 (9th Cir. 1978) ; U.S v. Martin, 574 F.2d 1359 (5th Cir. 1978) ; U.S v. Rashed, 83 F. Supp. 2d 96 (D.D.C. 1999) ; U.S v. Benitez, 28 F. Supp. 2d 1361 (S.D. Fla. 1998), aff'd, 208 F.3d 1282 (11th Cir. 2000) ; Heath v. Alabama, 474 U.S. 82, 9

[122] Cette doctrine repose sur le caractère « souverain » (sovereign) des États fédérés dans l'ordre interne américain. Sur ce point, v. A. Hukkelaas et M.-A. Nicolas, *op. cit.*

[123] La « *double jeopardy clause* » prévoit au contraire que nul ne peut être mis en cause plusieurs fois au titre des mêmes faits (« *No person shall be* (...) *subject for the same offense to be twice put in jeopardy of life or limb* (...) »).

[124] V. A. J. Colangelo, « Double Jeopardy and Multiple Sovereigns : A Jurisdictional Theory », 86 Wash. U. L. Rev. 2009, 769, 817. Sur ce point, v. A. Hukkelaas et M.-A. Nicolas, *op. cit.*

semblent pouvoir s'envisager. La première, radicale et sans doute illusoire, consiste en un abandon des procédures au profit de celle engagée par l'État français. L'on songe, à ce titre, à l'affaire *SBM Offshore*, dans laquelle le DoJ a abandonné les poursuites pour des faits de corruption dans plusieurs pays africains en raison d'une amende transactionnelle de 240 millions de dollars versée au procureur des Pays-Bas. À plusieurs reprises, le DoJ a ainsi fait savoir qu'il ne poursuivrait pas les entreprises étrangères ayant fait l'objet de procédures équivalentes dans leur pays d'origine, à condition que les sanctions prononcées soient similaires à celles ayant cours aux États-Unis[125]. La seconde alternative, plus réaliste, consiste à partager le montant de l'amende transactionnelle entre plusieurs pays. L'on se souvient, à cet égard, de l'entreprise néerlandaise *Vimpelcom* ayant consenti à verser une amende transactionnelle de 795 millions de dollars partagée pour moitié entre les autorités bataves et le DoJ, ce dernier ayant accepté d'imputer le versement fait à la justice néerlandaise sur le montant total des pénalités. L'affaire *Siemens*, également, a été l'occasion pour les procureurs de deux États, l'Allemagne et les États-Unis, d'annoncer simultanément les sanctions infligées. De même, dans l'affaire *Odebrecht-Braskem*, un accord a été trouvé entre les autorités de poursuite de trois pays, les États-Unis, le Brésil et la Suisse, et pu conduire, fin décembre 2016, au paiement de 3,5 milliards de dollars. Enfin, mi-janvier 2017, était annoncé le paiement de 800 millions de dollars par l'entreprise *Rolls-Royce* aux États-Unis, au Royaume-Uni et au Brésil. La dernière CJIP en date, en France, visant la Société générale SA, fait quant à elle état d'une « *résolution coordonnée* » et d'un partage pour moitié du montant des pénalités[126]. L'idée, à travers cela, est moins de parvenir à appliquer le principe *non bis in idem* qu'à aboutir à une forme de confusion des peines[127], avec, néanmoins, la part d'aléas et de casuistique qu'une telle solution comporte.

Au regard de ce qui précède, la CJIP présente indéniablement le mérite d'ancrer la France dans un processus de coopération, voire de démontrer sa détermination à sanctionner elle-même la corruption

---

[125] C. Ayela, J.-P. Guiné, J. Kalfon, *op. cit.* ; A. Mignon-Colombet, La défense des entreprises à l'heure du droit global », *AJ pén.* 2015, 346.

[126] Ord. TGI, 4 juin 2017,www.economie.gouv.fr., v. *supra*.

[127] En ce sens, v. Rapp. AN, n° 4082, *Rapport d'information sur l'extraterritorialité de certaines lois des États-Unis*, précit., p. 86.

transnationale. La similarité de la convention avec les outils de transition pénale des systèmes étrangers lui offre la possibilité de trouver place et crédibilité sur la scène internationale, à la condition toutefois que les services d'enquête bénéficient, à l'avenir, de ressources et moyens suffisants pour garantir l'effectivité du dispositif. Seule une procédure crédible, et surtout les conditions de son exécution, permettront alors de garantir l'abandon des procédures étrangères.

À cela, il faut ajouter qu'une politique d'harmonisation des accords de justice négociée auxquels ont recours les États serait de nature à favoriser une régulation internationale des poursuites. Notons, à cet égard, que des lignes fédérales ont pu être dessinées aux États-Unis[128], fixant les règles permettant au DoJ de déterminer dans quelles situations les poursuites peuvent s'engager, ou non, en parallèle de celles exercées à l'étranger. Sont ainsi pris en compte : l'importance de l'intérêt de l'autre juridiction à poursuivre[129]; la capacité et la volonté de l'autre juridiction à poursuivre de manière efficace[130]; les sanctions ou autres conséquences susceptibles d'être prononcées en cas de condamnation dans l'autre juridiction[131]. En pratique, cependant, ces critères ne sont pas toujours respectés par les autorités américaines, lesquelles n'hésitent pas à ignorer le montant des amendes infligées à l'étranger.

Si l'on souhaite donner à la CJIP pleine efficacité et crédibilité, il est encore possible de déplacer le curseur d'exigence en cherchant à harmoniser les pratiques internationales non plus au stade de l'enquête, mais lors de la fixation des sanctions : en tentant de limiter au maximum, pour cela, le montant des amendes versées aux autorités étrangères.

2° Réduire le montant des amendes versées aux autorités étrangères

Dans le cadre de la CJIP, l'amende est fixée au regard des avantages tirés des manquements constatés dans la limite de 30 % du

---

[128] V. U.S. Attorneys' Manual, Title 9 : Criminal, 9-27.00, Principles of Federal Prosecution, Chapter 9-27.240, § A : https ://www.justice.gov/usam/usam-9-27000-principles-federal-prosecution#9 -27.240.

[129] « *the strength of the other jurisdiction's interest in prosecution* ».

[130] « *the other jurisdiction's ability and willingness to prosecute effectively* ».

[131] « *the probable sentence or other consequences if the person is convicted in the other jurisdiction* ».

chiffre d'affaires[132], sans que ne soit hélas pris en considération le montant de l'amende éventuellement versée par la société aux autorités étrangères. Les *Sentencing Guidelines* américaines[133] et britanniques[134] - qui s'en réfèrent à la nature et à la gravité des faits, à la situation de l'entreprise ou encore à sa coopération - n'intègrent d'ailleurs pas davantage les montants éventuellement acquittés par l'entreprise auprès d'autorités étrangères dans la fixation des barèmes.

Certes, quelques développements récents, aux États-Unis, témoignent de la volonté des autorités étrangères de tenir compte des poursuites exercées en parallèle dans un autre État pour diminuer le montant des amendes versées au DoJ en déduisant celui des amendes prononcées à l'étranger[135]. L'inflation du montant de ces dernières semble toutefois avoir raison d'une telle démarche, les autorités américaines ayant refusé, ces dernières années, de les déduire dans leur intégralité. Ainsi, par exemple, dans l'affaire Rolls-Royce, le montant de l'amende versée au DoJ[136] prenait en compte une réduction de 26 millions, correspondant à l'amende versée par l'entreprise aux autorités brésiliennes, sans intégrer en revanche la somme de 620 millions de dollars versée à l'autorité de poursuite britannique. Plus récemment, dans l'affaire *Embraer*, la SEC acceptait de déduire du montant

---

[132] C. proc. pén., art. 41-1-2, I.

[133] V. United States Sentencing Commission, Guidelines Manual, 1er nov. 2015 : http://www.ussc.gov/sites/default/files/pdf/guidelines-manual/2015/GLMFull.pdf .

[134] V. Sentencing Council, Fraud, Bribery and Money Laundering Offences. Definitive Guidelines, 1er oct. 2014 : https ://www.sentencingcouncil.org.uk/wp-content/uploads/Fraud bribery and money laundering offences - Definitive guideline.pdf .

[135] Ainsi, en 2006, le DoJ a retranché du montant des 10,5 millions USD de pénalités dues par Statoil au Trésor américain, la somme de 3 millions USD correspondant précisément à l'amende parallèle infligée à la société par les autorités norvégiennes (V. Deferred Prosecution Agreement, United States v. Statoil, ASA, 10 oct. 2006, p. 14-15, pt 19 : https ://www.justice.gov/sites/default/files/criminal-fraud/legacy/2011/02/16/10-09-06statoil-agree.pdf .). En 2013, à l'occasion de l'affaire Archer Daniels Midland, le DoJ a, là encore, intégralement tenu compte du montant de 1,3 million USD payé par la filiale ukrainienne de la société allemande au titre de sa condamnation en Allemagne (V. Plea Agreement, United States v. Alfred C. Toeper International (Ukraine) Ltd., 20 déc. 2013, p. 9, pt 16 (a) : https ://www.justice.gov/sites/default/files/criminal-fraud/legacy/2014/01/03/acti-plea-agreement.pdf .).

[136] Ce montant étant de 170 millions USD. V. Deferred Prosecution Agreement, United States v. Rolls Royce Plc., 20 déc. 2016, p. 9, pt. 7 : https ://www.justice.gov/opa/press-release/file/927221/download . Sur ce point, v. A. Hukkelaas et M.-A. Nicolas, *op. cit.*

de l'amende celui correspondant à la condamnation prononcée contre la société par les autorités brésiliennes, dans la limite, cependant, de 20 millions de dollars[137]. L'inflation des amendes prononcées dans les pays étrangers a donc vraisemblablement conduit les autorités américaines à plafonner les montants que celles-ci acceptent de déduire au titre de paiements d'amendes à l'étranger. Comme le relèvent des auteurs, « *afin d'être intéressante pour les sociétés, la CJIP devra donc consigner une amende d'un montant suffisamment important pour pouvoir éventuellement justifier un abandon des poursuites américaines, sans toutefois être trop élevé pour pouvoir être éligible au système de compensation américain* »[138]. Seule la pratique, au demeurant, permettra d'affiner ces tentatives d'uniformisation dans la mise en oeuvre des procédures transactionnelles et des sanctions prononcées.

Le 14 novembre 2017 était, en France, validée la première convention judiciaire d'intérêt public[139]. Si la décision a été contestée, tant pour les motifs, elliptiques, avancés par le juge en vue de vérifier le bien-fondé de la procédure qu'en raison des modalités de calcul de l'amende[140], l'histoire retiendra surtout que ce premier accord a été signé non pour des faits de corruption, mais de démarchage bancaire

---

137 V. SEC, communiqué de presse, Embraer Paying $205 Million to Settle FCPA Charges, 24 oct. 2016 : https ://www.sec.gov/news/pressrelease/2016-224.html .

138 A. Hukkelaas et M.-A. Nicolas, *op. cit.*

139 TGI, Paris, ord. 14 nov. 1997, www.economie.gouv.fr. Par ce accord, la banque HSBC Private Bank Sussie reconnaît l'existence des faits reprochés et s'engage à verser la somme de 300 millions d'euros. V. not. : A. Gaudemet et A. Dill, « Convention judiciaire d'intérêt public : une première particulière », *JCP* G 2017, n° 51, 1331 ; M. Segonds, « Convention judiciaire d'intérêt public - De l'art de l'ombre à l'art du clair-obscur », *Dr. pén.* 2018, comm. 14 ; G. Poissonnier, « Première convention judiciaire d'intérêt public entre le parquet national financier et une banque - Une révolution sans lendemain ? », *JCP* E 2018, n° 7, 1088 ; P. Dufour, « Réflexions autour de la première convention judiciaire d'intérêt public », Dalloz Actualités, 7 déc. 2017 ; D. Rebut, « La CJIP au service du budget de l'Etat », *JCP* G 2017, n° 49, 1297 ; J. Morel-Maroger, « HSBC Private Bank Suisse SA, première signataire d'une convention judiciaire d'intérêt public », *Gaz. Pal.* 2018, n° 08, 71 ; O. Claude, « Réflexions sur la première convention judiciaire d'intérêt public », *AJ pén.* 2018, 30.

140 S'agissant des motifs retenus, après avoir souligné que « *les débats ont ensuite conduit le ministère public puis HSBC Private Bank Suisse à justifier du recours à la présente procédure* », l'ordonnance se contente de préciser « *qu'il apparaît que la convention judiciaire est pleinement justifiée dans son principe et son montant. Il convient donc de la valider* ».

et financier illicite et de blanchiment aggravé de fraude fiscale. La convention avait en outre été proposée à l'occasion d'une instruction, et non au cours de l'enquête de police, ce qui devait pourtant, aux yeux de la représentation nationale, correspondre à une hypothèse peu probable en pratique[141]. Sans doute faut-il y voir la promesse d'un succès et d'une pleine effectivité de la CJIP, même si l'on attend surtout celles qui porteront sur la corruption[142]. D'inspiration étrangère, la convention judiciaire d'intérêt public suppose une acclimatation dans notre droit pénal, tandis que les expériences issues des autres États apparaissent indispensables pour anticiper les modalités de sa mise en oeuvre. L'institution, au milieu du gué, connaîtra certainement quelques aménagements et l'on veut croire qu'elle parviendra à servir ainsi la crédibilité internationale de la justice française.

---

[141] V. Rapport Sénat, n° 712, précit., p. 87.

[142] La première CJIP en matière de corruption active d'agents publics étrangers fut validée par le TGI le 23 février 2018 (SAS SET Environnement, pour une amende à hauteur de 800 000 euros). Depuis, deux autres conventions ont été validées, les 25 mai (SAS Poujaud, pour une amende à hauteur de 420 000 euros) et 4 juin 2018 (Société générale SA, pour une amende à hauteur de 250 150 755 euros).

La corruption contre une menace pour les jeunes démocraties en Europe centrale et en pologne

Piotr STEPNIAK

Professeur à l'Université de Adam Mickiewicz (Pologne)

I. Nature du problème. Remarques générales

1. Il n'existe pas de pays dans le monde qui est absolument exempt de corruption. Les institutions sociales, même dans les pays de longue tradition démocratique, ne fonctionnent pas parfaitement, à plus forte raison dans les pays d'Europe Centrale et de l'Est, aussi bien en Pologne, où le système démocratique est encore jeune. L'un des dangers de la jeune démocratie est la corruption justement.

Contrairement à l'opinion populaire, cela ne touche pas seulement la sphère des biens matériels, mais aussi d'autres domaines sociaux et politiques, plus importants encore, liés au fonctionnement de l'État.

2. La corruption peut se produire dans toutes les sphères de la vie sociale, en particulier lorsque les décisions des personnes dépendent d'un traitement positif ou négatif. Les habitudes corrompues dans la société sont un facteur qui détruit les structures étatiques. Dans les situations extrêmes, un système complexe de comportement et de dépendance criminelle se pose.

La corruption facilite souvent le fonctionnement des groupes de criminalité organisée, pour lesquels il est essentiel de commettre d'autres crimes graves, y compris économiques, entraînant de sérieuses pertes pour le budget de l'État.

3. Un bref diagnostic des menaces. Parmi les domaines de la vie sociale en Pologne les plus menacés par la corruption, il est possible de répertorier : administrations locales, publiques et étatiques, santé et pharmacie, éducation et enseignement supérieur, administration des douanes et administration fiscale, institutions mettant en œuvre

des programmes de l'Union Européenne, application de la loi et justice, secteur économique, secteur professionnel métiers sportifs.
Du point de vue du processus de prise des décisions légales, les procédures d'attribution de fonds publics, décisions et autorisations, élaboration de lois, etc. sont exposés au risque le plus grand de corruption.

4. Le développement du phénomène de la corruption en Pologne a été influencé non seulement par des facteurs économiques, mais aussi par les racines historiques et culturelles qui ont formé un type spécifique de conscience sociale, de mentalité et un système de valeurs favorisant un comportement contraire à l'éthique. Il est typique pour les pays d'Europe centrale et orientale, caractérisé par son caractère distinctif. Il résiste encore aux changements malgré les progrès des états démocratiques dans le cadre de l'Union Européenne. C'est pourquoi le problème de la corruption dans les pays d'Europe Centrale et de l'Est reste toujours présent et grave.

5. Actuellement, le terme «corruption» est ainsi largement compris en Pologne. Il s'agit d'abord de «prendre» et de «donner», c'est-à-dire de vénalité. Ensuite, c'est un abus de fonction publique à des fins privées. Troisièmement, toutes sortes d'arrangements économiques anormaux, de négociation, de manipulation dans la réception des travailleurs et de la mise en service des travaux publics, ainsi que dans les processus de privatisation et de reprivatisation. Enfin, citons le népotisme - favoritisme dans les différents arrangements économiques et sociaux des membres de la famille, des parents ou des proches.

6. Comme il s'ensuit, le degré de diversité de la corruption est très élevé : de l'utilisation négligeable de l'influence sur quelqu'un pour régler son affaire (par ex. travail) à la vénalité institutionnalisée.

II. Causes traditionnelles de la corruption en Pologne

1. Le problème de la corruption et ses causes peut être considéré à différents niveaux et dimensions. Le plus important, c'est le niveau macro-social, national et micro-social, dans la vie quotidienne. Les racines historiques et culturelles profondes de la corruption parmi les gouvernants et dans la pratique quotidienne autorisent cette conclusion. Les deux niveaux sont liés avec eux. Ce lien donne le troisième niveau, c'est-à-dire intermédiaire, mezzo-social. Il concerne certaines relations entre citoyens et certaines autorités, par exemple judiciaire.

2. Il vaut la peine de donner des exemples pour chacun des niveaux indiqués.

a. Niveau étatique. À la fin du 19ème siècle, la Pologne était répartie entre trois pays : la Prusse, l'Autriche et la Russie. Cela signifiait qu'en Pologne orientale travaillaient des fonctionnaires publics nommés par les autorités russes. En conséquence, le Tsar de la Russie a émis un décret déterminant des salaires. Ils étaient très bas. La justification officielle de ces taux était que dans le tsarisme la pratique de la corruption était universelle et généralement acceptée, donc ils allaient facilement accroître leurs revenus. Il n'était donc pas nécessaire que le budget de l'État perde trop de l'argent, en leur payant des salaires plus élevés.

b. Niveau micro-social, la vie quotidienne. Traditionnellement, la corruption, aussi avec un petit «c» était et est toujours dans les pays de l'Europe Est – Centrale, aussi en Pologne, un phénomène presque universel. Il est devenu coutumier, culturellement établi, d'apporter des chocolats et du café au «cas». Plus il est important, plus la preuve de gratitude est chère. Cela passe par de l'alcool, une invitation à dîner ou, tout simplement, par des dons en argent dans des enveloppes. Cependant, nous ne considérons pas le côté éthique d'un tel comportement et les limites de la décence. Les avantages réciproques des deux parties sont décisifs ici. Par exemple, l'obtention d'un accord plus rapide et plus pratique sur l'accomplissement d'une activité particulière, d'autre part l'argent. Alors, c'est une coutume historiquement formée. Il est très difficile de l'éliminer de la vie quotidienne.

c. Enfin, un exemple de niveau intermédiaire, personnel et concernant ma carrière professionnelle. Il y a des années, j'étais avocat. Différents clients sont venus à mon Cabinet pour obtenir de l'aide. Ce n'était pas toujours une aide juridique. Certains m'ont demandé si j'étais en mesure de régler leur affaire au tribunal qui était importante pour eux. Lorsque j'ai essayé de leur expliquer la situation légale, approcher la procédure et les solutions de droit éventuelles, ils m'ont répondu, en disant : Monsieur, votre code criminel, ou civil, ne m'intéresse pas. Je suis intéressé par ce que vous pouvez obtenir du juge au sujet du contenu du jugement et combien cela me coûtera. Mon seul souci est de savoir combien cela me coutera précisément. C'est ainsi que j'ai terminé à l'Université. La mentalité d'une certaine partie de la clientèle était comme ça. Selon elle, un bon avocat n'est pas celui qui maîtrise le droit. C'est celui qui part systématiquement au tribunal avec un portefeuille rempli d'argent et achète des règlements définis. Une telle mentalité représente une grave maladie sociale. Et pourtant, elle résiste fortement au changement. Actuellement, après la chute du système communiste les changements sont lents, plus difficiles à réaliser que le changement de l'organisation de la structure et des règles de travail des tribunaux.

2. Pour résumer, dans de nombreux pays d'Europe centrale et orientale, y compris en Pologne, la corruption est devenue un problème non seulement systémique, mais aussi social. Les Polonais reconnaissent l'existence du problème, condamnent publiquement le phénomène, mais pratiquement ils ne font rien pour changer la situation. Il arrive souvent que, malgré nos critiques, nous participons activement à des activités corrompues, comme la remise d'un pot-de-vin à un fonctionnaire. Le meilleur exemple d'une telle situation se situe dans les intervalles rapprochés des scandales, tels que les soi-disant "Rywingate", le scandale de la corruption à l'Association polonaise de football, ou ces dernières semaines à l'hôpital du Ministre des Affaires intérieure à Varsovie. Les Polonais déplorent ce qui se passe, mais ils contribuent encore au développement de la corruption dans le pays. C'est d'ailleurs, un phénomène pas seulement polonais.

III. Facteurs qui causent la corruption au début de XXI siècle

Les changements de régime rapides en Pologne selon les concepts néo-libérales, les réformes économiques, le transfert rapide des ressources du secteur public au secteur privé, un changement lent de standards moraux, juridiques et professionnels, sont les principaux facteurs qui ont favorisé le développement de nouveaux phénomènes de corruption après 1989. Plus précisément, nous pouvons indiquer les causes suivantes :

1. La démocratisation dans les pays post-communistes. La négation totale du système précédent, l'absence de nouveaux modèles du comportement socialement sanctionnés, l'incompétence des élites gagnantes, le sabotage et l'opportunisme des anciennes élites. L'adaptation de formes démocratiques aux arrangements personnels et aux besoins temporaires des gouvernants. Le mirage des carrières politiques et financières.

2. L'antinomie entre le système de la démocratie (l'égalité des droits des citoyens) et le marché libre (la stratification fondée sur des ressources matérielles).

3. La fragilité des solutions libérales. Le déséquilibre entre l'intérêt de l'individu et l'intérêt de la communauté en raison de la limitation du rôle de l'Etat.

4. Le manque d'un sentiment de sécurité chez les citoyens, l'aliénation des citoyens et la croissance de l'oligarchie et l'anarchie de la vie sociale.

5. L'érosion du système moral de la société en raison des disparités excessives entre effort socialement reconnu, talent et revenus perçus.

6. La formation de la loi de casuistique, l'amplification de la bureaucratie, la destruction du système juridique. Les conditions de reproduction pour les fraudeurs.

IV. Types et catégories de corruption après 2004

Le processus de développement du phénomène de corruption a été très long et plus d'une douzaine de modalités différentes se sont formés. Plusieurs classements peuvent être effectués. Ci-dessous, par exemple, l'un d'entre eux. Du point de vue du fonctionnement de l'état, les quatre types de corruption les plus significatifs sont :

a. corruption administrative. Il s'agit de la corruption non économique liée au fonctionnement de l'administration publique dans les domaines de la santé, de la protection sociale et de l'éducation. Un exemple est la légalisation du véhicule[1]. On croit généralement que c'est le type de corruption le plus développé en Pologne.

b. corruption économique. Elle comprend également tous les actes illégaux de vente, ainsi que la vénalité dans la vie économique. C'est l'un des types les plus développés en Pologne, mais aussi dans le monde. Sa cause est la dépendance fréquente du secteur économique aux institutions d'état. À titre d'exemple, il est possible de citer un cas de sous-estimation délibérée de la valeur d'une propriété d'état. Au cours des derniers mois en Pologne, une affaire éclatante a concerné

[1] Il s'agit de délivrer un certificat officiel d'enregistrement pour une voiture volée.

la vente d'une parcelle au centre de Varsovie. Il s'agissait d'un terrain de grande valeur. Son propriétaire avait été tué à la Seconde Guerre mondiale et la Mairie en avait la disposition. Les fonctionnaires de la Mairie ont décidé de le vendre à un homme d'affaires pour 5 % de son prix réel.

c. La corruption politique. Ce sont tous des actes de corruption, ainsi que des ventes liées à la vie politique. C'est généralement le désir de maintenir ou de prendre un pouvoir public ou une fonction étatique. Sa cause est la capacité à profiter de l'influence de quelqu'un ou d'obtenir une approbation dans une situation donnée. Il s'agit par exemple d'offrir un poste à haut rang dans l'administration publique ou gouvernementale, les sociétés du Trésor public, etc. Ce type de corruption en Pologne s'aggrave.

d. corruption électorale. Il s'agit de cas où les élections à toute autorité sont la cause de la vénalité. Habituellement, l'objectif principal est d'exercer une influence sur le vote. Un exemple est le financement des partis politiques, des avantages matériels sont octroyés contre la promesse de voter pour une personne déterminée. Ce type de corruption n'est pas particulièrement visible en Pologne. Cependant, après chaque élection, il s'avère que certaines sources de financement de campagnes sont suspectes. En principe, il n'y a pas de condamnation pénale pour des crimes de cette nature.

Outre ces quatre types principaux de corruption, il est possible de souligner qu'en Pologne après 1989, est apparu aussi le phénomène de corruption à l'autonomie locale, la corruption législative (influencer la forme de la loi en échange d'un bénéfice au profit de l'homme politique, par exemple le scandale de Rywin qui voulait obtenir une licence pour ses journaux), la corruption à la fourniture information (vente d'informations d'état au secteur privé), la corruption dans les marchés publics et privés.

V. Structure, dynamique de développement et différents types de corruption en Pologne au début de XXI siècle

1. Nombre des infractions et leurs structures. Pour les raisons mentionnées ci- dessus, il est plus facile de présenter la structure, la dynamique de développement et les différents types de corruption en Pologne au début du XXI siècle au niveau officiel, en se basant sur les

statistiques publiques. Elles ne comprennent que le niveau macro et mezzo-social, parce que le niveau micro est dominé par le chiffre noir.

2. La dynamique nationale de changement dans la sphère de corruption en Pologne aux années 2007- 2015 est présenté sur le schéma ci-dessous.

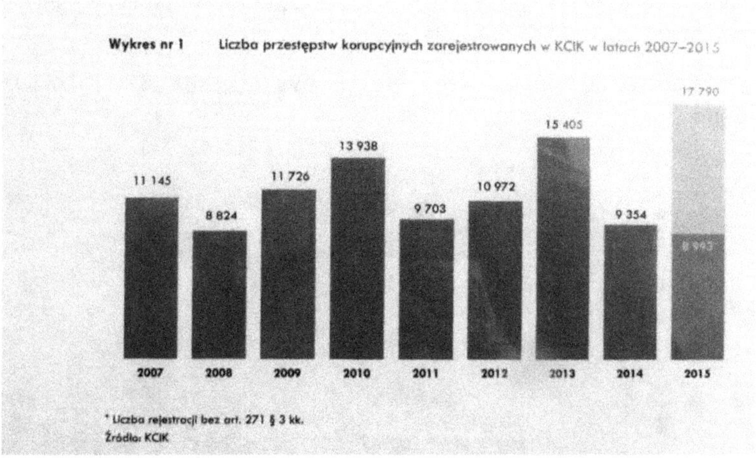

Comme on le voit, le nombre des infractions enregistrées liées à la corruption n'est pas linéaire. Il est difficile de noter une tendance progressive. Actuellement, le pourcentage de ce type de délinquance n'est pas trop élevé. Il représente moins de 10 % du total de la délinquance constatée par les autorités judiciaires.

3. Le Bureau Central Anticorruption à Varsovie a dévoilé des statistiques des différentes catégories d'infractions de corruption pour l'année 2015 en Pologne. Les données font référence aux textes suivants :

a. vénalité d'une personne exerçant une fonction publique (art. 228 du Code Pénal),

b. vénalité générale - active et passive (art. 229 du Code pénal), c. protection payée (art. 230 du CP),

d. délivrance d'autorisations par un fonctionnaire public en contrepartie d'un profit financier (art. 231 § 2 du CP),

e. corruption électorale (article 250 du CP),

f. attestation de fausseté dans le document officiel par un fonctionnaire public en contrepartie d'un avantage financier (article 271 § 3 du CP) ;

g. délivrance d'autorisations ou non-exécution des obligations causes par le chef d'une unité organisationnelle qui cause un dommage à cette dernière ou une concurrence déloyale en contrepartie d'un avantage financier (article 296 du CP).

h. autres infractions en matière sportive (art. 46 à 48 de la Loi sur le sport).

Tabela nr 1 Liczba rejestracji przestępstw korupcyjnych w 2015 r.

Kwalifikacja prawna (artykuł)	Policja	ABW	CBA	Prokuratura	SG	ŻW	Organy informacji finansowej	Organy celne	Razem
228 kk	2 170	0	68	135	17	8	0	0	**2 398**
229 kk	1 757	0	65	273	69	2	1	0	**2 167**
230 kk	618	0	33	10	0	1	0	0	**662**
230a kk	96	0	15	6	0	1	0	0	**118**
231 § 2 kk	2 790	0	18	68	9	9	0	0	**2 894**
250a kk	109	0	5	1	0	0	0	0	**115**
271 § 3 kk	8 719	8	24	23	22	1	0	0	**8 797**
296a kk	261	0	21	8	0	0	0	0	**290**
296b kk	96	0	0	0	0	0	0	0	**96**
305 kk	216	1	18	6	1	0	0	1	**243**
46 ustawy o sporcie	7	0	0	0	0	0	0	0	**7**
47 ustawy o sporcie	0	0	0	0	0	0	0	0	**0**
48 ustawy o sporcie	2	0	0	0	0	0	0	0	**2**
54 ustawy o refundacji	1	0	0	0	0	0	0	0	**1**
Razem	**16 842**	**9**	**267**	**530**	**118**	**22**	**1**	**1**	**17 790**

Źródło: KCIK

Comme le montre clairement le tableau, l'attestation de fausseté dans un document officiel par un fonctionnaire public en contrepartie d'un avantage financier domine actuellement. Elle représente près de la moitié de toutes les infractions de corruption officiellement enregistrées en Pologne. Deuxièmement émerge la délivrance d'autorisations par un fonctionnaire public pour le profit financier (16,26 %). Ensuite, on trouve la vénalité d'une personne exerçant une fonction publique (13,48 %) et la vénalité générale - active et passive (12,18 %).

Cependant, il convient de noter que seule la première des infractions indiquées est importance au regard de la politique criminelle (environ 1 % du nombre total de crimes enregistrés ; 833 281 en 2015 en Pologne, soit 9 % de moins qu'en 2014 où le nombre de crimes était de 915 871). Les trois autres occupent une place marginale dans la structure globale du crime enregistré.

Ces données sont susceptibles d'être augmentées par le chiffre noir. Le problème est qu'il existe peu de rapports sur de tels crimes, ainsi qu'une énorme zone grise aux niveaux micro et mezzo-social.

La géographie nationale de la corruption enregistrée officiellement

Pour compléter l'image de la corruption en Pologne, il convient de présenter encore la carte de corruption selon les zones géographiques.

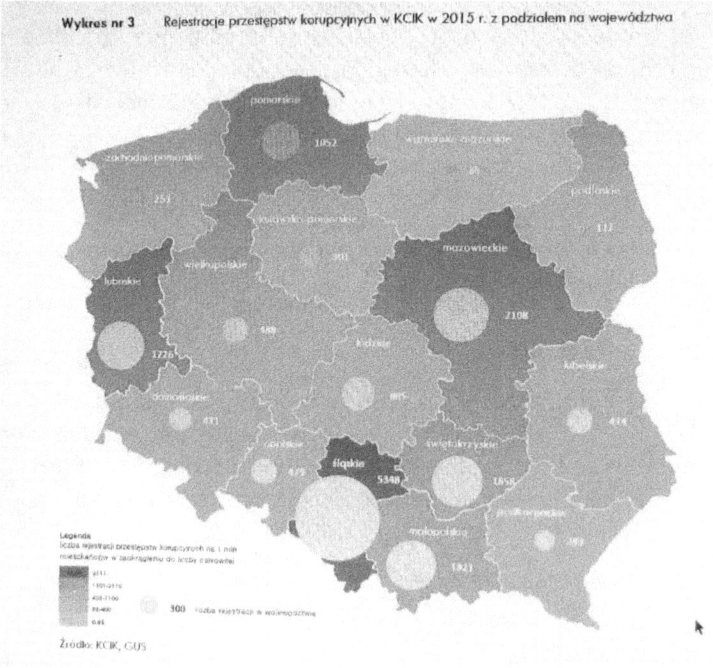

Selon cette carte, les taux de corruption les plus élevés apparaissent dans trois régions : la Silésie, Varsovie et Lubuskie. La première est le centre traditionnel de l'industrie lourde, de la métallurgie et de l'exploitation minière. À la suite des processus de restructuration, de nombreuses entreprises, usines et mines ont été liquidées. Les autres, ainsi que celles nouvellement créées, mènent une lutte difficile et brutale pour leur survie, ce qui est propice à la corruption.

La deuxième c'est la région où la capitale de la Pologne a son siège - Varsovie. On y trouve le gouvernement central et les bureaux de l'État. Ceux-ci délivrent les permissions et les concessions, ainsi que les différentes décisions, y compris stratégiques. Elle attire de nombreux investisseurs étrangers, domestiques, banques, diverses entreprises, différentes sociétés et associations de droits civils et de droit des affaires. Il y est possible de créer des conditions plus ou moins favorables pour pouvoir fonctionner sur le marché économique et commercial polonais.

La troisième région est Lubuskie. Elle a un caractère agricole et se situe près de la frontière allemande. C'est là qu'on trouve le plus de membres de la police frontalière et les plus grands offices de douane et fiscaux en Pologne. Le flux de personnes et de biens est énorme, ce qui favorise la corruption des fonctionnaires qui travaillent à la frontière.

VI. Comment lutter contre la corruption. Dispositifs pour un programme effectif

1. Remarques générales

1. La lutte contre la corruption nécessite une approche systémique, car c'est un phénomène social qui ne peut être réduit à une institution. Elle exige aussi, peut-être surtout, le changement des attitudes sociales, plus précisément, le changement de la mentalité et des attitudes pro-corrompues vers des anti-corrompues.

2. Deuxième dispositif c'est l'universalité de la lutte contre la corruption. Il s'agit de :

a. élaboration de normes civiques rejetant les suggestions de corruption,

b. assurance de la transparence de la vie publique,

c. limitation du secret d'état et économique,

d. présentation publique des informations de l'actif annuel par les personnes publiques,

e. L'accès à l'information avec la protection de la vie privée des citoyens,

f. La réduction de la diversification excessive du revenu dans la sphère publique et privée.

6. Des subventions pour des services de santé, l'éducation, la police, les fonctionnaires, les juges, etc.

3. Il existe plusieurs modèles de systèmes enclins à respecter ces directives. L'un des meilleurs en Europe est représenté par les pays scandinaves. Une haute stabilité sociale et systémique, l'égalitarisme relatif dans l'accès aux biens. La limitation de la dissection sociale, la construction de la cohésion de la société dans la lutte contre la corruption.

2. Modèle de l'Europe centrale, y compris la Pologne

a. La lutte contre la corruption signifie la restriction des droits et libertés civiles. C'est une question politique, qui touche la jeune démocratie en Pologne. Elle est très délicate à cause de l'héritage historique (système totalitaire communiste). Il est particulièrement important de maintenir un équilibre entre la corruption et l'efficacité de lutte contre la corruption, notamment ses outils et méthodes.

b. Les pays de d'Europe Centrale, y compris La Pologne, comme les membres de l'Union Européenne sont soumis aux normes anti-corruption de l'UE. Il faut souligner que la lutte contre la corruption dans l'Union Européenne est devenue l'une des priorités du troisième pilier de l'UE ces dernières années. L'institution principale de lutte contre la corruption est l'OLAF (Office européen de lutte antifraude). Au cours des dernières années elle a développé des dispositifs et une méthode de lutte contre ce phénomène (stratégie interdisciplinaire de lutte contre la corruption, principes de coopération policière avec le pouvoir judiciaire, mandat d'arrêt européen, transparence dans la vie publique).

c. Donc, en général, la répression de la corruption en Pologne résulte de ses obligations internationales. Elle se base notamment sur la

Convention des Nations Unies contre la corruption d'octobre 2003 et surtout sur les actes légaux européens : Résolution n° 24 (97) du Comité des Ministres du Conseil de l'Europe de novembre 1997 et Décision du Conseil de l'Union européenne n° E 2008/852/ JAI du 24 octobre 2008.

La Convention des Nations Unies a obligé les États ayant ratifié cette convention à reconnaître officiellement toute pratique corrompue en tant que crime. Il soutient également le développement d'institutions dont la tâche est de prévenir les pratiques de corruption et de poursuivre les personnes accusées de corruption. La Convention a été ratifiée par la Pologne en 2006.
Au niveau régional, la Résolution n° 24 (97) du Comité des Ministres du Conseil de l'Europe a obligé la Pologne à entamer un programme d'action dans la lutte contre la corruption et à respecter ses 20 principes de base. En appliquant ce programme, la Pologne est devenue un membre de groupe du Greco (Groupe d'États européen contre la corruption). Ceci augmente la capacité à lutter efficacement contre la corruption. Greco surveille et évalue les moyens et les outils utilisés par chaque pays de membre, donc la Pologne.
Le deuxième outil correspond à la décision 2008/852 / JAI du 24 octobre 2008. Elle a créé l'EACN (European Anti-Corruption Network) et le Système de points de contact pour l'application de la loi (EACN) des États membres de l'Union européenne. La Pologne participe à ce système.

d. En Pologne, les nombreuses institutions, organismes et services sont responsables de la prévention de la corruption. Le Bureau Central Anticorruption, la Police, l'Agence de Sécurité Intérieure, le Trésor et les bureaux de contrôle des douanes jouent un rôle central. La Coalition anti-corruption des organisations non gouvernementales a également été créée aussi. Le travail de ces organismes est coordonné par le Ministère de l'Intérieur.

e. Pour les années 2015-2022, les principes, mesures et méthodes de lutte contre la corruption en Pologne sont définis par un programme gouvernemental spécial. Son objectif est de réduire le niveau de corruption en renforçant la prévention et l'éducation tant dans la société que dans l'administration publique, et en luttant plus efficacement contre la corruption. Il s'appuie sur l'intensification de la prévention et de l'éducation anti-corruption. Il est évident que seulement la conscience bien formée de la nocivité de la corruption permet de limiter définitivement l'apparition de cette pathologie. Enfin, dans le but d'accroître l'efficacité de la lutte contre la corruption, il faut construire un capital social adéquat. C'est le devoir le plus difficile, parce qu'il est lié à la mentalité de la société. Le programme gouvernemental de lutte contre la corruption suppose deux types d'actions :

- renforcer la prévention et l'éducation de la société,
- renforcement de la lutte contre la corruption.

Il convient de souligner que ces dernières années, le gouvernement a tenté d'équilibrer le rôle de l'État entre la prévention et la lutte contre la corruption. Nous avons vu que les meilleurs effets de la politique répressive et la lutte contre la corruption permettaient d'empêcher cela. Les étapes successives dans les efforts de lutte contre la corruption du gouvernement au cours des années 2002 à 2012 ont évolué dans cette direction. Un exemple peut être la campagne médiatique dans les années 2012/2013 - Corruption combien vous payerez pour elle ? Ce projet a été initié par le Bureau Central Anticorruption.

3. Outils pénaux

Pour conclure, quelques remarques sur les outils pénaux de la lutte contre la corruption. Dans le Code Pénal polonais les règles sont les suivantes :

a. Les peines sont plus sévères pour la corruption de plus hauts fonctionnaires d'état, personnes de confiance publique, juges, procureurs, agents de fisc.

b. Une peine supplémentaire obligatoire, la restriction des droits publics au minimum.

c. La perte des avantages matériels proportionnelle à la condamnation (la confiscation de la propriété entière violerait la présomption d'innocence).

d. La nullité de plein droit des décisions, transactions et contrats conclus par le jeu de la corruption.

Rapport de synthèse

Philippe BONFILS
Professeur à Aix-Marseille Université
Doyen honoraire de la faculté de droit et de science politique
Avocat au Barreau de Marseille

Introduction

La corruption est un phénomène qui semble inhérent à toute forme de société, que l'on regarde dans l'histoire comme dans le monde. On considère pourtant que le phénomène de corruption connaît un développement considérable et inédit. Et pourtant, on constate en même temps une exigence de transparence et d'éthique, et une prise de conscience des dangers de la corruption. Il y a ici un paradoxe. La corruption semble être largement réprouvée, et, dans le même temps, elle semble n'avoir jamais été aussi répandue. Il est vrai que, d'une certaine manière, notre société contemporaine semble faciliter la corruption. D'abord, la mondialisation ou la globalisation que nous connaissons favorise sans doute la corruption, puisque les échanges économiques se trouvent quant à eux largement mondialisés. Ensuite, on assiste à un accroissement de l'écart entre les plus pauvres et les plus riches, qu'il s'agisse des pays entre eux ou des citoyens à l'intérieur de chacun des pays.

Il y a, comme l'a relevé le Professeur BELLO, un vrai discours contre la corruption –qui est unanimement réprouvée-, et en même temps la corruption semble extrêmement répandue. C'est ce paradoxe qui constitue le thème de ce nouveau congrès de l'association internationale des pénalistes francophones. De ce point de vue, le thème de ce congrès est particulièrement bien choisi, et, comme l'a montré le Professeur JAPIASSU, particulièrement actuel, si l'on considère notamment les affaires ayant touché l'Argentine, le Brésil, l'Ukraine, les pays arabes et du Maghreb... S'agissant du Brésil, le procureur GUEIROS a même parlé d'un printemps brésilien, pour évoquer les manifestations en juillet 2013 de millions de brésiliens contre le mauvais fonctionnement des services publics et la corruption. Il est incontestable que la corruption est un phénomène très répandu, et très grave. En effet, la corruption a des conséquences néfastes à tous les niveaux : celui de l'économie du pays, celui du niveau de vie des particuliers, celui de la vie politique en encourageant des réactions populistes, et comme l'a montré le Professeur COSTA, la corruption viole les Droits de l'Homme, et menace la Démocratie et l'état de droit, au point que certains auteurs rapprochent la corruption d'un crime contre l'Humanité.

Quoi qu'il en soit, puisque la corruption est partout, et puisque tout le monde s'accorde pour considérer que la corruption est un mal endémique, il est utile de connaître l'état des différentes législations, pour connaître le phénomène, et préciser les meilleurs moyens de lutte contre lui.

Précisément, ce congrès a consacré à ces questions deux jours de travaux extrêmement riches, avec des interventions de spécialistes de nombreux pays différents : brésiliens, français, espagnol, argentin, polonais. Les différents interlocuteurs qui se sont succédé ont donné de la corruption une image plus précise, qui dépasse les frontières des différents pays.

Au terme de leur intervention, ils ont précisé comment pouvait être appréhendé le phénomène de corruption et comment on pouvait lutter contre ce phénomène. J'envisagerai donc dans un premier temps l'appréhension de la corruption (I), et dans un second temps la répression de la corruption (II).

I. L'appréhension de la corruption

Qu'est ce que la corruption ? Assez étonnamment, il n'est pas facile de répondre à cette question, alors même que tout le monde connaît ce mot, et pense connaître la notion. A cet égard, le Professeur JAPIASSU a fait, en introduction, un travail conceptuel indispensable, et le Professeur de la CUESTA a montré justement que la corruption est un phénomène criminel, un phénomène protéiforme, difficile à cerner, notamment sur un plan juridique. Ce congrès a permis de montrer que la corruption pouvait – et devait – être appréhendée de deux manières différentes et complémentaires : de manière criminologique, et de manière juridique

A. L'appréhension criminologique de la corruption

D'un point de vue criminologique, la connaissance d'un phénomène commence par sa description, par l'étude de ses manifestations. Ensuite, mais seulement ensuite, on peut essayer d'en rechercher les causes. C'est cette démarche que nous avons adoptée, parfois même sans nous en rendre compte, au cours de ce congrès.

1. Manifestations

Il n'est guère de sociétés, dans l'histoire ou dans le monde, qui ne connaissent pas à des degrés plus ou moins importants la corruption. Un certain nombre d'affaires, politico-économico-médiatiques, ont fait état de faits de corruption, souvent à une échelle considérable. On peut penser par exemple à l'affaire des Panamas Papers, ou encore en France à l'affaire dite des « biens mal acquis ». Le cas de l'Argentine est intéressant ici ; en effet, comme le rappelle le Professeur GARIBALDI, l'Argentine a élu depuis 1983 six présidents de la République, et cinq d'entre eux ont été liés d'une manière ou d'une autre à une affaire judiciaire de corruption...

Mais la corruption peut prendre des formes extrêmement différentes. Au terme de ce congrès, on a vu plusieurs manifestations de la corruption. Surtout, dans une démarche micro-criminologique, le Professeur STEPNIAK a établi une typologie très convaincante, opérationnelle bien au delà du seul cas de la Pologne. Pour reprendre son analyse, il y aurait ainsi principalement quatre types de corruption : corruption administrative, corruption économique, corruption politique et corruption électorale. On pourrait aussi rajouter une corruption très particulière, celle du pouvoir judiciaire, et le Professeur CALMON a montré les difficultés posées par cette corruption particulière, qui émane de ceux qui sont chargés de lutter contre la corruption...

2. Causes

La corruption apparaît comme un phénomène qui touche, bien qu'à des degrés divers, toutes les sociétés. Mais elle n'a pas toujours, dans l'histoire comme dans le monde, la même importance. On sait, par exemple, qu'elle est certainement moins grande dans les pays scandinaves que dans le sud de l'Europe, ou dans certains pays d'Afrique. En d'autres termes, le développement et l'importance de la corruption sont fonction d'un certain nombre de facteurs : historiques, culturels, économiques bien sûr, politiques aussi. Comme l'a dit le Professeur JAPIASSU, la complexité du phénomène de corruption ne peut être appréhendée sur le seul terrain juridique, et sa compréhension suppose, au moins partiellement, une approche multidisciplinaire.

Le professeur STEPNIAK a montré pourquoi la Pologne, comme la plupart des pays d'Europe centrale et de l'est, était particulièrement touchée par ce phénomène. Il a montré aussi que la corruption en Pologne se retrouve particulièrement dans trois régions, caractérisées l'une par de grandes difficultés économiques, l'autre par la concentration des autorités (la capitale), et la troisième par la proximité avec l'Allemagne et les occasions d'échange et de trafic entre les deux pays. Dans le cas de l'Argentine, le Professeur GARIBALDI a mis en lumière l'importance de l'héritage historique (notamment les commerces illicites au temps de la colonisation), dans l'anomie qui accompagne la corruption. S'agissant du Brésil, le Professeur BARETTO a montré lui aussi l'importance de l'héritage historique et culturel. La structure familiale fermée induirait une difficulté à distinguer les sphères privée et publique, et le mode de vie colonial (stratification sociale très stricte : aristocratie, hommes libres, esclaves) aurait favorisé un certain patrimonialisme, l'occupation d'un poste public apparaissant moins comme un devoir que comme une opportunité d'enrichissement personnel. Cette considération a été illustrée par le Vice-Recteur IORIO, à l'occasion des affaires Mensalao et Lava Jato, qui a relevé au Brésil une certaine inégalité juridique traditionnelle (l'égalité est davantage distributive que commutative). Sans doute, pour suivre l'analyse du Professeur VAL, la déficience de la démocratie (particulièrement en Amérique latine) est un élément qui est clairement corrélé avec la corruption.

B. L'appréhension juridique de la corruption

Ainsi qu'on vient de le voir, la corruption emprunte des formes nombreuses et variées, ce qui complique évidemment la tâche du droit pénal, attaché au principe de la légalité des incriminations et des peines. L'appréhension juridique de la corruption rend compte de la diversité du phénomène.

1. Diversité des incriminations

En effet, au delà de leurs différences, les législations nationales s'efforcent de s'adapter à la réalité de ce que le langage courant appelle la corruption. De fait, l'appréhension juridique de la corruption passe par une très grande diversité des incriminations. S'agissant du droit français, J. FALXA a montré que le Code pénal réprime la corruption proprement dite, mais aussi la concussion, le trafic d'influence, la prise illégale d'intérêts, le favoritisme, le détournement de biens publics… et encore, s'agissant de la corruption proprement dite, il distingue la corruption active et la corruption passive. Le droit polonais aussi adopte diverses incriminations, pour réprimer l'ensemble des comportements de corruption : le Professeur STEPNIAK a relevé près de 10 incriminations qui appréhendent juridiquement la corruption dans son pays. Le Professeur GARIBALDI, dans la présentation qu'il a faite du droit argentin, liste quant à lui 12 incriminations qui relèvent de manière significative de la corruption.

2. Unité de la notion

Pour autant, au delà de la diversité des incriminations (au sein de chaque pays et des divers pays), la notion de corruption semble avoir une réalité juridique. Le Professeur JAPIASSU a justement montré l'intrusion du terme « corruption » dans les lois brésiliennes. Surtout, la corruption se trouve désormais pleinement reconnue, sur un plan juridique, au niveau international, ce qui contribue à lui donner du sens. Si la corruption internationale n'est pas nouvelle, son identification par les législations internes et par des conventions internationales est assez récente. En moins de trente ans, la corruption internationale a donné lieu à de très nombreux textes, nationaux, régionaux, ou internationaux. Le Professeur JAPIASSU a ainsi relevé : le protocole de la Convention pour la Protection des intérêts financiers des Communautés européennes (1996), la Convention interaméricaine contre la corruption approuvée par l'Organisation des Etats Américains (1996), l'Accord concernant la lutte contre les actes de corruption impliquant des fonctionnaires de l'Union européenne (1997), le Code des bonnes pratiques de transparence dans les politiques monétaires et financières du Fonds monétaire international (1999), la Convention de l'union Africaine contre la corruption (2003), la Convention des Nations Unies contre le crime organisé et transnational (2000) et la Convention des Nations-Unies contre la corruption (2003).

Les juridictions internationales peuvent jouer un rôle dans la construction de la notion de corruption, en favorisant l'harmonisation des législations des différents pays concernés. C'est le cas de la Cour interaméricaine des droits de l'Homme, comme nous l'a montré le Professeur COSTA, puisque cette juridiction a publié un communiqué de presse en faveur de la lutte contre la corruption, listant un certain nombre de bonnes conduites devant être respectées par les Etats membres.

Le Professeur de la CUESTA a proposé une définition générique avec trois éléments : un abus, de fonction, donnant lieu à un avantage illicite. Cela rejoint la définition que j'avais proposée, il y a quelques années lors d'un colloque organisé à Aix : la corruption désigne le dévoiement d'un rapport d'autorité. Le premier mérite de ce colloque est d'avoir proposé une vraie réflexion sur la manière dont la corruption devait être appréhendée. Mais il a aussi l'intérêt d'avoir prolongé l'analyse, autour de la lutte contre ce phénomène.

II. La répression de la corruption

Comme on l'a relevé précédemment, la corruption est une dérive du fonctionnement de toute société, et tout le monde s'accorde à considérer que la lutte contre la corruption doit être une priorité. A cet égard, chaque pays, chaque législation, développe ses propres moyens de lutte, et l'un des intérêts des congrès internationaux comme celui-là est d'échanger sur les pratiques de chacun. Dans cette perspective, les intervenants ont d'abord présenté la lutte juridique contre la corruption. Mais, dépassant le champ de leur discipline, ils ont aussi montré que la lutte contre la corruption se situait aussi sur un autre terrain, extra-juridique ou sociétal. On envisagera donc la lutte juridique contre la corruption et la lutte extra-juridique contre la corruption.

A. La lutte juridique

La lutte contre la corruption se situe d'abord, et c'est logique, sur un plan juridique. La lutte est organisée à la fois sur le plan substantiel, et sur le terrain procédural.

1. La lutte substantielle

D'une certaine manière, l'incrimination de la corruption sous toutes ses formes constitue déjà en soi un élément important de la lutte contre la corruption. La plupart des législations, comme on l'a vu, connaît une très grande diversité d'incriminations, permettant de lutter de manière précise et adaptée aux comportements interdits. Plus récemment, et comme l'a montré le Professeur JAPIASSU, cette lutte contre la corruption est passée par l'adoption de textes internationaux, qu'il s'agisse de textes régionaux (Afrique, Europe, Amérique...) ou pleinement internationaux (sous l'égide de l'ONU). Le Professeur de la Cuesta a bien montré la nouvelle dynamique de la lutte contre la corruption. D'abord considérée comme une affaire interne de chaque Etat, la corruption est devenue une préoccupation internationale, avec le Foreign Corrupt Practics Act (USA 1977), des recommandations de l'OCDE et plusieurs conventions internationales. La même préoccupation se retrouve au niveau européen, avec l'institution de groupe de travail sur la corruption (le GRECO), et l'adoption de textes européens, relevant du Conseil de l'Europe ou de l'Union européenne. Dans cette perspective, la lutte contre la corruption passe aujourd'hui par de nouvelles stratégies, en s'orientant désormais vers la lutte contre le blanchiment, la fraude fiscale, et la corruption au secteur privé.

Ces instruments ont une double portée normative et symbolique. Une portée normative d'abord : cela est logique, car il s'agit de conventions qui lient les Etats, et parfois donnent des droits directs aux citoyens. Dans le même sens, ces textes permettent aussi de préciser des notions clés, et favorisent une harmonisation entre les législations. Ces textes ont également une portée symbolique, car on sait l'importance d'une stigmatisation officielle, au plus haut niveau de l'ordre juridique.

2. La lutte procédurale

Le législateur poursuit généralement sur le terrain procédural la lutte qu'il met en place sur le plan substantiel.

A cet égard, le premier acteur d'une justice efficace est incontestablement le parquet. C'est lui qui généralement va déclencher les poursuites, et de son action dépendra dans une large mesure l'efficacité de la justice. Dans le cas du Brésil, le Procureur GUEIROS a montré l'indépendance fonctionnelle du parquet -qui n'est pas lié au pouvoir exécutif-. Cette indépendance, assurée par la Constitution fédérale de 1988, est d'autant plus utile que la grande corruption est souvent (pour ne pas dire toujours) politique. Il est d'ailleurs intéressant de relever que l'un des buts des manifestants au Brésil en juillet 2013 était de préserver le pouvoir d'enquête et l'indépendance du parquet, menacé un temps par un projet de réforme. Mais le droit brésilien va plus loin, en ce qu'il a créé des centres de lutte contre la corruption, dans les capitales des 26 Etats de la Fédération et dans le district fédéral. Dans le même sens, l'accord de clémence, mis en place au Brésil en 2013 sur le modèle du système des repentis (exemption de sanctions contre reconnaissance de culpabilité et coopération à l'enquête) semble être une solution intéressante, et efficace.

En comparaison, le ministère public français apparaît, comme l'a très bien dit mon collègue et ami Jean-Paul CERE, en demi-teinte. Le ministère public français n'est pas véritablement indépendant, puisqu'il est hiérarchisé, et que la politique pénale du parquet est fixée en dernier ressort par le Ministre de la justice. Certes, le droit français a progressé récemment, avec la mise en place du parquet national financier par la loi du 6 décembre 2013. Ce parquet national financier a pour but d'accroître l'efficacité des poursuites des infractions de droit pénal des affaires, et spécialement de corruption. Bien sûr, l'action de ce parquet financier reste perfectible, notamment dans les rapports entre le PNF et les parquets classiques, dans la détermination de son domaine d'action, et dans les moyens qui devraient lui être accordés... Mais la démarche du législateur reste celle d'une recherche d'une meilleure efficacité, et, comme l'a expliqué Jean-Paul CERE, le parquet national financier apparaît comme un instrument crédible dans la lutte contre la corruption, notamment grâce à la centralisation (un parquet national) et à la spécialisation qui sont les siennes. La réalité du PNF se mesure à son activité : depuis sa création le PNF a fait procéder à la saisie de 78 millions d'Euros d'avoirs.

L'autre acteur –indispensable, de la lutte contre la corruption est évidemment la juridiction. A cet égard, il existe sans doute de grandes diversités de situations en fonction des pays. Le cas de l'Argentine, rapporté par le Professeur GARIBALDI peut sembler préoccupant. Il semble en effet que les juridictions en charge des affaires de corruption manquent cruellement d'indépendance, puisque la composition de ces juridictions est largement tributaire de considérations politiques. Quoi qu'il en soit, malgré un arsenal répressif important (12 incriminations en lien direct avec la corruption), très peu d'affaires donnent lieu à des poursuites, et moins encore à des condamnations (moins de 10 jusqu'en 2012). On rejoint ici bien volontiers l'opinion du Professeur GARIBALDI qui estimait que l'efficacité de la lutte contre la corruption passe par une procédure équitable, impartiale et indépendante. Et le Professeur CALMON a rajouté l'exigence de publicité de la procédure, spécialement lorsqu'il s'agit de corruption judiciaire.

Quoi qu'il en soit, encore faut-il que les moyens –logistiques, financiers, en personnels- suivent. Le Professeur BARETTO a évoqué quelques chiffres, dans le cadre de l'opération Lava Jato au Brésil : 844 recherches et saisies au Brésil et à l'étranger, 210 mandats d'amener, 104 mandats d'arrêt temporaires, 4220 policiers engagés pour la mise en œuvre des mesures judiciaires, 1320 voitures de police, 650 levées de secret bancaire et fiscal, 2milliards 400 millions de réals de biens bloqués ou saisis, 745 millions de réals rapatriés... Dans ce sens, le Brésil semble avoir clairement affiché une vraie volonté de lutter contre la corruption, ce que semble confirmer l'actualité, si j'en crois les condamnations fréquentes prononcées, et les peines très lourdes prononcées. Il en va de même en France, avec la loi Sapin 2, et la création de l'Agence Nationale Anticorruption. On peut signaler enfin l'importance de la coopération judiciaire, dans la lutte contre la corruption internationale, et Monsieur RIVAUD, magistrat français de liaison au Brésil, nous a expliqué combien était bonne la coopération entre la justice française et la justice brésilienne en ce domaine.

B. La lutte extra-juridique contre la corruption

La corruption n'est pas qu'un phénomène juridique, qu'une infraction pénale. C'est aussi un phénomène social, économique, culturel parfois aussi. C'est la raison pour laquelle la lutte contre la corruption n'est pas seulement limitée au droit, mais passe aussi par d'autres leviers, sur d'autres terrains. Pour schématiser, on peut distinguer une préoccupation éthique, et une préoccupation culturelle.

1. Une préoccupation éthique

Le Professeur JAPIASSU nous a montré la diversité et la richesse de toutes les initiatives internationales contre la corruption, au delà des conventions elles-mêmes. Dans le prolongement de ces textes, de nombreux organismes et parfois les Etats eux-mêmes, ont mis en place des guides de bonnes pratiques et des structures de vigilance. Des Organisations non gouvernementales, comme Transparency International, sont apparues, pour dénoncer des faits de corruption, et parfois, en fonction des législations, participer à leur répression. J. FALXA a évoqué à juste titre la protection des lanceurs d'alerte, et la reconnaissance du droit de se constituer partie civile pour les associations. Il découle de toutes ces initiatives une prise de conscience mondiale de l'existence de la corruption, de ses conséquences et de la nécessité d'une lutte effective.

2. Une préoccupation culturelle

Pour espérer être efficace, la lutte contre la corruption ne doit pas se cantonner à une lutte juridique. Elle doit être économique, en ce sens que l'on doit réduire les occasions de corruption, et sanctionner sur tous les terrains (par ex. sur le terrain du droit civil) les actes de corruption ; elle doit être médiatique (par ex. en dénonçant des affaires comme celle des Panamas Papers, ou Swiss Leaks) ; elle doit être, sociale, sociétale, politique aussi (JP CERE a montré que la création du PNF avait une vraie dimension politique)... Bref, la lutte contre la corruption doit devenir une préoccupation culturelle. Telle est du reste la conclusion du Professeur GARIBALDI, lorsqu'il dit que la question culturelle ne va pas être modifiée grâce à une réforme législative ; mais le fait de renforcer une justice indépendante, de promulguer une législation procédurale et matérielle adéquates, de démontrer une volonté politique en destituant les fonctionnaires corrompus,... est le seul moyen de montrer un chemin au reste des citoyens.

Conclusion

Si l'on en croit les médias et les chroniques judiciaires, le nombre de poursuites et de condamnations de faits de corruption est en forte hausse. Cela pourrait inquiéter... et pourtant, je trouve cela rassurant au contraire. Si la corruption n'est pas récente (ce que tout le monde a signalé), sa présence sur la scène médiatique, politique et judiciaire est le signe d'une meilleure appréhension de la notion de corruption et d'un renforcement de la lutte contre la corruption.

Table des matières

Comité International des Pénalistes Francophones

Conseil de Direction

Membres Correspondants

Kazumasa AKAIKE
Professeur à l'Université Ryokoku de Kyoto (Japon)
Doyen honoraire

Mehmet Emin ARTUK
Professeur à l'Université de Marmara (Turquie)
Doyen de la Faculté de droit

Christophe BARON
Avocat au Barreau du Costa Rica (Costa Rica)

Tarsis BARRETO OLIVEIRA
Professeur à l'Université de Tocantins (Brésil)

Marie-Aude BEERNAERT
Professeur à l'Université catholique de Louvain (Belgique)

Philippe BONFILS
Professeur à l'Université d'Aix-Marseille (France)
Doyen de la Faculté de droit
Avocat à la cour

Mohamed CHAWKI
Conseiller d'Etat (Egypte)
Président de l'Association Internationale de lutte contre la Cybercriminalité

José Luis DE LA CUESTA
Professeur à l'Université de San Sébastian (Espagne)
Président honoraire de l'association Internationale de Droit Pénal

Rodrigo DE SOUZA COSTA
Professeur à l'Université d'Etat de Rio de Janeiro (Brésil)

Julie DESROSIER
Professeure à l'Université de Laval (Canada)

Ndiaw DIOUF
Professeur à l'Université Cheikh Anta Diop de Dakar (Sénégal)
Doyen de la Faculté des sciences Juridiques et Politiques

Joseph A. HADDAH
Avocat au barreau de Beyrouth (Liban)

Margarida GARCIA
Professeur à l'Université d'Ottawa (Canada)

Aleksandras GONČARKO
Professeur à l'Université Mykolas Romeris (Lituanie)
Avocat

Audrey GUINCHARD
Professeur à l'Université d'Essex (Royaume-Uni)

Mohamed JAOUHAR
Professeur à l'Université de Casablanca (Maroc)
Vice Doyen de la Faculté de Droit

Christian JAËGER
Professeur à l'Université de Bayreuth (Allemagne)

Manon JENDLY
Maître d'enseignement et de recherche à l'Université de Lausanne (Suisse)

André KUHN
Professeur à l'université de Neuchâtel (Suisse)

Katalin LIGETI
Professeur à l'Université du Luxembourg (Luxembourg)

Luca LUPARIA
Professeur à l'Université de Rome 3 (Italie)

Valérie MALABAT
Professeur à l'Université de Bordeaux (France)

Carlos Alberto MAHIQUES

Président de chambre du Tribunal de Cassation pénal, Buenos Aires (Argentine)
Professeur à l'Université de Buenos Aires

Mostefa MAOUENE
Professeur à l'Université Sidi bel abbès (Algérie)

Anabela MIRANDA RODRIGUES
Professeur à l'Université de Coimbra (Portugal)
Doyen de la faculté de droit

Yvan MONTOYA
Professeur à l'Université Pontificale Catholique du Pérou à Lima (Pérou)

Philomene NASR
Professeur à l'Université Libanaise (Liban)
Doyen de la Faculté de droit

Nicky PADFIELD
Professeur à l'Université de Cambridge (Royaume-Uni)

Théodore PAPATHEODOROU
Recteur de l'Université du Péloponnèse (Grèce)

Hugues PARENT
Professeur à l'Université de Montréal (Canada)

Priit PIKAMÃE
Président de la Chambre criminelle à la Cour Suprême d'Estonie (Estonie)

Xavier PIN
Professeur à l'Université de Lyon 3 (France)

Jean PRADEL
Professeur émérite de l'Université de Poitiers (France)
Président honoraire de l'Association Française de Droit Pénal

---

Pierre RAINVILLE
Professeur à l'Université de Laval (Canada)

Joan Miquel RASCAGNERES
Avocat au Barreau d'Andorre (Andorre)
Ancien Bâtonnier
Ancien Membre du CPT (Conseil de l'Europe)

Jean-Christophe SAINT-PAU
Professeur à l'Université de Bordeaux (France)
Doyen de la faculté de Droit

Altin SHEGANI
Professeur à l'Université de Tirana (Albanie)
Doyen de la Faculté de droit

Yuji SHIRATORI
Professeur à l'Université d'Okkaido (Japon)

Rosaria SICURELLA
Professeur à l'Université de Catania (Italie)

Piotr STENIAK
Professeur à l'Université de Poznan (Pologne)

Florin STRETEANU
Professeur à l'Université de Cluj-Napoca (Roumanie)
Doyen de la Faculté de Droit

Anas TALBI
Professeur à l'Université de Marrakech (Maroc)
Président du groupe Marocain de Droit Pénal

Tudorel TOADER
Professeur à l'Université de Lasi (Roumanie)
Doyen de la Faculté de droit
Membre de la Cour constitutionnelle

Hongyu WANG
Professeur à l'Université de Hainan (Chine)

Xiaowei ZHANG
Professeur à l'Université de Shangai (Chine)

DROIT

AUX ÉDITIONS L'HARMATTAN

Dernières parutions

L'EXPLOITANT DE BANQUE ET LE DROIT AU TCHAD

Thomas Dingamgoto

De toutes les activités entrepreneuriales, le secteur bancaire est de celles qui font l'objet d'un encadrement législatif scrupuleux et d'une veille règlementaire permanente. Si l'histoire du droit bancaire tchadien est étroitement liée à celle du droit bancaire français, les textes législatifs et règlementaires des activités bancaires au Tchad ont connu des évolutions internes notables. Pour l'exploitant de banque comme pour l'ensemble des acteurs de la chaîne économique et financière, ces mutations rendent indispensables l'appropriation de ces normes nouvelles.

(Coll. Études Eurafricaines, 674 p., 49 euros)

ISBN : 978-2-343-16034-4, EAN EBOOK : 9782140104879

L'ÉGALITÉ DE L'HOMME ET DE LA FEMME DANS LE MARIAGE
Etude comparée des droits du Bénin, du Burkina Faso et du Mali

Aïssata DABO

Des États africains ont rénové leurs législations sur le mariage dans l'idée de les conformer au dispositif juridique international, qui place désormais l'égalité homme-femme au centre des débats. Toutefois, l'objectif est largement dévié par le pluralisme juridique qui demeure, en droit et en fait, un frein pour l'indifférenciation des droits des sexes. Cet ouvrage se propose de rechercher la mesure de l'égalité, en matière de mariage, réellement promue par les droits béninois, burkinabè et malien.

(Coll. Études africaines, 614 p., 49 euros)

ISBN : 978-2-343-15377-3, EAN EBOOK : 9782140105197

LA NATIONALITÉ ET L'APATRIDIE EN AFRIQUE

Charles Lasserre Yukite

Le droit à la nationalité est un droit humain fondamental reconnu par le droit international. Les apatrides ne peuvent se prévaloir de la protection de la nationalité et sont donc vulnérables à la privation de leurs droits. Les États africains doivent élaborer des cadres législatifs et mettre en place des politiques nationales pour lutter contre l'apatridie. Cet ouvrage vise à faire des recommandations à l'Union africaine et aux organisations internationales intéressées pour résoudre l'épineux problème de nationalité et de l'apatridie.

(Coll. Études africaines, 156 p., 17 euros)

ISBN : 978-2-343-15353-7, EAN EBOOK : 9782140104725

LE CONTENTIEUX DE L'ANNULATION AU CONGO

Lovane Lhakhy-Tsamby

Dans ce livre, l'auteur examine la question relative au contentieux de l'annulation, au Congo. Lorsqu'un acte administratif est entaché d'illégalité, il est susceptible d'annulation. Au Congo, l'annulation d'un acte administratif illégal relève de la compétence exclusive de la chambre administrative de la Cour suprême. La Cour constitutionnelle est exceptionnellement compétente pour annuler un acte administratif entaché d'illégalité lorsqu'il est pris dans le domaine électoral. Elle n'est pas juge de la légalité des actes administratifs au même titre que le juge administratif ordinaire.

(Coll. Harmattan Congo-Brazzaville, 120 p., 14 euros)

ISBN : 978-2-343-15430-5, EAN EBOOK : 9782140104305

PROTECTION DE LA QUALITÉ DES EAUX DOUCES AU CANADA ET DANS L'UNION EUROPÉENNE

Le partage des compétences

Claire Joachim

Cet ouvrage analyse l'organisation des rapports entre les ordres juridiques par le droit constitutionnel canadien et le droit de l'Union européenne. Cette étude est innovante car : la grille d'analyse du droit constitutionnel canadien a été appliquée à l'Union européenne. Ce qui met en évidence des mécanismes similaires dans le partage des compétences. Le domaine de la protection de la qualité des eaux douces a été choisi pour révéler les enjeux de ces relations dans une perspective globale. Ce travail fait ressortir que l'intégration européenne est accentuée par une centralisation des compétences. Ainsi, la sphère du pouvoir des états membres se vide progressivement de sa substance. Le droit entrerait donc en mutation à l'aune de la protection de l'environnement.

(Coll. Le Droit aujourd'hui, 546 p., 49 euros)

ISBN : 978-2-343-10974-9, EAN EBOOK : 9782140104541

LE BIEN-ÊTRE ANIMAL : DE LA SCIENCE AU DROIT

Sous la direction de Sophie Hild et Louis Schweitzer

Chercheurs, experts, membres de la Commission européenne ou du ministère de l'Agriculture se sont succédé pour répondre à plusieurs questions du plus haut intérêt : quelle définition scientifique donner au bien-être de l'animal ? Sur quels critères l'évaluer ? Quels droits nationaux ou internationaux le prennent-ils en compte ? Quels animaux sont concernés ? Quels obstacles s'opposent au souci d'assurer le bien-être animal ? Les réponses données conforteront les démarches à conduire en faveur de dispositions réglementaires nouvelles.

(Coll. Colloques et rencontres, 364 p., 37 euros)

ISBN : 978-2-343-15918-8, EAN EBOOK : 9782140104329

DROITS FONCIERS DES FEMMES ET DES CADETS SOCIAUX EN CÔTE D'IVOIRE

Cellule de Suivi et d'Analyse de la Mise en Oeuvre de la Loi sur le Foncier Rural

Le séminaire-atelier "Sécurisation des droits fonciers des femmes et cadets sociaux en milieu rural" tenu à Grand-Bassam en 2017 avait pour objectif d'identifier les dispositions, existantes ou à adopter, pour améliorer la sécurisation des droits fonciers des femmes et des cadets sociaux en milieu rural. Comment comprendre la nature des obstacles qui y nuisent, identifier et clarifier les dispositions qui existent dans le cadre juridique et institutionnel de la Côte d'ivoire ? les services centraux et décentralisés de l'Administration, Chambre des Chefs et Rois Traditionnels de Côte d'Ivoire, partenaires internationaux de développement, organisations professionnelles agricoles, notaires, juristes, géomètres, chercheurs, ONG, presse etc, tous sont concernés par cette problématique.

(Coll. Harmattan Côte-d'Ivoire, 192 p., 22 euros)

ISBN : 978-2-343-15394-0, EAN EBOOK : 9782140103728

L'UNIVERS CARCÉRAL, LA MÈRE DÉTENUE ET SON ENFANT

Elaine Mangin

Sur les 80 893 personnes écrouées en France au 1er février 2018, on dénombre 3103 femmes. 2482 sont détenues au sein d'un établissement pénitentiaire, exécutant une peine privative de liberté. Parmi elles, des mères de famille qui ont souvent la charge exclusive des enfants restés en milieu libre, mais aussi des femmes incarcérées avec leur bébé. Mais les efforts du droit positif et de la pratique pénitentiaire pour leur assurer le respect de la vie familiale et veiller au maintien d'un lien mère-enfant sain, des difficultés juridiques et psychologiques subsistent.

(Coll. Bibliothèques de droit, 158 p., 17,5 euros)

ISBN : 978-2-343-15834-1, EAN EBOOK : 9782140103681

CONSTITUTIONNALISME ET MÉTISSAGE CULTUREL AU-DELÀ DES DROITS DE L'HOMME

Salvatore Bonfiglio

Les sociétés multiculturelles demandent une réinterprétation des principes constitutionnels, capable de favoriser la cohésion sociale, notamment par l'extension des droits fondamentaux aux « non-citoyens ». Il s'agit de reconnaître à l'individu en tant que tel un statut de droits fondamentaux, pour affirmer ainsi le caractère à la fois moral et juridique de la dignité de la personne.

(Coll. Harmattan Italia, 208 p., 26 euros)

ISBN : 978-2-336-31233-0, EAN EBOOK : 9782140103193

LA PROCÉDURE

Sous la direction de Joanna Genovese et Giovanna Debernardi

La procédure est souvent perçue par les parties comme une source de difficultés supplémentaires dans la résolution d'un conflit. Elle est en réalité protectrice des droits des individus. Il n'existe pas qu'une procédure mais une pluralité. Il est question de procédure civile, de procédure collective, de procédure pénale... La procédure s'adapte en fonction des contraintes et besoins tant par la dématérialisation que la déjudiciarisation.

(Coll. Droit privé et sciences criminelles, 138 p., 16,5 euros)

ISBN : 978-2-343-15460-2, EAN EBOOK : 9782140102769

LE RECOURS AUX MODES ALTERNATIFS DE RÈGLEMENT DES LITIGES EN MATIÈRE DE PROPRIÉTÉ INTELLECTUELLE

Jean Tankeu
Préface de Joseph Fometeu

La mondialisation et le développement des échanges économiques posent de nouveaux défis en matière d'application des droits de propriété intellectuelle. Plus le commerce et les affaires s'intensifient au niveau international, plus la question des effets des droits de propriété intellectuelle et de leur application au-delà des frontières nationales devient pertinente. D'où le développement du contentieux non juridictionnel international de la propriété intellectuelle auquel l'auteur consacre cet ouvrage.

(326 p., 33 euros)
ISBN : 978-2-343-15648-4, EAN EBOOK : 9782140102653

MÉTHODOLOGIES DE LA SÉCURITÉ URBAINE

François Dieu, Bruno Domingo

Quelles sont les méthodologies de la sécurité urbaine ? Comment réaliser un diagnostic local de sécurité ? Quelles sont les précautions à prendre avec les chiffres de la délinquance ? Comment mesurer le sentiment d'insécurité et la victimisation ? Quelles sont les modalités de diffusion de l'information au sein des dispositifs de prévention ? Comment mettre en place un observatoire local de la délinquance ? En bref, comment impulser une réflexion objective et un partenariat dynamique pour une politique de sécurité efficace ?

(Coll. République et sécurité, 276 p., 28,5 euros)
ISBN : 978-2-343-15718-4, EAN EBOOK : 9782140102295

DROIT DES ENTREPRISES INDIVIDUELLES

Commerçant / Entreprenant / Bail à usage professionnel / Fonds de commerce / Vente commerciale / Commerce électronique

Cheikh Abdou Wakhab Ndiaye

L'entreprise est une notion moderne et polysémique qui n'a fait son apparition que très récemment dans le droit sénégalais. L'entreprise individuelle concerne le commerçant, personne physique, et l'entreprenant. Son droit est un véritable droit du développement. Il matérialise une volonté de promouvoir l'initiative privée par, d'une part, la facilitation des conditions d'accès au monde des affaires et, d'autre part, la mise en place d'un climat favorables aux investissements. Il est ainsi un creuset où les droits OHADA, UEMOA et sénégalais sont conjugués pour la réalisation de cette ambition.

(Coll. Harmattan Sénégal, 404 p., 40 euros)
ISBN : 978-2-343-15882-2, EAN EBOOK : 9782140102196

Structures éditoriales du groupe L'Harmattan

L'Harmattan Italie
Via degli Artisti, 15
10124 Torino
harmattan.italia@gmail.com

L'Harmattan Hongrie
Kossuth l. u. 14-16.
1053 Budapest
harmattan@harmattan.hu

L'Harmattan Sénégal
10 VDN en face Mermoz
BP 45034 Dakar-Fann
senharmattan@gmail.com

L'Harmattan Cameroun
TSINGA/FECAFOOT
BP 11486 Yaoundé
inkoukam@gmail.com

L'Harmattan Burkina Faso
Achille Somé – tengnule@hotmail.fr

L'Harmattan Guinée
Almamya, rue KA 028 OKB Agency
BP 3470 Conakry
harmattanguinee@yahoo.fr

L'Harmattan RDC
185, avenue Nyangwe
Commune de Lingwala – Kinshasa
matangilamusadila@yahoo.fr

L'Harmattan Congo
67, boulevard Denis-Sassou-N'Guesso
BP 2874 Brazzaville
harmattan.congo@yahoo.fr

L'Harmattan Mali
Sirakoro-Meguetana V31
Bamako
syllaka@yahoo.fr

L'Harmattan Togo
Djidjole – Lomé
Maison Amela
face EPP BATOME
ddamela@aol.com

L'Harmattan Côte d'Ivoire
Résidence Karl – Cité des Arts
Abidjan-Cocody
03 BP 1588 Abidjan
espace_harmattan.ci@hotmail.fr

L'Harmattan Algérie
22, rue Moulay-Mohamed
31000 Oran
info2@harmattan-algerie.com

L'Harmattan Maroc
5, rue Ferrane-Kouicha, Talaâ-Elkbira
Chrableyine, Fès-Médine
30000 Fès
harmattan.maroc@gmail.com

Nos librairies en France

Librairie internationale
16, rue des Écoles – 75005 Paris
librairie.internationale@harmattan.fr
01 40 46 79 11
www.librairieharmattan.com

Librairie l'Espace Harmattan
21 bis, rue des Écoles – 75005 Paris
librairie.espace@harmattan.fr
01 43 29 49 42

Lib. sciences humaines & histoire
21, rue des Écoles – 75005 Paris
librairie.sh@harmattan.fr
01 46 34 13 71
www.librairieharmattansh.com

Lib. Méditerranée & Moyen-Orient
7, rue des Carmes – 75005 Paris
librairie.mediterranee@harmattan.fr
01 43 29 71 15

Librairie Le Lucernaire
53, rue Notre-Dame-des-Champs – 75006 Paris
librairie@lucernaire.fr
01 42 22 67 13

www.ingramcontent.com/pod-product-compliance
Lightning Source LLC
LaVergne TN
LVHW011017061026
849535LV00006B/1927
* 9 7 8 2 3 4 3 1 6 1 5 3 2 *